UNIVERSITÉ DE GAND

RECUEIL DE TRAVAUX

PUBLIÉS PAR

LA FACULTÉ DE PHILOSOPHIE ET LETTRES

43me FASCICULE

VIE DE PORPHYRE

LE PHILOSOPHE NÉO-PLATONICIEN

AVEC LES FRAGMENTS DES TRAITÉS

ΠΕΡΙ ΑΓΑΛΜΑΤΩΝ

ET

DE REGRESSU ANIMAE

PAR

J. BIDEZ

Professeur à l'Université de Gand.

LIBRAIRIE SCIENTIFIQUE
E. VAN GOETHEM
Rue des Foulons, 1
GAND

B. G. TEUBNER
Poststrasse, 3
LEIPZIG

1913.

VIE DE PORPHYRE

LE PHILOSOPHE NÉO-PLATONICIEN

EXTRAIT DU RÈGLEMENT :

Les travaux des professeurs et chargés de cours, anciens professeurs et anciens chargés de cours sont publiés sous la responsabilité personnelle de leurs auteurs.

Tous les autres le sont en vertu d'une décision de la Faculté.

Gand, impr. A. Vander Haeghen.

UNIVERSITÉ DE GAND

RECUEIL DE TRAVAUX

PUBLIÉS PAR

LA FACULTÉ DE PHILOSOPHIE ET LETTRES

43me FASCICULE

VIE DE PORPHYRE

LE PHILOSOPHE NÉO-PLATONICIEN

AVEC LES FRAGMENTS DES TRAITÉS

ΠΕΡΙ ΑΓΑΛΜΑΤΩΝ

ET

DE REGRESSU ANIMAE

PAR

J. BIDEZ

Professeur à l'Université de Gand.

LIBRAIRIE SCIENTIFIQUE
E. VAN GOETHEM
Rue des Foulons, 1
GAND

B. G. TEUBNER
Poststrasse, 3
LEIPZIG

1913.

TABLE DES MATIÈRES

Pages.

PRÉFACE

L'étude de Porphyre nous reporte à une période critique de l'histoire de la pensée. C'est le moment où la philosophie se détourne de l'étude de la nature et où la raison s'incline devant la foi. Celui qui veut se rapprocher de Dieu est obligé de rentrer en lui-même et il découvre, dans la région des sentiments, tout un bonheur inexploré. Le sage dit anathème au monde, qui n'est qu'enflure, corruption et misère; il ferme son âme aux bruits du dehors et il s'applique à faire briller la flamme dont s'éclaire la vie intérieure. Bientôt la divine harmonie des sphères, qui avait si longtemps inspiré la pensée antique, n'éveillera plus ici-bas le moindre écho. C'est l'heure où l'homme renonce à tout un patrimoine de science et de culture, pour arriver à la conscience de son individualité, de sa liberté et de son éminente dignité.

Dans cette révolution de la pensée, Plotin, le chef de l'école néo-platonicienne, joua un rôle considérable, que souvent déjà l'on a parfaitement défini. Il conçut l'idée d'une vaste synthèse, capable de renfermer à la fois la tradition de la philosophie antique et l'expression des tendances nouvelles. Il réussit à décrire et à justifier les élans mystiques du cœur vers le Dieu sauveur des âmes, tout en se servant de la terminologie des stoïciens, d'Aristote et surtout de Platon. Il trouva ainsi, pour prêcher le mépris du monde et l'ascétisme, un ensemble de formules qui se sont imposées à jamais aux esprits. Mais le néo-platonisme a évolué, ou plutôt il a dégénéré. Il y a loin de Plotin à Jamblique, et

Jamblique est très différent de Proclus. Tout le développement qui rattache à l'antiquité les essais de la philosophie médiévale par l'intermédiaire des néo-platoniciens de Syrie et d'Athènes, du Pseudo-Denys l'Aréopagite, d'Avicenne ou de Psellus, est encore plein d'obscurité. Porphyre spécialement, le successeur immédiat de Plotin, l'éditeur de ses *Ennéades* et le vulgarisateur de sa doctrine, le premier des chefs de l'école qui déclara la guerre au christianisme et s'occupa de réserver une place dans le système aux religions populaires, celui qui contribua à répandre la philosophie d'Aristote en Occident et suscita la querelle des universaux, le savant aux connaissances encyclopédiques à qui nous devons la conservation de tant de données sur l'histoire, la littérature et la philosophie des Grecs, Porphyre est, parmi les néo-platoniciens, en même temps qu'un des plus fameux, un des moins bien compris. Celui qui veut avoir une idée de sa vie et juger son œuvre ne découvre que des sujets d'incertitude. Il y a quarante ans déjà, Bernays en faisait la remarque.

Esprit critique et naïveté, enthousiasme sincère et habile opportunisme, science solide et érudition puérile; curiosité d'un Hellène avide de savoir et de comprendre, aberrations d'un occultiste; libre allure d'une pensée qui discute et raisonne, docilité d'un croyant prêt à accepter toutes les révélations; apostolat moral très élevé, accointances compromettantes, vulgarisation lucide et facile, compilations, absurdités même, il semble qu'il y a de tout dans l'œuvre de Porphyre, et personne n'a encore essayé ni de cataloguer et de décrire chacun de ces éléments disparates, ni de dire comment ils ont pu se rencontrer.

Au dix-septième siècle, Holstenius composa une œuvre remarquable pour son époque, mais plus personne ne songerait à le prendre pour guide aujourd'hui. Gustave Wolff a eu le mérite de mettre en relief le premier les variations de Porphyre et de démontrer la nécessité de faire la chronologie de ses écrits. Malheureusement il ne disposait que de renseignements fort incomplets, et il n'a pas aperçu toutes les difficultés de la tâche. Zeller traita en bloc l'ensemble des doctrines de notre philosophe sans s'attacher à y discerner les fluctuations d'une pensée que se disputèrent les influences les plus diverses. On peut en dire autant, non seulement de toutes les appréciations de Porphyre qui figurent dans les traités généraux et les encyclopédies, mais même des monographies les plus récentes. Ou bien l'on n'a vu en lui que le collaborateur de Plotin; ou bien, pour décrire sa personnalité, on a juxtaposé des idées qu'il eut l'une après l'autre, mais qu'il ne défendit pas conjointement, et l'on aboutit ainsi à composer des portraits fantaisistes.

Certes, la clarté d'esprit du vulgarisateur qui publia les *Ennéades* et commenta l'*Organon*, l'érudition et la verve du polémiste qui combattit les chrétiens, sont des mérites qu'un biographe de Porphyre n'a plus à démontrer longuement. Mais que de questions se posent encore! Quelle fut au juste la première éducation de Porphyre? Dans quelle mesure a-t-il varié? A-t-il jamais professé à la même époque, et suivant les sujets qu'il abordait ou les publics auxquels il s'adressait, des doctrines inconciliables en soi? Est-il véridique et crédule, ou bien a-t-il pratiqué l'art de falsifier les textes, comme Bernays l'a cru? Que pense-t-il des superstitions païennes de son temps? En quoi a-t-il altéré la doctrine de Plotin? A-t-il engagé l'école dans la voie où Jamblique devait l'entraîner? Parmi les écrits des néo-platoniciens tardifs, lesquels portent véritablement sa marque et lesquels sont plutôt tributaires de Jamblique? Jusqu'à quel point Porphyre doit-il être mis au nombre des intermédiaires qui ont fait passer les idées de Plotin dans la littérature chrétienne? Voilà, certes, des questions graves et intéressantes pour les chercheurs préoccupés d'étudier les rapports du paganisme finissant et du christianisme triomphant. Loin d'être résolues, elles ont été à peine soupçonnées par ceux qui ont tenté d'écrire l'histoire de l'école d'Alexandrie. C'est que, pour les voir se poser, et à plus forte raison pour être à même d'y répondre, il ne faut pas se borner à lire les quelques opuscules de Porphyre que le moyen âge nous a conservés. Il faut aborder l'examen des nombreux écrits qui n'existent plus qu'à l'état de fragments. Aussi, depuis Bernays, les savants les plus autorisés ne font-ils qu'insister sur la nécessité d'une édition complète des œuvres de Porphyre et l'on réclame avant tout la reconstitution des livres perdus.

La tâche qui s'impose ainsi est longue et difficile. La production littéraire de Porphyre formerait, à elle seule, presque une bibliothèque. Il n'a pas rédigé moins d'une soixantaine d'ouvrages traitant des sujets les plus variés : grammaire et chronologie, histoire et exégèse homérique, critique littéraire, astronomie, astrologie, mathématiques, musique et sciences occultes, végétarisme, psychologie et métaphysique, on se demande quel est le domaine où cet esprit curieux n'a pas pénétré, et l'on a peine à croire à la réalité de son œuvre prodigieuse.

J'ai employé de longues années déjà à recueillir ce qui reste des écrits philosophiques de Porphyre, et je ne prévois pas encore le moment où ce volumineux ensemble de textes pourra être publié. Je n'ai cependant pas voulu attendre davantage avant de soumettre au jugement des personnes compétentes l'idée que ces recherches m'ont donnée de la vie même de Porphyre.

A un essai de biographie, j'ai joint les fragments du *Περὶ ἀγαλμάτων* et du *De regressu animae*. Parmi les opuscules de Porphyre qui nous renseignent le mieux sur l'évolution de ses idées, ces deux-là sont particulièrement instructifs, et ils sont à peine connus. A la différence, par exemple, du traité sur *La philosophie des oracles* ou de la *Lettre à Anébon*, ils étaient encore pour ainsi dire inédits. La reconstitution que j'en ai ébauchée nous aidera à comprendre une partie fort importante de l'activité de Porphyre. On verra de quelle façon il s'y est pris pour adapter le paganisme aux exigences de son époque, et, du même coup, on constatera que ses essais de conciliation aboutirent à un échec que nous nous expliquerons facilement. Les derniers défenseurs du polythéisme n'ont pas même jugé bon, semble-t-il, de faire beaucoup d'emprunts au *Περὶ ἀγαλμάτων* ni au *De regressu*, et la plupart des fragments de ces deux spécimens d'apologétique païenne ont été conservés par des polémistes chrétiens.

A ces recueils de textes, j'ai ajouté en appendice une série d'extraits d'auteurs grecs ou orientaux relatifs à la vie et aux écrits de Porphyre, ainsi qu'un catalogue de ses œuvres. Tout cela forme soit le complément, soit la justification de la biographie.

On étudie beaucoup aujourd'hui l'histoire morale et religieuse des derniers siècles de l'empire romain. Il est intéressant pour nous, en effet, d'observer comment les partisans de l'hellénisme travaillèrent à perpétuer une religion ancienne, les uns en l'engageant à faire des concessions à l'esprit du temps, les autres en surexcitant la ferveur des fidèles par des pratiques de plus en plus contraires au courant nouveau des idées. Nous aimons à voir ce qui, à cette époque-là, fut mis en œuvre pour défendre un magnifique ensemble de traditions contre des ennemis que l'on traitait de barbares, de révolutionnaires, d'athées, de traîtres, prêts à sacrifier le passé à d'obscurs et douteux espoirs.

L'histoire offre peu de spectacles aussi tragiques et aussi passionnants qu'un conflit d'idées. Dans une mêlée provoquée par des intérêts matériels, les désastres paraissent moins irrémédiables et l'on finit toujours par trouver un arrangement. Une opposition d'idées, au contraire, engendre une guerre forcément sans merci, parce que, aux yeux de chacun des adversaires en présence, la défaite doit entraîner la perte du vrai et la déchéance de l'humanité. Les tragédies faites de tels conflits sont pleines d'enseignements. On en a tiré une morale, et même plusieurs. Or, parmi tous les conflits d'idées, il en est peu de plus riches en leçons et en péripéties que celui au milieu duquel vécut Porphyre. On se demande même si, toujours latente, la lutte qu'il a connue ne doit pas se ranimer et l'on croit déjà revoir aux prises les adorateurs de la beauté du monde et ceux qui font passer avant tout les joies de la vie intérieure.

Nombreuses en tout cas sont les dissertations philosophiques et les effusions lyriques auxquelles ce conflit a servi de thème. Mais presque toujours ceux qui ont prétendu comprendre cette partie de l'histoire se sont contentés de généralités. Ils n'ont produit que des tableaux d'ensemble. Trop rarement, on s'est attaché à suivre d'un œil calme et désintéressé les phases de la lutte dans la biographie d'un de ceux qui y furent engagés. Or, c'est là précisément ce que l'on peut faire en se représentant les épisodes divers de la vie de Porphyre. On n'y trouvera rien de trop individuel. Porphyre en tout représente fort bien son temps, son milieu, son parti. Il convient, comme sujet d'étude, pour qui souhaite de faire passer les formules des historiens par le contrôle de la critique, en observant de près les réalités qui les ont suggérées.

J'en ai dit assez pour expliquer comment l'idée m'est venue d'aborder le sujet de ce livre. Si le volume ne renferme pas tout ce que le titre semble promettre, on n'en sera guère surpris, et la difficulté de la matière me tiendra lieu d'excuse.

On ne verra mentionnés dans mes références que les ouvrages utiles à consulter aujourd'hui. Beaucoup de textes mal interprétés ou fautifs donnèrent lieu jadis à des combinaisons biographiques dont les savants des siècles passés ont fait justice. Je n'ai pas cru devoir fatiguer l'attention du lecteur en lui narrant des controverses définitivement closes.

Voici la liste de quelques abréviations qui ne sont pas des plus courantes, mais qu'il m'a paru bon d'employer pour n'avoir pas des notes trop longues :

C A G = *Commentaria in Aristotelem Graeca edita consilio et auctoritate academiae litterarum regiae Borussicae.* Berlin, Reimer.

Herzog-Hauck, R E = *Realencyclopädie für protestantische Theologie und Kirche*, begründet von J. J. Herzog; troisième édition, publiée sous la direction d'A. Hauck. Leipzig, Hinrichs, 1896-1913.

De Or. philos. = *Porphyrii de philosophia ex oraculis haurienda librorum reliquiae. Edidit* G. Wolff, Berlin, Springer, 1856.

Orac. chald. = *De oraculis chaldaicis scripsit* G. Kroll (*Breslauer philologische Abhandlungen*, t. VII, fasc. 1), Breslau, 1894.

P G et P L = *Patrologiae cursus completus, series graeca* (= P G), et *series latina* (= P L), *accurante* J. P. Migne, Paris.

Texte und Untersuchungen = *Texte und Untersuchungen zur Geschichte der altchristlichen Literatur, Archiv für die von der Kirchenväter-Commission der Kgl. Preussischen Akademie der Wissenschaften unternommene Ausgabe der älteren christlichen Schriftsteller*, Leipzig, Hinrichs. Le volume indiqué est celui " *der ganzen Reihe* ".

Le texte des *Porphyrii philosophi platonici opuscula selecta* est cité d'après la deuxième édition d'A. Nauck, Leipzig, Teubner, 1886.

E. Zeller, *Die Philosophie der Griechen, dritter Teil, zweite Abtheilung* (= III 2), est cité d'après la quatrième édition, Leipzig, Reisland, 1903.

I

LES SOURCES

Au début de la *Vie de Plotin*, Porphyre rapporte que son maître semblait honteux d'avoir un corps et que jamais il ne parla de sa patrie ni de ses origines; on eut même grand peine à trouver le moyen de peindre son portrait. Nous avons cependant, pour nous renseigner sur Plotin, un document extrêmement instructif : la biographie que Porphyre composa. Sur Porphyre lui-même, il n'existe rien de pareil. Pas un ami, pas un disciple ne nous apprend comment il a vécu. Pas un contemporain ne nous fait de confidences sur l'impression qu'il a produite. En tout cas Eunape, qui publiait ses *Vies* un siècle après la mort de Porphyre, atteste que personne avant lui n'avait fait la biographie de ce philosophe. Lui-même, pour composer la courte notice qu'il nous a laissée, en était réduit visiblement à procéder comme nous devrons le faire : à utiliser les écrits où Porphyre a glissé quelques renseignements sur sa situation ou sur ses impressions personnelles.

Nous pouvons reconnaître en partie les sources auxquelles Eunape a puisé. C'est la *Vie de Plotin*, la *Lettre à Marcella* et un ou deux écrits perdus : le traité *Sur la philosophie des oracles* et sans doute aussi le *Commentaire des Ennéades*. Eunape avait d'ailleurs à sa disposition, semble-t-il, l'ensemble des œuvres de Porphyre. Il nous en donne une description rapide, mais frappante d'exactitude dans sa brièveté. De plus, il constate, entre différents ouvrages, de manifestes contradictions [1].

---

(1) Voir ci dessous l'Appendice III, p. 47* ss., avec les notes, spécialement 47* 11-16, 50* 8-15 et 51* 1-4; cf. aussi GEORG. PISID., *Hexaemer.* 1071 s. : *τῷ Πορφυρίῳ γλῶσσα μὲν τεθηγμένη, γνώμης δὲ φύσις ἀστατεῖν εἰθισμένη.*

Il faut insister sur ce point, parce que les données dont Eunape est le seul garant, ont été traitées jusqu'à présent avec trop de dédain (¹). On était tenté de n'y voir qu'une amplification fantaisiste de quelques passages de la *Vie de Plotin*, et, comme on l'a dit, des " commérages confus ". En réalité, pour plus de la moitié de sa notice, Eunape a puisé ailleurs que dans la *Vie de Plotin* (²). Certes, il ne se fait pas scrupule de dénaturer comme à plaisir les détails qu'il rapporte : nous le prendrons en flagrant délit. Mais, malgré tout, on ne peut rejeter sans examen les faits qu'il est seul à raconter. Devant chacune de ses assertions, il faut se demander s'il ne s'est pas inspiré de quelque écrit perdu et je devrai même, pour ce motif, insérer dans le recueil des fragments de Porphyre plusieurs extraits de sa notice.

On pourrait s'attendre à trouver chez les écrivains chrétiens, si peu respectueux généralement de la vie privée de leurs adversaires, quelque indication utile. Malheureusement, à part un reproche d'apostasie auquel on ne peut se fier tout à fait, Eusèbe, Augustin, Jérôme, qui citent et réfutent abondamment les doctrines de Porphyre, ne nous apprennent rien sur sa personne. Ils découvrent en lui, suivant les dispositions du moment, soit l'esprit curieux d'un philosophe érudit et éclairé, soit l'aberration malfaisante d'un ennemi redoutable et irréductible, mais ils ne parlent pas de sa vie et de ses mœurs. Ce silence est-il significatif? Avons-nous le droit d'y voir un hommage? Je ne le pense pas. Nous sommes loin de posséder tout ce que les apologistes ont écrit sur Porphyre; et le peu que nous en connaissons nous montre que leur malignité ne l'a pas épargné. Qui sait ce que nous lirions, si le temps et les hommes n'avaient

---

(¹) Outre les ouvrages de Zeller et de Wolff auxquels j'aurai à renvoyer ci-dessous, cf. notamment Wyttenbach, *Annotatio in Eunapium*, t. II, p. 32 de l'éd. d'Eunape de Boissonade (1822).

(²) Cf. appendice III, entre autres p. 49* 11 ss. et 23 ss., 50* 20 ss. et 23 ss., avec les notes.

pas fait disparaître les réponses des Méthode, des Eusèbe, des Philostorge et des Apollinaire au traité que Porphyre publia contre les chrétiens?

Dans ces conditions, la vie de Porphyre se dérobe en grande partie à notre curiosité. Pour la retracer, nous devrons bien, comme Eunape, nous contenter de consulter les écrits du philosophe; ou plutôt, nous sommes beaucoup plus mal documentés qu'Eunape, car aujourd'hui l'œuvre de Porphyre est en grande partie détruite [1]. Dans les opuscules conservés, Porphyre n'est guère prodigue de renseignements sur sa personne. Nous possédons, il est vrai, un écrit qui pourrait être plein d'épanchements : je veux dire la *Lettre à Marcella*. Mais cette lettre, en réalité, n'a rien d'intime. Sauf les premières pages, l'épitre est faite d'un choix de maximes qui nous éclaire plus sur l'idéal moral et religieux du philosophe que sur les réalités avec lesquelles il fut aux prises.

Certains chapitres de la *Vie de Plotin* renferment des détails relatifs à Porphyre lui-même. Mais il ne s'agit là que de l'influence exercée par Plotin sur son élève pendant quelques années, et l'ouvrage est tendancieux. Porphyre veut recommander l'édition des *Ennéades* qu'il présente au public; il tient à passer pour le confident du chef de l'école et le dépositaire de ses écrits. Il est à craindre qu'il n'ait retouché ses souvenirs, quand il rapporte les témoignages d'estime que son maître lui prodiguait. C'est avec une complaisance visible qu'il se donne pour le disciple préféré de Plotin. Je ne crois pas cependant que les faits soient inventés. Cette biographie paraissait une trentaine d'années seulement après la mort du maître, et il eût été dangereux, vu les conditions où elle était publiée, d'y mettre trop de fiction. Dans son ensemble, à coup sûr, le tableau doit être fidèle [2]. Et s'il s'y trouve

---

(1) Voir à l'appendice IV la liste des écrits de Porphyre.

(2) Toutefois cette biographie ne s'inspire pas de l'esprit scientifique de la grande époque aussi exclusivement que le donne à penser Fr. Leo (*Die griechisch-römische Biographie*, Teubner, 1901, p. 262 s.).

quelque exagération, l'opuscule a pourtant la valeur d'un document autobiographique, qui nous renseigne sur les impressions de Porphyre lui-même. J'en reproduirai plus d'un détail, sans répéter chaque fois des réserves qu'il me suffit, une fois pour toutes, de faire ici.

L'article que Suidas (ou, si l'on préfère, Hésychius de Milet) consacre à Porphyre mérite à peine une mention. Il est d'une rare sécheresse. Il consiste, presque tout entier, en une bibliographie, fort incomplète d'ailleurs.

Bref, nous savons à peine ce que Porphyre a écrit, et nous savons fort mal comment il a vécu. Pour le temps qu'il passa auprès de Plotin, nous avons assez de lumières; mais le Porphyre qui se montre à nous, est un Porphyre apprêté; il ne nous donne pas à lire dans le demi-jour de sa conscience et il ne paraît pas s'y aventurer lui même. Jamais, en l'observant, nous ne verrons s'éclairer pour nous d'autres régions que celles où la raison projette ses lumières et où trône la volonté souveraine. Nous ne pourrons décrire que le Porphyre des livres, le polémiste, le vulgarisateur et le conférencier, le propagandiste qui se livre en spectacle et se sent sous les yeux du public. Une fois seulement, le brillant prédicateur de l'hellénisme oubliera devant nous, avec ses masques, l'appareil rigide de son système et son austère discipline, et il nous laissera voir son âme à nu. Le vertige qui le prit et qui fit défaillir sa pensée, quand il eut achevé de gravir les hauteurs où se complaisait Plotin, n'a rien, semble-t-il, d'une contenance étudiée et voulue : c'est là une souffrance réelle de sa vie intérieure, une faiblesse poignante dont il nous fera l'aveu.

II

LES ORIGINES DE PORPHYRE
ET
SA PREMIÈRE JEUNESSE

Porphyre naquit en 232-233 [1]. Il se disait Tyrien [2]. D'autre part, quelques écrivains chrétiens l'appellent " Batanéote " — un peu comme Julien traitait le Christ de " Galiléen " — dans des termes où l'on sent percer le mépris [3]. La famille de Porphyre était-elle originaire de la Batanée, région barbare située aux confins du Haurân actuel? Était-il né lui-même dans quelque bourgade obscure de la Syrie ou de la Palestine [4]?

---

(1) Les données principales sont fournies par PORPHYRE lui-même. D'après ce qu'il dit (*Vita Plotini*, 4), il avait trente ans avant la fin de la dixième année du règne de Gallien. Cf. les dissertations de TILLEMONT, *Empereurs*, note 23 sur Dioclétien ; WOLFF, *De or. philos.*, p. 8, note 3 ; ZELLER, *Philos. der Griechen*, III, 2, p. 693, note 1, etc.

(2) *Vita Plotini*, 7 fin : *ἐμὲ Πορφύριον Τύριον ὄντα*; cf. LONGIN, cité *ibid.*, 20 : *Βασιλέα* (c'est à dire Porphyre) *Τύριον ὄντα*; LIBANIUS, *Orat.* XVIII 178 ; ci-dessous Appendice III, p. 47* 17 ; 52* 2 ; 54* 10 s. etc.

(3) JÉRÔME, *Praefat. in ep. ad Galat.*, vers la fin : « *Bataneotes et sceleratus ille Porphyrius* » ; JEAN CHRYSOSTOME, *Homil.* VI 3 *in I Cor.*, PG, t. 61, col. 52, 31 : *οἱ περὶ Κέλσον καὶ τὸν Βατανεώτην τὸν μετ' ἐκεῖνον* ; ANASTAS. SINAIT., *Hodeg.*, PG, t. 89, col. 233 D 6. — Cf. JULIEN, p. 606, 10 éd. HERTLEIN.

(4) TILLEMONT (*Empereurs*, article 28 sur Dioclétien) et WOLFF (*l. l.*, note 3 de la p. 7) supposent qu'il s'agit dans les textes cités ci-dessus (note 3) d'une localité située sur une hauteur à quinze milles à l'Est de Césarée de Palestine : cf. PAULY-WISSOWA RE, III 118). Batanée avait des eaux

Je renonce à deviner ce qu'il faut en penser, mais, on peut l'affirmer à coup sûr, c'est bien à Tyr qu'il fut élevé.

Son père portait, comme lui-même le porta d'abord, le nom syrien de Malchos [1]. Le détail vaut d'être noté. La Phénicie n'était pas alors parmi les pays les plus christianisés. La foi nouvelle n'avait pas encore gagné les montagnes de ces régions, et, dans les villes de la côte, elle n'avait guère entamé que la partie grecque de la population [2]. Restés toujours populaires, les cultes prestigieux et fanatiques de la Phénicie constituaient, au quatrième siècle, une des forces de résistance du paganisme.

Dans leur acharnement à diminuer Porphyre, les polémistes chrétiens l'ont fait passer pour un renégat, de même que Julien après lui [3]. Faut-il conclure de là que notre apologiste de l'hellénisme était né de parents chrétiens? Cela me paraît fort douteux. En tous cas, si le fait eût été vrai, il semble bien que Porphyre n'en aurait pas rougi. Il rapporte lui-même que le maître vénéré de Plotin, Ammonius Sakkas, appartenait

---

fréquentées (cf. JÉRÔME, *Onomastica sacra*, p. 139, 20 ss. DE LAGARDE). Est-ce là que Porphyre, jeune encore, se serait vanté d'avoir chassé un démon qui infestait un bain (cf. EUNAPE ci-dessous, appendice III, p. 49* 27 ss.)? Les parents de Porphyre, gens notables d'après EUNAPE (*ibid.*, p. 47* 18), avaient-ils une villa à Batanée, où Porphyre aurait séjourné souvent? TILLEMONT supposait (*l. l.*) que peut-être « le bourg de Batanée était du territoire et de la dépendance de la ville de Tyr ». Mais le fait que Porphyre fut élevé à Tyr peut suffire à la rigueur pour expliquer qu'il se déclarât " Tyrien ".

(1) Ce nom est, paraît-il, aussi fréquent dans l'onomastique syrienne que " Leroi " ou " König " dans l'onomastique moderne. Voir entre autres l'index dressé par J.-B. CHABOT, *Revue archéol.*, 1896, t. 28, p. 221; JÉRÔME, *Vita Malchi* 2, PL, t. 23, col. 54. — Notons ici qu'à l'époque de Porphyre, le phénicien s'était depuis longtemps assimilé partout à l'araméen.

(2) Cf. A. HARNACK, *Die Mission und Ausbreitung des Christentums*, 2e éd., Leipzig, II 101 et 281; P. ALLARD, *Julien l'Apostat*, I 98 s.; THÉODORET, *Hist. eccles.*, V 29, etc., etc. Le fait est universellement attesté.

(3) On trouvera les textes ci-dessous, p. 7, note 2.

à une famille chrétienne, mais que, à peine initié à la philosophie, il passa de la religion de ses pères à celle de l'Empire, tandis que, par une palinodie contraire, Origène retombait de l'hellénisme dans une barbare impiété! (1) Pour lui, Origène est un apostat et Ammonius un converti. Ni l'une ni l'autre de ces deux ruptures ne fut d'ailleurs un fait isolé. A mesure que les chrétiens prirent contact avec la littérature grecque, ils durent voir se multiplier les défections. Le cas de l'empereur Julien, reconquis à l'hellénisme par Homère et par Platon, ne fut certes pas rare. Nous aurons ici même l'occasion de voir Plotin faire une propagande active dans les milieux gnostiques pour y regagner des adeptes aux antiques traditions. Les anecdotes relatives à l'éducation chrétienne de Porphyre et à son changement de foi n'ont donc rien d'invraisemblable en soi. Toutefois, dès qu'on y regarde de près, elles décèlent une origine suspecte (2). Nous allons reconnaître

(1) Cf. Porphyre cité par Eusèbe, *Hist. eccles.*, VI 19, 7 : *Ἀμμώνιος μὲν γὰρ Χριστιανὸς ἐν Χριστιανοῖς ἀνατραφεὶς τοῖς γονεῦσιν, ὅτε τοῦ φρονεῖν καὶ τῆς φιλοσοφίας ἥψατο, εὐθὺς πρὸς τὴν κατὰ νόμους πολιτείαν μετεβάλετο, Ὠριγένης δὲ Ἕλλην ἐν Ἕλλησιν παιδευθεὶς λόγοις, πρὸς τὸ βάρβαρον ἐξώκειλεν τόλμημα.* — C'était un lieu commun de l'apologétique de prétendre que l'on avait pratiqué ou essayé de pratiquer soi-même d'abord la doctrine que l'on combattait : cf. J. Geffcken, *Zwei griechische Apologeten*, Teubner, 1907, p. 32 s.

(2) Socrate, *Hist. eccles.*, III 23, 37 : *Νῦν δέ, ὡς ἔοικε, τὰ αὐτὰ Πορφυρίῳ πέπονθεν* (ὁ Ἰουλιανός) · *ἐκεῖνος μὲν γὰρ πληγὰς ἐν Καισαρείᾳ τῆς Παλαιστίνης ὑπό τινων Χριστιανῶν εἰληφὼς καὶ μὴ ἐνεγκὼν τὴν ὀργήν, ἐκ μελαγχολίας τὸν μὲν Χριστιανισμὸν κατέλιπε* (sic CM *κατέλειπε* AF), *μίσει δὲ τῶν τυπτησάντων αὐτὸν εἰς τὸ βλάσφημα κατὰ Χριστιανῶν γράφειν ἐξέπεσεν, ὡς αὐτὸν Εὐσέβιος ὁ Παμφίλου ἐξήλεγξεν, ἀνασκευάσας τοὺς λόγους αὐτοῦ.* — Une publication précieuse de Buresch (*Klaros*, 124, 9 ss., extrait d'une *Théosophie* d'Aristokritos qui date du Ve siècle; cf. *Rheinp. Mus.*, t. 51, 273 ss.) ajoute à ce texte un complément inattendu : *Ὅτι ὁ Πορφύριος εἷς ἐγένετο παρὰ τὴν ἀρχὴν ἐξ ἡμῶν, διὰ δὲ τὰς ἐπενεχθείσας αὐτῷ, ὡς ἱστόρησαν ἅγιοι, ὑπό τινων Χριστιανῶν ἐν Καισαρείᾳ τῆς Παλαιστίνης πληγὰς ἐν ἰδιωτικοῖς πράγμασιν ἀπέστη ἀφ' ἡμῶν· φιλοχρήματος δὲ ὢν πλουσίαν ἔγημε γυναῖκα πέντε παίδων μητέρα* (cf. le début de la *Lettre à Marcella*) *γεγηρακυῖαν ἤδη καὶ Ἑβραίαν* (Buresch, *l. l.*). L'extrait

bientôt la part de vérité qu'elles renferment; mais elles ne doivent pas nous empêcher de penser que, Phénicien de race, Porphyre pouvait être d'origine païenne.

Suivant Eunape, Porphyre appartenait à une famille en vue et il reçut une éducation soignée (¹). Ses premières années et une partie notable de sa jeunesse se passèrent sans doute à Tyr, cité bruyante et cosmopolite, pleine du va-et-vient d'un port considérable, ville de fabriques et de commerce, un des endroits où se faisait le plus visiblement la

---

d'ARISTOKRITOS ne dérive pas de SOCRATE : il le complète. ARISTOKRITOS sait que la mésaventure de Porphyre se rattache à des affaires privées, et il semble la mettre en rapport avec le mariage tardif de Porphyre et de Marcella. — Au début de sa *Lettre à Marcella*, Porphyre fait allusion à des calomnies analogues à celles que rapporte le polémiste chrétien ; on aurait répandu le bruit perfide qu'il avait un but intéressé, et ses relations avec la famille de sa femme l'auraient mis en danger de mort. D'autre part, Socrate indique clairement que l'auteur de l'histoire est Eusèbe, dans sa réfutation du traité de Porphyre contre les chrétiens, et l'on devine que ce sont là des déductions plutôt que la constatation d'un fait avéré. Eusèbe (*Hist. eccles.*, VI 19, 5) sait par Porphyre lui-même que celui-ci a fréquenté Origène pendant sa jeunesse. Il sait aussi combien Porphyre était versé dans les Écritures. Il a pu en conclure que Porphyre avait été initié aux mystères chrétiens. Pour expliquer l'apostasie, il aura peut-être tablé en partie sur les données de la *Lettre à Marcella*. Mais la combinaison est boîteuse, si combinaison il y a eu. Les incidents que Porphyre a en vue ont dû se passer vers la fin de sa vie et longtemps après sa prétendue conversion. BURESCH (*l. l.*) a eu tort de tenter de son côté une combinaison analogue, et de prétendre tirer de l'anecdote d'ARISTOKRITOS le commentaire historique des premiers paragraphes de la *Lettre à Marcella*. — Il n'y a rien à tirer du scholiaste de Lucien (sur le *Pérégrinus*, 11, p. 216, 10 éd. RABE) : *πολλοὺς καὶ ἄλλους ἐσχηκότες τοιούτους καὶ οὐδέν τι αἰσχυνθέντες εἰ πάλιν κυνὸς τρόπον ἐπὶ τὸ ἴδιον ἀπεῖδον ἀπέραμα, οἱ μὲν καὶ πάντη πρὸς τὴν ἀρχαίαν ἀποκλίναντες δεισιδαιμονίαν ὡς οἷα Πορφύριος ὁ Φοῖνιξ, οἱ δὲ καὶ πρὸς τὸ διάστροφον τῆς καθ' ἡμᾶς ἀπενεχθέντες θρησκείας ὡς Ὠριγένης ὁ Αἰγύπτιος* (cf. EUSÈBE, *Hist. eccles.* VI 19, 5 ss.) — Chez AUGUSTIN (*De civitate Dei*, X 28 début), il faudrait forcer le sens pour voir un témoignage à l'appui de l'histoire de l'apostasie de Porphyre. TILLEMONT (*Histoire des Empereurs*, *l. l.*) l'a fait observer déjà.

(¹) Voir appendice III, p. 47* 18 ss.

rencontre et la fusion de l'Orient et de l'Occident. Les dieux d'Homère et d'Hésiode y fraternisaient depuis longtemps avec les divinités sémitiques; à côté de l'art des rhéteurs grecs et du classicisme, les aberrations et les déréglements de la superstition la plus effrénée y régnaient. C'était un milieu plein de la fermentation d'un syncrétisme où nous sommes tentés de ne voir qu'incohérences et contradictions. Les guerres et les désastres qui marquèrent la fin de la dynastie des Sévères ne semblent pas avoir troublé l'élaboration de cette civilisation composite. Les villes de la côte syro-phénicienne furent épargnées, et elles contribuèrent à cette époque pour une large part à la conservation de la culture antique. C'est même alors que, pour employer l'expression pittoresque d'un historien, l'un des deux foyers de l'ellipse formée par les pays de l'Empire se déplaça et descendit de l'Asie Mineure vers la Syrie et Antioche.

Il serait intéressant de se représenter les divers milieux où Porphyre reçut les impressions de ses premières années. Malheureusement, dans la pénurie de renseignements où nous sommes, il n'y aurait qu'à reproduire ici des généralités connues sur ce qu'était l'éducation d'un jeune homme dans une famille considérable d'une cité asiatique. En même temps, nous pourrions retracer une description devenue banale de l'effervescence religieuse qui se produisit en Syrie vers cette époque et qui fit de ce pays l'un des foyers les plus actifs du gnosticisme. Mais ce serait sortir de notre sujet. Nous avons ici à indiquer ce que l'on sait de Porphyre lui-même, et non à répéter à propos de Porphyre tout ce que l'on pourrait dire des autres Syriens de son temps.

Il y a lieu, cependant, de relever ici un certain nombre de faits. Porphyre connaissait bien l'Orient. Il devait parler l'idiome de son pays, peut-être même se piquait-il de comprendre l'hébreu (1). Il était versé dans les mystères de la

---

(1) Cf. *Vita Plotini*, 17 et (pour l'hébreu) les extraits du traité *Contre les Chrétiens* reproduits par les apologistes, notamment chez Jérôme, *Comment. in Isaiam* 30, 1 ss. (PL 24, 339 A) etc.

Chaldée, de la Perse et de l'Égypte [1]. On le voit décrire et interpréter une sorte d'hiéroglyphe [2] et manier les livres sacrés et la littérature profane des Juifs comme des Phéniciens [3]. L'Inde elle-même avait attiré sa curiosité [4] et c'est à lui que l'on s'adressa un jour pour faire démontrer l'inauthenticité de certains écrits gnostiques mis sous le nom de Zoroastre [5]. L'astrologie n'avait pas de secret pour lui [6], et nous aurons bientôt l'occasion de constater jusqu'à quel point il était familiarisé avec la démonologie, l'angélologie et toutes les superstitions de son pays.

Certes une telle érudition, qui stupéfiait déjà les anciens et qui dépasse en effet celle d'un Eusèbe ou d'un Celse [7], vient en partie de lectures prodigieusement étendues. Sur l'Égypte, par exemple, Porphyre consulte Chérémon [8], et c'est d'après les écrits du gnostique Bardesane qu'il parle des Brahmanes et des Samanéens [9]. Il résume une section de la théologie des mages en nous avertissant lui-même qu'il a pour auteurs " certains Platoniciens „ (Numénius et Cronius ?) [10]; enfin, comme M. A. Harnack l'a fait observer [11], il cite la Bible d'après le texte admis en Occident. Nul ne pouvant prétendre

---

(1) On le verra dans la suite de la biographie.

(2) Cf. PROCLUS, *In Tim.* 36 B, II 247, 18 ss. DIEHL.

(3) Cf. par ex. EUSÈBE, *Praepar. evangel.*, X 9, 485 B.

(4) Cf. C. LASSEN, *Indische Alterthumskunde*, III (Leipzig, 1858) p. 43? ss.

(5) Cf. *Vita Plotini*, 16.

(6) D'après F. BOLL (*Sphaera*, p. 7, note 2; cf. *Griechische Kalender*, I, Heidelberg 1910, p. 8, etc.), Porphyre est bien l'auteur de l'*Εἰσαγωγὴ εἰς τὴν ἀποτελεσματικὴν τοῦ Πτολεμαίου* (éd. Bâle, 1559) qui figure ci-dessous à l'appendice IV dans la liste de ses écrits.

(7) Sur Celse, cf. B. AUBÉ, *La polémique païenne à la fin du IIe siècle*, Paris, Didier (2e éd.), 1878, p. 198 ss.

(8) *De abstin.*, IV 6 ss. et *Ep. ab Aneb.*, 31, 36 et 40.

(9) Dans le *Περὶ Στυγός* [chez STOBÉE, *Ecl.*, I, 3, 56] et le *De abstin.*, IV 17. Cf. F. BOLL, *Philologus*, t. 66, 12 ss.

(10) *De abstin.*, II 36 ss. Cf. F. CUMONT, *Les religions orientales dans le paganisme romain*, 2e éd., p. 388 s.

(11) *Texte und Untersuchungen* etc., XXXVII 4, p. 112 s. et 138.

qu'il ait jamais fréquenté les églises de Rome ou de la Sicile, il faut bien en conclure qu'il a pu avoir des informations sur le christianisme sans être un renégat. Toutefois la connaissance encyclopédique qu'il eut des choses de l'Orient n'était pas entièrement livresque. C'est bien par les origines de notre philosophe qu'il faut expliquer l'intérêt si vif qu'il ne cessa de porter aux mystères de l'Asie et de l'Égypte, et c'est sur place sans doute qu'il y fut initié.

On était alors à une époque de trêve religieuse. Le règne de Philippe l'Arabe ne donna pas lieu à l'Église de se plaindre du pouvoir (¹). Dans les écoles de Syrie et d'Égypte, chrétiens, païens et gnostiques de toutes les sectes se trouvaient réunis sans trop se heurter. Nous savons par Porphyre qu'étant encore très jeune, il rencontra Origène (²). Ceci se passa

---

(¹) Cf. L. Duchesne, *Histoire ancienne de l'Église*, I, chap. 19; K. J. Neumann, *Der römische Staat und die allgemeine Kirche*, I (Leipzig, 1890), 245 ss.

(²) Porphyre, *Contre les chrétiens*, cité par Eusèbe, *Hist. eccles*, VI 19, 5 : ᾧ (= Origène) *κἀγὼ κομιδῇ νέος ὢν ἔτι ἐντετύχηκα*; ce qu'Eusèbe interprète lui-même comme il suit (*ibid.*, VI 19, 3) : *ὃν κατὰ τὴν νέαν ἡλικίαν ἐγνωκέναι φήσας*. — Vincent de Lérins (*Commonit.* 17. PL 50, col. 663) rapporte les choses différemment : « *Ait namque impius ille Porphyrius excitum se fama ipsius* (*Origenis*) *Alexandriam puerum fere perrexisse ibique eum vidisse iam senem sed plane talem tantumque, qui arcem totius scientiae condidisset* ». Mais cette version est manifestement erronée. Porphyre n'a pu rencontrer Origène « déjà âgé » à Alexandrie. Il se peut que Vincent de Lérins se contente de développer et de combiner à sa façon les détails qu'il trouvait chez Eusèbe, *l. l.* Il pouvait notamment déduire du contexte (VI 19, 15 : *κατὰ τοῦτον δὲ τὸν χρόνον ἐπ' Ἀλεξανδρείας αὐτῷ* [= Origène] *τὰς διατριβὰς ποιουμένῳ*), à tort d'ailleurs, que la rencontre de Porphyre avec Origène s'était faite à Alexandrie; ce qu'il dit de la réputation de l'exégète chrétien semble se ressentir en effet des déclarations de Porphyre rapportées par Eusèbe. Il y a d'autres points de contact entre le *Commonit.* 17 (*l. l.*) et Eusèbe. On les aperçoit même dans les notes sommaires de l'éd. Rauschen. — C. Schmidt (*Texte und Untersuchungen*, XX 4, p. 86) et Zeller (*Philos. der Griechen*, III 2, p. 693, note 1) supposent que la rencontre eut lieu à Tyr même, où Origène aurait séjourné à la fin de sa vie; voir les

sans doute au temps où le grand théologien provoquait l'enthousiasme des étudiants autour de sa chaire, dans l'école de Césarée de Palestine, et quand l'éclat de son enseignement rayonnait au loin; c'est surtout parce que Porphyre fut l'élève d'Origène et parce qu'il connaissait si bien la Bible que les chrétiens racontèrent qu'il était un apostat. Il ne faut cependant pas, comme le dit à bon droit M. de Wilamowitz (1), trop s'obstiner à parquer les penseurs de cette époque en deux groupes nettement séparés, afin de mettre " d'un côté les boucs, et de l'autre les brebis ". Élève d'Ammonius, condisciple de Plotin, Origène fut chassé d'Alexandrie par l'hostilité de ceux des chrétiens que choquait sa haute culture. Aux yeux des philosophes païens de son temps, cet interprète d'une foi nouvelle était un collègue considéré et le représentant d'une doctrine originale. Un chrétien de cette époque pouvait fort bien occuper une chaire scientifique et se faire écouter par des auditeurs païens. Ce fut le cas du mathématicien Anatole, si l'on veut un autre exemple que celui d'Origène (2). La métaphysique de ce dernier devait, comme on l'a dit, faire l'effet d'une forme particulière du platonisme qui régnait alors sur les esprits. Origène interprétait la Bible comme les philosophes à la mode interprétaient Homère, en y introduisant l'essence de la philosophie grecque.

La bibliothèque qu'il maniait nous est connue par l'inventaire sommaire que Porphyre lui-même nous en a laissé.

doutes émis par E. Preuschen (Herzog-Hauck, RE, t. 14, p. 476, 33 s.), — Par contre, un voyage de Porphyre à Césarée est des plus vraisemblables, et il doit avoir été le point de départ des récits de Socrate et d'Aristokritos rapportés ci-dessus (p. 7, note 2). Quoi qu'il en soit, la rencontre a dû se produire avant le règne de Dèce.

(1) Voir l'esquisse d'une histoire de la littérature grecque qu'il a publiée dans la *Kultur der Gegenwart*, I 8, p. 196 de la 2e éd. (Teubner 1907). Cf. aussi les développements d'Ad. Harnack, *Hibbert Journal*, octobre 1911, p. 67.

(2) Cf. P. Wendland, *Christentum und Hellenismus* (Teubner 1902), p. 12; Hultsch, dans Pauly-Wissowa, RE, I, col. 2073, 63 ss.

“ Origène, nous dit-il, vivait dans le commerce de Platon; les ouvrages de Numénius, Cronius, Apollophane, Longin, Modérat, Nicomaque, et ceux des Pythagoriciens illustres lui étaient familiers; il se servait aussi des livres de Chérémon le stoïcien et de Cornutus : c'est là qu'il s'initia à cette interprétation allégorique des mystères des Grecs, dont il appliqua la méthode aux Écritures des Juifs (1). „

Numénius, Cronius, Nicomaque et Modérat, Chérémon et Cornutus, voilà précisément les noms que nous trouverons cités le plus souvent — pour ne rien dire de Platon ni de Longin — dans l'œuvre de Porphyre lui-même. Si nous ne nous trompons, c'est dans la bibliothèque de Césarée que, pour la première fois, il vit réunie toute cette littérature. Il y prit goût comme il se laissa toucher par le charme de l'Évangile. Sa nature douce et fine ne pouvait qu'être attirée par la noblesse et l'infinie bonté des paroles de Jésus; il en comprit la beauté de même qu'il comprit la grandeur de la Bible. Longtemps, il garda pour la personne du Christ une sincère vénération (2).

Jusqu'où alla Porphyre dans les rapports qu'il eut avec le christianisme? Fut-il jamais un pratiquant? M. A. Harnack lui-même n'ose pas se prononcer (3). Quoi qu'il en soit, il ne

---

(1) Suite du passage de Porphyre cité plus haut p. 7, note 1 (Eusèbe, *l. l.*, § 8) : ... *συνῆν τε γὰρ ἀεὶ τῷ Πλάτωνι, τοῖς τε Νουμηνίου καὶ Κρονίου Ἀπολλοφάνους τε καὶ Λογγίνου καὶ Μοδεράτου Νικομάχου τε καὶ τῶν ἐν τοῖς Πυθαγορείοις ἐλλογίμων ἀνδρῶν ὡμίλει συγγράμμασιν, ἐχρῆτο δὲ καὶ Χαιρήμονος τοῦ Στωϊκοῦ Κορνούτου τε ταῖς βίβλοις, παρ' ὧν τὸν μεταληπτικὸν τῶν παρ' Ἕλλησιν μυστηρίων γνοὺς τρόπον ταῖς Ἰουδαϊκαῖς προσῆψεν γραφαῖς.* Porphyre en parle comme *de visu*. Je doute qu'il se fût exprimé de la sorte, s'il s'était livré à de pures conjectures, après une sorte de “ recherche des sources „ pratiquée sur les écrits d'Origène.

(2) Pour tout ceci, je ne puis que renvoyer aux remarques pénétrantes de Harnack, *Texte und Untersuchungen*, XXXVII 4, p. 116 s., 140 s., etc. — Dans l'article déjà cité de l'*Hibbert Journal* (p. 80), Harnack montre que la *Lettre à Marcella* renferme encore des réminiscences indéniables de l'enseignement des chrétiens.

(3) *Hibbert Journal*, *l. l.*, p. 71 s., et *Texte u. U.*, XXXVII 4, p. 139, note 1.

tarda guère à se détourner de la religion nouvelle. Peut-être même, auprès d'Origène déjà, éprouvait-il une sympathie croissante pour les auteurs que l'on réfutait devant lui. Par malheur pour l'apologétique, le contact qu'elle établit entre ceux qu'elle attaque et ceux qu'elle prétend rassurer n'est jamais sans péril pour la foi. Porphyre finit par trouver que, dans son apologie du christianisme, Origène devait aux Grecs tout ce qu'il avait de bon et, s'il fut l'auditeur du théologien chrétien, il ne demeura pas à coup sûr son disciple. Il avait dû le quitter quand la persécution de Dèce éclata et, au moment même où il l'écoutait, on commençait à sentir le péril et l'incertitude d'une paix trompeuse qui semblait établir l'entente entre des forces inconciliables en réalité. Porphyre avait seize ans environ lors de ces grandes fêtes du millénaire de Rome (248), qui durent remplir les chrétiens de malaise et dessiller les yeux des païens sur les menaces de l'avenir. Origène élaborait vers ce temps là, s'il ne l'avait pas déjà publié, son ouvrage *Contre Celse*. La guerre était donc engagée de ce côté et Porphyre pressentit bientôt vers quel parti ses sympathies l'entraîneraient définitivement.

De même qu'il vit Origène, il alla sans doute entendre les autres maîtres qui enseignaient à Césarée et ailleurs en Syrie ou en Palestine. Séjourna-t-il à Alexandrie? Le fait n'est pas attesté, mais il est vraisemblable (1). Bref, Porphyre, avant d'entrer dans les grandes écoles de Longin et de Plotin, avait déjà promené sa curiosité dans les milieux les plus divers et observé d'un regard attentif les croyances disparates de l'Orient. Eunape nous a conservé une anecdote curieuse à cet égard; elle est empruntée apparemment à un écrit de jeunesse de Porphyre, le traité sur la *Philosophie des Oracles*.

Porphyre y racontait qu'un jour il chassa d'un bain une

(1) J. Bernays (*Theophrastos' Schrift über Frömmigkeit*, Berlin, 1866, p. 22) fait observer que le *De abstin.*, IV 9 donne plus d'un détail, notamment sur certains rites du culte de Sérapis, que Porphyre a dû noter en Égypte *de visu*.

sorte de démon, appelé Causatha par les gens du pays (1). Manifestement, le fait s'est passé en Phénicie ou en Palestine et c'est un nom indigène que Porphyre nous a conservé. Pour qu'il chassât ainsi des démons, il fallait bien que, dès sa jeunesse, il eût des accointances avec les pratiques de la magie et qu'il connût l'art de l'exorcisme. Cette anecdote nous prouve — s'il est besoin de preuves encore — que l'intérêt porté par Porphyre à la démonologie et même à l'angélologie (2) ne lui vint pas uniquement des milieux où il vécut dans son âge mûr, mais qu'il restait en cela sous l'influence de son éducation première et des antiques superstitions des pays syriens. Démonologie, magie, astrologie, superstitions orientales, c'est là d'ailleurs ce que nous retrouvons d'un bout à l'autre de l'ouvrage de Porphyre auquel Eunape a sans doute emprunté l'histoire de Causatha.

Est-ce avant, est-ce après avoir été l'élève de Longin que Porphyre publia ce traité sur la *Philosophie des oracles*? C'est avant qu'il eût subi l'influence de Plotin et quand il était jeune encore, voilà tout ce que l'on peut dire (3). En effet, Eunape, qui connaît les variations doctrinales de Porphyre,

(1) Voir appendice III, p. 49* 27 ss. Un spécialiste me fait savoir que le nom (*Καυσάθα*) pourrait être araméen. Le texte n'est malheureusement pas relevé par J. Tambornino, *De antiquorum daemonismo*, Giessen, 1909.

(2) Sur le culte des anges en Syrie, voir notamment les observations de G. Stuhlfauth (*Die Engel in der altchristlichen Kunst*, Fribourg en Br., 1897, p. 45 ss.) résumées et complétées par J. Strzygowski (*Byz. Zeitschr.*, VIII 207). Cf. aussi Dibelius, *Die Geisterwelt im Glauben des Paulus*, p. 207 et 261 ss.

(3) Voir Eunape, appendice III, p. 49* 23 ss. Déjà J. Bernays (*l. l.*, p. 163) a vu l'abîme qui sépare la *Philosophie des oracles* de la *Lettre à Anébon* et des autres écrits postérieurs à l'arrivée de Porphyre à Rome. Cf. aussi Wolff, *De or. philos.*, p. 14 ss. et 227 s.; Harnack, *Texte u. U.*, *l. l.* p. 116 note 1 et (si l'on veut remonter jusqu'à Plotin lui-même) *Ennéades*, II 9, 13 et 14 où le maître attaque des aberrations toutes pareilles à celles de la *Philosophie des oracles* sur l'astrologie, la magie et la démonologie. — L'article de pure vulgarisation d'A. E. Chaignet, *La philosophie des oracles de Porphyre* (*Revue de l'histoire des religions*, t. 41, p. 337 ss.) ne fournit rien d'important.

affirme que c'est un ouvrage de jeunesse. Or, il sait que Porphyre était âgé déjà lorsqu'il connut Plotin. S'il y avait eu trace de néo-platonisme dans cette *Philosophie des oracles*, l'assertion d'Eunape serait de la plus déroutante étrangeté. Afin de nous épargner des redites, nous commencerons donc par parler de cet ouvrage, pour exposer ensuite et sans interruption les voyages qui conduisirent Porphyre successivement auprès de Longin et chez Plotin.

III

LA PHILOSOPHIE DES ORACLES

ET

LES IMAGES DES DIEUX

« Arrive vite, pour me sauver — cesse ces colloques, éteins ces lumières — par un effort vigoureux de tes mains, arrache le tissu qui enveloppe mes membres — fais taire ces voix qui sortent des profondeurs — débarrasse-moi de mes couronnes — efface ces lignes magiques, que je puisse m'en aller (1)! » C'est un dieu qui parle ainsi dans la *Philosophie des oracles;* c'est Apollon lui-même, qu'un sortilège a fait prisonnier. Et en effet, le traité nous donne tout un système de théurgie à l'usage des prêtres des mystères païens. Prenant le mot de philosophie dans un sens spécial et bien caractéristique, Porphyre fait la théorie des pratiques religieuses propres à assurer le salut de l'âme, et, parmi ces pratiques, il met au premier rang les superstitions les plus arriérées et les rites les plus extraordinaires des cultes de l'Orient. On y enseigne la manière de fabriquer et d'orner les idoles, de tracer les dessins, d'allumer les torches, de faire entendre les voix qui appellent et asservissent les dieux ; on y explique l'usage des clefs qui les tiennent captifs; on apprend aux hiérophantes à servir de médiums. Les ornements

(1) *De or. philos.*, p. 162 s. WOLFF.

des statues, la nature et le choix des offrandes, la couleur même des victimes à immoler, tous les détails des sacrifices et des cérémonies sont donnés pour des commandements divins, et nous voyons tour à tour Apollon, Hécate, Pan, Hermès, Esculape et Sérapis se porter garants de ces aberrations. Les abstinences, les ablutions, jusqu'aux coups de fouet dont on fait précéder les évocations dans les sanctuaires des Égyptiens, des Phéniciens et des autres peuples versés dans les choses divines, tout cela est justifié par une doctrine savante, qui assimile les mauvais démons à des effluves malsains.

L'astrologie occupe, dans les fragments, une place considérable. Les dieux s'en servent pour nous faire des prédictions. Il leur arrive cependant de se tromper. C'est que, lorsqu'ils interviennent dans ce bas monde, ils ont à compter avec le Destin. Celui-ci peut les empêcher de dire et même de savoir la vérité. Heureusement, la *Philosophie des oracles* offre des ressources merveilleuses. Ses rites peuvent paralyser jusqu'à l'action des astres. " Rompez „, dit Hécate, " les liens de la nature, si vous voulez que je vous obéisse „. La théurgie fait connaître le bon moment pour interroger les dieux. Elle les oblige à répondre et à se montrer. Elle écarte les esprits mauvais (1).

Que l'on se sent loin, en parcourant ce manuel de magie, de ce que Porphyre donnera plus tard pour la vraie piété! L'exégète veut faire œuvre de "philosophe„, mais il n'y réussit pas; la matière qu'il manie demeure rebelle à sa tentative. Les superstitions qu'il voudrait ennoblir sont par nature trop

---

(1) Cette magie n'est pas tout entière à la portée des hommes (*ibid.*, p. 150 Wolff). Il en est de même de l'astrologie, qui est la science des dieux. Même les dieux l'oublient quand, évoqués, ils tombent ici-bas (cf. F. Boll, *Jahrb. f. class. Philol., Suppl.* t. 21, p. 117). — Dans certains des oracles que cite Porphyre, on croirait entendre un écho des discours tenus par les prêtres des temples au sujet des astrologues de carrefour (cf. *ibid.*, passim).

grossières, et d'ailleurs le voile d'idées grecques dont il les recouvre est trop ténu. Il est question, dans un oracle, d'un Dieu suprême, Père éternel et ineffable des Bienheureux, source de l'Intelligence, qui produit elle-même la matière indestructible où s'impriment les Formes (1). Mais, aussitôt après, au lieu d'une cosmologie, c'est une hiérarchie des dieux du ciel, de l'éther, de l'air, de la terre, de la mer et des enfers, puis d'anges et de démons, que nous voyons se constituer.

Dans ce premier essai d'interprétation morale des rites et des cultes, l'exposé de Porphyre s'inspire déjà d'idées généreuses et il ne manque pas d'ampleur. Le philosophe voudrait purifier l'air des conventicules où le fervent des mystères vient pratiquer ses dévotions, et il s'attache à prêcher une religion

(1) *Ibid.*, p. 144 s. — Il serait intéressant de savoir où Porphyre a puisé ses oracles et les éléments de leur interprétation. Il serait plus intéressant encore de voir quel choix il a fait dans les recueils antérieurs dont on trouvera l'énumération chez WOLFF, *ibid.*, ch. IV. Je dois me contenter ici de quelques constatations sommaires. Porphyre s'est servi de sources littéraires : on le voit citer par exemple un certain Pythagore de Rhodes (p. 154 WOLFF). Mais son information ne vient pas uniquement des livres. Il a recouru à son expérience personnelle et il a introduit dans la littérature grecque relative aux oracles et aux démons bien des faits que lui-même avait observés (cf. ce qui a été dit ci-dessus, p. 14 s., de l'histoire du démon Causatha). — D'autre part, Porphyre annonce, dès le début du traité (p. 109 WOLFF), qu'il corrige les fautes et éclaircit les obscurités des textes, en respectant toutefois le sens des oracles. Cela lui vaut d'être traité par BERNAYS (*Ges. Abhandl.*, II 287 s.) d'homme de mauvaise foi. Ce reproche n'est pas mérité. Porphyre a été crédule; il a manqué d'esprit critique, mais je ne vois nulle part qu'il ait procédé autrement qu'il ne l'a dit. — Quant à Wolff, voici en quels termes il conclut, après ses recherches sur les recueils d'oracles antérieurs à celui de Porphyre (p. 68) : " *primus P. ex ipsis responsis divinis rerum arcanarum scientiam et vitae honestae rationem repetere studuit* ". Je regrette que Wolff ne dise rien de Philon, qui, lui aussi, a voulu tirer une philosophie « *ἐκ τῶν λογίων* » (des révélations faites aux Juifs, bien entendu). — J. GEFFCKEN (*Zwei griechische Apologeten*, 1907, p. 268, note 2) fait observer que certains oracles ont pu émaner de philosophes prophètes et voyants, notamment de certains membres de la secte néo-platonicienne.

universelle. Son enseignement ne s'adresse certes pas à tout le monde; toutefois, le maître entend n'exclure que les gens absorbés par le souci des choses terrestres. Il parle pour tous ceux qui veulent faire de la vie une préparation à la mort et un instrument de salut. L'âme des saints, de quelque pays qu'ils soient, peut voir s'ouvrir devant elle les portes de l'immortalité. Il est vrai, c'est aux antiques sacerdoces de l'Égypte, de la Phénicie, de la Lydie et de la Babylonie que les dieux ont parlé de préférence [1]. Les Hébreux et les Chaldéens, que les oracles de Porphyre rapprochent volontiers, ont eu le mérite d'adorer le Dieu suprême. Le Christ fut le plus pieux des hommes; son âme est retournée dans sa demeure céleste [2]. Mais ses disciples ont eu le tort de se mettre en opposition avec les traditions des Juifs et de faire de leur Sauveur l'objet d'une vraie adoration. Manifestement, Porphyre a en vue une noble conciliation que les chrétiens mêmes pourraient accepter [3]. Mais, à coup sûr aussi, l'ouvrage fut conçu dans des dispositions peu bienveillantes pour eux. Sans doute, il se résigne mal à leur pardonner d'avoir exploité contre les oracles le long silence et les nombreuses erreurs de leurs interprètes et d'avoir accrédité ainsi les reproches dont il a tant de peine à détruire l'effet. Les chrétiens sont à ses yeux des révolutionnaires, et il s'oppose à eux apparemment, quand il prétend remettre en honneur les antiques traditions. Bref toute sa façon de parler du Christ et de son Église a, dans cette œuvre de jeunesse déjà, ce ton abominable qui fit que plus tard, lorsqu'on voulut flétrir Arius et ses partisans, on les traita de " Porphyriens " [4].

---

(1) P. 139 ss. Wolff.

(2) *Ibid.*, p. 180 ss. Wolff.

(3) En ce sens, on peut donner raison à P. Wendland (*Berliner Philol. Woch.*, 1898, col. 1130) contre Kleffner. Il ne faut pas oublier cependant que Porphyre attaque ouvertement les chrétiens dans le *Περὶ τῆς ἐκ λογίων φιλοσοφίας* (141 et 180 ss. Wolff).

(4) Cf. par exemple Socrate, *Hist. eccles.*, I 9, 30.

Ce sont des tendances analogues que nous retrouvons dans le traité *Sur les images des dieux*. Ici aussi, Porphyre vise à faire l'apologie du paganisme. Il prétend montrer que le culte des idoles n'implique en rien les aberrations que lui imputent ses adversaires. D'après ce qu'il dit, les fidèles ne prennent point pour des dieux les statues et les autres symboles vénérés dans les temples. Il soutient qu'il n'y a là qu'une écriture figurative, mettant en images la théologie d'un panthéisme naturaliste. Dès les premières lignes, les chrétiens sont pris à partie. Il serait difficile de ne pas les reconnaître, en même temps que les Juifs, quand Porphyre nous parle de ces ignorants qui, aussi stupides devant une statue qu'un illettré devant l'inscription d'une stèle, n'y comprennent rien et n'y voient pas autre chose que de la pierre, du bois ou du métal (1). De plus, Porphyre admet dans sa galerie d'images, comme dans son recueil d'oracles, toutes les divinités nationales ou étrangères que la religion grecque avait accueillies; il y joint même les représentations figurées et les animaux sacrés des temples de l'Égypte. La théologie qu'il adopte, est au fond celle dont s'inspirèrent les divers théoriciens des mystères orientaux. Ce que Porphyre retrouve dans les représentations des dieux et dans leurs attributs, c'est, avec les quatre éléments, tout le panthéon de ces astrolâtres dont M. Franz Cumont a si finement analysé et décrit la dévotion : les neuf sphères, le feu supérieur, les divinités des planètes, la lune, les signes du zodiaque, enfin et surtout Hélios, le grand dispensateur des biens ici-bas (2). Même la doctrine de la descente des âmes et la croyance aux démons — ennemis du feu — transparaissent çà et là dans nos extraits (3). Enfin ici, comme dans la *Philosophie des oracles*, Porphyre ferme

---

(1) Appendice I, p. 1* ss.

(2) Appendice I, p. 7* ss. avec les notes, et spécialement p. 12* 14 s., 15* 3 ss., 16* 10 ss., 21* 1-4 etc. Cf. F. Cumont, *Le mysticisme astral dans l'antiquité* (*Bulletins de l'Acad. royale de Belgique, classe des lettres*, 5 mai 1909).

(3) Appendice I, p. 7* 11 ss., 12* 16 s., 13* 17, 15* 9 s., etc.

les portes devant les profanes, et il ne s'adresse qu'à des initiés (1).

Mais la ressemblance entre les deux ouvrages ne va pas plus loin. L'esprit qui les inspire est assez différent. Déjà Eusèbe s'en est aperçu (2). Dans le traité *Sur les images*, il n'est plus question d'opposer un monde de dieux personnels au règne du Destin, et le cauchemar démoniaque qui obsède la *Philosophie des oracles* paraît s'être dissipé. C'est le spectacle de la nature, avec sa vie exubérante, ses forces toujours jeunes et ses multiples aspects, c'est la lumière pure du ciel, l'action bienfaisante des rayons du soleil, le fécondité du sol et le retour périodique des saisons que Porphyre nous fait voir, grâce à un système parfaitement ordonné d'interprétation philosophique, dans les idoles de tous les temples et de tous les pays. Cerbère, le chien aux trois têtes, n'est plus, comme dans la *Philosophie des oracles*, le mauvais démon de la terre, de l'air et de l'eau; il devient tour à tour un symbole des trois phases de la production des fruits, puis des trois positions du soleil, au levant, au midi et au couchant (3). Au lieu de commander à l'armée des esprits mauvais, Sérapis représente le soleil caché sous la terre pendant la nuit (4). Hermopan est identifié

---

(1) Cf. appendice I, p. 1* ss., et HÉRACLITE, *Quaest. Homer.*, 3 s. (pour qui les profanes sont les disciples d'Épicure et ceux de Platon, le " sycophante d'Homère ").

(2) *Praepar. Evangel.*, III 14 par exemple.

(3) Appendice I, p. 9* 17 ss. et 14* 11 s.; cf. *De or. philos.*, p. 150 WOLFF.

(4) Appendice I, p. 14* 6 ss.; cf. *De or. philos.*, p. 150 WOLFF. — Depuis de longs siècles, Osiris-Sérapis était adoré à Abydos à la fois comme le dieu de la fécondité et comme le maître du monde infernal, et ce double caractère le fit regarder de bonne heure comme identique au soleil qui, durant sa course diurne, fertilise la terre et qui, la nuit, parcourt les espaces souterrains. — Ce qu'il y a de caractéristique chez Porphyre, c'est que, dans l'un de ses traités, Sérapis est uniquement le chef des démons (conception venant probablement d'une vieille identification avec l'Ahriman des Perses, ou bien avec Satan) et que, dans l'autre, il n'est rien que le soleil durant sa course nocturne, sans qu'on aperçoive la moindre trace d'un rapport établi entre les deux conceptions.

avec le Verbe spermatique et Zeus est l'Intelligence créatrice, qui a tiré le monde de son propre sein (¹).

Cette fois, Porphyre a abordé les clairs rivages de la philosophie et de la poésie des Grecs. Au lieu de sombres cohortes d'esprits fantasques et malfaisants, superposés au monde, c'est la belle nature, c'est le Kosmos de Posidonius qu'il voit devant lui et qu'il nous invite à adorer.

Tout à l'heure, il parlait pour les dévots des mystères, pour les clients des Artémidore, des Critodème et des innombrables charlatans de la magie, de l'astrologie, ou des autres mantiques. Sa *Philosophie des oracles* a presque toutes ses sources dans ces recoins des religions populaires de l'Orient qu'on ignorait hier et sur lesquels convergent tant de lumières aujourd'hui. C'est avec les amulettes, avec les formules d'exorcisme et d'incantation, que les papyrus ou les tessons de poteries nous rendent en si grand nombre, qu'il conviendrait de commenter cet opuscule (²). Quand il a composé son traité *Sur les images*, Porphyre s'est détourné en partie de ce qu'il adorait dans la *Philosophie des oracles*. Il s'adresse à des gens qui ont dû lire le livre de Plutarque *Sur la superstition*, et lui-même, dirait-on, est rempli des visions d'Homère (³), et il prend la nature pour ce palais enchanté où " le dernier des païens „ voyait naguère encore

Les filles des sommets neigeux, les fraîches ondes,
Danser dans les roseaux avec un rire clair (⁴).

Visiblement Porphyre a changé de maîtres autant que d'inspiration. Les écrits où il va chercher à présent sa science

(¹) Appendice I, p. 6* s. et 17* s.

(²) Ce commentaire n'a été qu'ébauché par Wolff, et depuis, la masse de renseignements que l'on peut puiser dans le *De or. philos.*, a été trop négligée. C'est à peine si le traité est cité dans les monographies les plus récentes où il aurait dû être utilisé.

(³) Cf. notamment ci-dessous appendice I, p. 6* ss., dans les notes, les rencontres si fréquentes que j'ai relevées avec les *Quaest. Homer.* de Porphyre lui-même.

(⁴) Cf. P. Berthelot, *L. Ménard et son œuvre*, Paris, p. 79.

sont ceux d'esprits fort hellénisés, comme Apollodore ou le stoïcien Chérémon (1), et en même temps toute l'idée qu'il se fait de la divinité s'épure et s'élève. Charmes, amulettes, clefs mystiques d'Apollon et d'Hécate, cierges et mots liturgiques, tout l'appareil de la théurgie est comme oublié. Le philosophe n'en a pas besoin pour répéter, avec l'esprit et presque avec l'accent même du fameux traité *Περὶ κόσμου*, l'hymne de Posidonius au Créateur dont les puissances ordonnent et vivifient le monde, sans s'y absorber (2). Il se fait l'apôtre de cette sorte de religion éclairée que son compatriote Maxime de Tyr était allé prêcher dans le monde romain un siècle avant lui (3). Il ne consulte plus les oracles. Il cite encore Orphée, mais en lui empruntant la tirade même dont s'est inspiré l'auteur du traité *Du monde*, et à l'appui d'un panthéisme presque rationaliste (4).

Dans l'éther lumineux et dans la mer profonde,
Dans les antres sacrés, dans les champs, dans les bois,
Les dieux sont l'harmonie et la beauté du monde,
Ses principes vivants, ses immuables lois (5).

Et par dessus tout, nous devons nous incliner devant les marbres, les ivoires, les cristaux et les ors des temples, parce qu'ils sont le symbole de la flamme invisible et divine, circulant dans les veines des plantes et fermentant dans le vin, vivante émanation d'Hélios, qui est aussi Apollon, Horus, Héraklès, Esculape, Dionysos, Pluton et Sérapis, le dieu qui porte un chiton de pourpre parce qu'il va veiller sur l'hémisphère nocturne, et un serpent parce qu'il connaît le

---

(1) Voir ci-dessous l'introduction à l'appendice I.

(2) Cf. appendice I, les textes d'Eusèbe cités en note aux p. 1* s.

(3) Cf. R. Rohdich, *De Maximo Tyrio theologo*, Diss., Bythomiae in Sil. Sup. 1879, et, sur les rapports de Maxime de Tyr avec le *Περὶ κόσμου*, Zeller, *Philosophie der Griechen*, III 2 p. 221, note 4, et W. Capelle, *Die Schrift von der Welt* (*Neue Jahrbücher*) 1905, p. 531, 552 et 567.

(4) Appendice I, p. 3* ss.

(5) Cf. L. Ménard, chez Berthelot, *l. l.*, p. 80.

secret de la résurrection, lui, le merveilleux chorège des Muses et des sphères, le berger des blanches étoiles (1).

L'interprète qui nous suggère ce rêve dans son livre *Sur les images des dieux* ne gardera pas toujours les mêmes préoccupations. Toute la " physiologie „ (2) qu'il étale ici n'a rien encore de ce qui caractérisera sa dernière manière de penser. Certes nous voyons dans le traité *Sur les images* une Intelligence créatrice, mais sans la marque néo-platonicienne (3). Et même, le fait qu'elle a, elle aussi, sa représentation figurée paraît inconciliable avec le système que Porphyre professera, quand il aura connu Plotin. Dans cette phase plus avancée de l'évolution de ses doctrines, il déclarera que ni le Bien, ou premier principe, ni l'Intelligence (*Νοῦς*) ne furent représentés par les anciens sous forme de signes sensibles, et qu'ils ne peuvent l'être, à cause de leur caractère d'êtres transcendants (4). En même temps, il identifiera le démiurge avec la troisième hypostase de la triade, c'est-à-dire avec l'Ame, et non avec l'Intelligence (5). Bref, on peut adopter l'opinion de M. Börtzler (6) et affirmer que le livre fut écrit avant que Porphyre eût adopté les idées de Plotin. Le traité *Sur les images* fut donc composé, très vraisemblablement, avant le séjour de Porphyre à Rome; d'autre part, il est postérieur à la *Philosophie des oracles*, ouvrage avec lequel il a paru présenter des contradictions (7). Il date donc, apparemment, des années de la vie de Porphyre qui précédèrent

---

(1) Cf. appendice I, p. 2* et 12* ss., et L. Ménard, *l. l.*, p. 198.

(2) Cf. Eusèbe, extraits cités ci-dessous dans les notes de l'appendice I, p. 1* ss., 11* etc.

(3) Cf. *ibid.* p. 6* 2 s. — Zeller (*l. l.* p. 730 s.) a le tort de mélanger les théories du *Περὶ ἀγαλμάτων* avec les doctrines professées dans des fragments d'écrits de beaucoup postérieurs et très différents d'inspiration.

(4) Cf. Porphyre chez Macrobe, *In somn. Scip.* I 2, 13 ss.

(5) Cf. Porphyre chez Proclus, *In Tim.* I 306, 32 ss. Diehl.

(6) *Porphyrius' Schrift von den Götterbildern*, Diss., Erlangen, 1903, p. 23. Cf. ci-dessous l'introduction à l'appendice I.

(7) Cf. ci-dessus p. 22 ss. — Il faut se rappeler, ce qui rend la contradiction plus flagrante, que Porphyre s'occupe des images des dieux dans le

immédiatement son entrée dans l'école de Plotin. Par conséquent, en l'examinant ici, j'ai devancé un peu les événements. Mais cette légère transposition des faits m'a paru nécessaire. Le traité devait être rapproché de la *Philosophie des oracles* avec laquelle il fait un contraste si marqué. Grâce à ce parallèle, on voit déjà quelle a été, dans l'évolution des idées de Porphyre, la nature des influences premières et le sens dans lequel il a marché. Il est intéressant de noter, à cet égard, que le successeur immédiat de Porphyre, Jamblique, ne suivra plus le même chemin. Dans le traité *Des images* de Jamblique, les statues ont une origine miraculeuse. Les dieux sont présents en elles, ou du moins ils leur communiquent des vertus surnaturelles (1).

" Adresser ses vœux à une image, autant vaut ", avait dit Héraclite, " parler à une maison (2) ". Mais les philosophes de la grande époque eurent beau protester. Le fétichisme des vieux cultes eut la vie dure (3). Lorsque le souffle de l'Orient vint à passer sur les restes des superstitions que le rationalisme avait cru déraciner, elles reprirent leur ancienne vigueur.

---

premier des deux traités aussi bien que dans le suivant. — « *In libris de oraculorum philosophia, non dubitat (Porphyrius) quin dii tales sint, quales communis veterum religio esse tradiderit. Uno tantum loco* (à propos de Cerbère, cf. ci-dessus p. 22) *physicam interpretationem adhibuit* ». WOLFF, *l. l.* p. 30 [au passage indiqué par Wolff, il faut joindre p. 160, l. 9]. — On vient de voir que le *Περὶ ἀγαλμάτων* s'exprime différemment.

(1) Les disciples de Jamblique se défendent de prendre les statues elles-mêmes pour des dieux : *De myst.*, 3, 29 ; JULIEN, *Frag. ep.*, 293 A ; cf. G. MAU, *Religionsphilosophie Kaiser Julians*, Teubner, 1907, p. 91-92. — La question de la présence réelle des dieux dans leurs images était fort importante aux yeux des croyants du cercle de Julien. On s'en occupa notamment lors de l'incendie du temple de Daphné. Voir R. ASMUS, *Byz. Zeitschr.*, III p. 133, note 1.

(2) Fragment 5 DIELS.

(3) Voir les faits signalés par O. GRUPPE, *Griechische Mythologie* p. 980 s., et, sur les théories des philosophes, H. SCHMIDT, *Veteres philosophi quomodo iudicaverint de precibus*, Giessen, 1907.

Plotin lui-même eut un mot pour signaler l'attraction qu'exercent les images des dieux sur leurs divins modèles. Ce mot, lancé comme en passant, Jamblique le reprit et il en fit le principe de toute une théologie de la superstition [1]. Le syrien Jamblique prôna et introduisit ainsi en plein néo-platonisme le système de théurgie que Porphyre avait professé d'abord, mais abandonné ensuite dans son traité *Sur les images des dieux*, pour n'y plus jamais revenir qu'avec un certain dédain.

C'est d'ailleurs Jamblique et non Porphyre qui fit école. Dans son discours *Sur la Mère des dieux*, l'empereur Julien reproduit et professe ouvertement les théories du premier. Il nous montre, en un joli récit [2], la statue sacro-sainte de Cybèle voguant vers Rome, poussée par les vents; puis soudain, au milieu du Tibre, devant les prêtres, le peuple et le sénat qui l'attendent prosternés sur la rive, la déesse immobilise le navire qui la porte, " comme s'il avait pris racine ". Elle voulait faire voir que la pierre venue de Phrygie n'était pas une idole sans âme, et qu'en elle résidait une force supérieure et toute divine. Au moment où je me mets à écrire, ajoute Julien, " j'entends dire que Porphyre a fait du sujet qui m'occupe la matière de dissertations philosophiques. Mais je ne les connais pas; je ne les ai jamais lues et j'ignore si son sentiment se rencontre avec le mien [3]. " En effet, pour plaire aux derniers défenseurs de l'hellénisme, Porphyre aurait dû s'inspirer moins qu'il ne le fit de l'esprit rationalisant du Portique; il n'était resté ni assez syrien, ni assez dévot.

Toutefois, le traité *Sur les images des dieux*, comme la *Philosophie des oracles*, eut un certain succès — c'est ce succès même qui nous en a sauvé l'essence, avec d'assez longs

---

(1) Cf. *Ennéades* IV 3, 11 et — sur le *Περὶ ἀγαλμάτων* de Jamblique — *Photii Bibliotheca*, Cod. 215. — Voir encore PROCLUS, *In Cratyl.*, 51.

(2) *Orat.* V, 159 s. Cf. E. SCHMIDT, *Kultübertragungen* 1909, p. 6, note 6.

(3) JULIEN, *ibid.*, 161 C.

fragments —, mais ce n'est certes pas le succès que l'auteur a dû souhaiter. Quand, après la mort de Porphyre, il s'agit de démolir la restauration savante qu'il avait faite du polythéisme, les apologistes chrétiens s'avisèrent — alors déjà le procédé était courant — d'exhumer de la poussière des bibliothèques ses écrits de jeunesse.

La *Philosophie des oracles* surtout fit leur joie. Ce fut un jeu pour Eusèbe de convaincre le représentant de la pensée de Plotin des plus intolérables contradictions. C'est en vain que, en écrivant sur l'*Abstinence*, Porphyre se met à l'école de Théophraste et professe la plus noble piété : la *Philosophie des oracles* le fait prendre en flagrant délit dans la pratique de basses superstitions. Porphyre y appelle dieu ce que, plus tard, devenu le disciple des Xénocrate et des Posidonius, il ravalera au rang des démons. Et ce que le vulgarisateur de Plotin divinise dans le traité *Sur les images*, ce n'est pas le Dieu inaccessible de son maître, c'est, en dépit de toutes les subtilités, la nature sensible, avec son cortège d'obscénités et d'abominations.

IV

PORPHYRE A ATHÈNES AUPRÈS DE LONGIN

Du temps de Porphyre même, on voyait se produire en Syrie des premiers essais pour créer une littérature dans la langue du pays. Bardesane au début du IIIe siècle, bientôt après lui le fameux Mâni, puis, au IVe siècle, Éphrem écrivirent en syriaque leurs ouvrages les plus importants (1). Mais c'est à Édesse et en Mésopotamie que ce mouvement particulariste eut son point de départ, et, au IIIe siècle, dans les ports syriens de la Méditerranée, on était toujours fasciné par les grands centres de lumière du monde gréco-romain. Le jeune Tyrien qui voulait achever son éducation croyait indispensable de se familiariser avec la culture hellénique et il mettait à la voile vers les cités fameuses de l'Occident.

C'est dans le paisible et lumineux séjour de Pallas Athéné que Porphyre s'arrêta d'abord (2). Restaurée par Hadrien,

---

(1) C'est peut-être au IVe siècle aussi que furent faites les versions syriaques des ouvrages les plus importants d'Eusèbe de Césarée.

(2) Sur les textes relatifs aux déplacements de Porphyre (*Vita Plotini* 4 s.), cf. la note judicieuse de H. MÜLLER, *Philologus*, t. 38, p. 368 s. Müller montre très bien qu'il ne peut être question d'un premier voyage de Porphyre à Rome avant l'année 262-263. Voir aussi ZELLER, *Philosophie der Griechen*, III 2 p. 693 note et COBET, *Mnemosyne*, 1878, p. 337 ss. — Sur Athènes, pays choisi par Athéné parce qu'elle jugeait, « d'après l'heureuse température des saisons, qu'il produirait des hommes de la plus grande sagesse » (PLATON, *Tim.* 24 CD), cf. les dissertations de Longin et de Porphyre chez PROCLUS, *In Tim. l. l.*, I. 162 ss. DIEHL.

Athènes était devenue la ville universitaire, le rendez-vous des touristes, des amateurs d'art, des critiques littéraires, la cité calme des souvenirs et des études désintéressées. On s'y adonnait au culte des lettres et à la contemplation du passé. Porphyre y trouva un enseignement encore fort attirant. Parmi les professeurs auxquels il s'attacha spécialement, il en est dont le nom nous a été conservé : un mathématicien du nom de Démétrius (1), le grammairien Apollonius (2) — peut-être aussi Minucianus, professeur de rhétorique (3) — furent ses maîtres, et c'est à Athènes qu'il les rencontra (4).

Mais de tous ses amis d'Athènes, c'est Longin, à coup sûr, qui eut sur lui le plus d'action. L'enseignement de Longin était alors dans tout son éclat. Il professait à la fois la philosophie et la rhétorique et il n'ignorait rien de la littérature grecque. " Bibliothèque vivante ", comme dit Eunape, " Musée ambulant », il avait le goût aussi sûr que la mémoire bien meublée, et les appréciations de sa critique littéraire régnaient en souveraines sur l'opinion du public (5). On retrouve encore des traces de son enseignement dans un des derniers ouvrages de Porphyre, le *Commentaire du Timée de Platon* (6).

Grâce à un extrait de Porphyre lui-même, conservé chez Eusèbe (7), nous connaissons les détails d'une des fêtes que

---

(1) Proclus, *In remp.* II 23, 14 Kroll : *Δημήτριος ὁ γεωμέτρης μέν, Πορφυρίου δὲ διδάσκαλος*. Sur ce Démétrius, cf. Pauly-Wissowa, RE, *s.v.* Demetrios, n°s 118 et 110.

(2) Voir E. Hefermehl, *Rhein. Mus.*, 61 (1906), p. 299 ss.

(3) Cf. Suidas *s.v.* *Μινουκιανός* et appendice III, p. 53* 10 ; S. Gloeckner, *Quaest. rhetoricae*, Diss. Breslau, 1901, p. 22 ss., etc.

(4) Porphyre chez Eusèbe, *Praepar. evangel.* X 3, 1 ss.

(5) Eunape ci-dessous Appendice III, p. 47* 20 ss.; Porphyre, *Vita Plotini* 20. — Sur l'enseignement philosophique de Longin, cf. par exemple Porphyre chez Proclus, *In remp.* I, 233, 29 ss. Kroll.

(6) Cf. Proclus, *In Tim.* I, 14 ss.; 31, 18, etc. Diehl.

(7) *Praepar. Evangel.* X 3, 1 : *Τὰ Πλατώνεια ἑστιῶν ἡμᾶς Λογγῖνος Ἀθήνησι κέκληκεν ἄλλους τε πολλοὺς καὶ Νικαγόραν τὸν σοφιστὴν καὶ Μαίορα, Ἀπολλώνιόν τε τὸν γραμματικὸν καὶ Δημήτριον τὸν γεωμέτρην Προσήνην τε τὸν Περιπατητικὸν καὶ τὸν Στωϊκὸν Καλλιέτην. Μεθ' ὧν ἕβδομος*

Longin donna à Athènes, suivant la tradition pieuse de l'école, pour célébrer l'anniversaire de la naissance de Platon. Parmi les convives figuraient, outre Porphyre, le géomètre Démétrius, le grammairien Apollonius et d'autres, sept en tout. La conversation roula pendant le repas sur des matières savantes. L'on y soutint qu'Éphore, Théopompe, Ménandre, Hellanicus, Hérodote, Euripide avaient été des plagiaires. Platon lui-même, le héros de la fête, était soupçonné. Le péripatéticien Prosénès l'accusait de larcins, au milieu des protestations.

La scène valait d'être rapportée. Elle cadre avec tout ce que nous savons de l'enseignement de Longin et nous montre ce qu'étaient les entretiens, doctes et puérils, de ces lettrés d'Athènes réunis dans le culte de Platon. Quelle différence d'esprit sépare ce banquet de sophistes des fêtes qui se célébraient, aux mêmes anniversaires, dans l'école de Plotin, et où nous verrons Porphyre prendre un ton d'hiérophante pour déclamer des vers mystiques sur le " Mariage sacré "!

Suivant M. H. Schrader, c'est pendant son séjour à Athènes que Porphyre, traitant un sujet fort à la mode [1], aurait rédigé un ensemble d'études intitulées *Questions homériques*. Le premier livre de cette vaste compilation — où il est fait mention, comme d'un maître, du grammairien Apollonius —

αὐτὸς (*scil.* Porphyre) *κατακλινεὶς, τοῦ δείπνου προκόπτοντος καὶ τινος ζητήσεως περὶ Ἐφόρου ἐν τοῖς ἄλλοις γενομένης* etc. — On ne doit plus mentionner que pour mémoire les erreurs grossières qu'a introduites dans les biographies de Porphyre (HOLSTENIUS, p. 11; etc.) la faute *Πλωτίνεια* (au lieu de *Πλατώνεια*). — U. VON WILAMOWITZ-MÖLLENDORFF (*Die Hymnen des Proklos und Synesios, Sitz.-Ber. der preuss. Akad.*, Berlin, 14 mars 1907) a réussi à évoquer, dans une description brillante, l'âme même de telles fêtes. Il souhaitait connaître ce qu'elles étaient chez Longin : Porphyre (*l. l.*) vient à point pour nous renseigner. — Sur l'histoire de ces fêtes anniversaires, cf. W. SCHMIDT, *Geburtstag im Altertum*, Giessen, 1908, p. 14 ss. et 41 ss., et les judicieuses remarques de P. LEJAY, *Revue critique*, 1909, II, p. 287.

(1) Cf. E. HATCH, *The influence of greek ideas and usages upon the christian church*, 1907, lecture III.

aurait été dédié à Anatole, un condisciple (1). Dans ce premier livre, Porphyre s'attachait à montrer que, pour qui sait le lire avec attention, le poète explique lui-même fort bien le sens des mots qu'il emploie. Dans les livres suivants, Porphyre abordait les diverses difficultés de l'exégèse homérique; il citait les problèmes et les apories des philosophes, des sophistes, des grammairiens, avec les principales solutions, en se contentant, le plus souvent, de rapporter les opinions de ses prédécesseurs et de mentionner celle qui avait ses préférences personnelles. Il expliquait pêle-mêle les choses et les mots. Il faisait de l'histoire, de la grammaire, de l'étymologie, de la philologie et même de la philosophie. Homère s'était-il contredit? Avait-il affirmé des invraisemblances? Pour le disculper, ou, si l'on veut, pour sauver les deux poèmes qui devenaient comme la Bible de l'hellénisme, Porphyre avait donné dans les abus d'allégories qui le choquaient lui-même chez les exégètes chrétiens. Il avait entassé dans sa compilation tout ce que la science, la théologie et la critique littéraire avaient échafaudé de théories autour de l'œuvre homérique. Toutefois, un genre de commentaire en est notoirement absent, comme M. H. Schrader l'a fait observer : nulle part Porphyre n'y pratique le système très spécial d'interprétation qui a permis plus tard à Jamblique ainsi qu'à Proclus, et qui permettra bientôt à Porphyre lui-même de retrouver dans les mythes de l'*Iliade* et de l'*Odyssée* les doctrines de la philosophie néo-platonicienne (2).

Il y a, à cet égard, un contraste frappant entre les *Questions homériques* et les fragments d'exégèse que nous retrouvons, sous le nom de Porphyre, dans divers extraits de Macrobe et de Stobée (3). Si l'on adopte l'hypothèse de

(1) Cf. Pauly-Wissowa, R E, *s. v.* Anatolius, n° 12.

(2) Cf. *Porphyrii quaestionum homeric. ad Iliad. pertinentium rell.* coll. H. Schrader, Teubner, 1880-1882, spécialement p. 233, 281 et 347 ss.

(3) Par contre — comme je l'ai fait observer déjà — on trouvera ci-dessous dans les notes de l'appendice I (par ex. p. 6* 2; 7* 10 ss.; 11* 14 ss., etc.) l'indice d'une parenté parfois étroite entre le *Περὶ ἀγαλμάτων* et les *Ὁμηρικὰ ζητήματα*.

M. H. Schrader, cette différence s'explique par la chronologie : les *Questions homériques* sont une des premières œuvres de Porphyre. Elles furent achevées avant son arrivée à Rome, alors qu'il était encore à Athènes, et tout à fait sous l'influence de l'enseignement de Longin (1). Il faut observer toutefois que Longin lui-même avait séparé, semble-t-il, et mis dans des ouvrages distincts l'explication ou la justification du texte et l'interprétation allégorico-philosophique (2). Certes, il me paraît incontestable que la vaste compilation consacrée à Homère par Porphyre date des années où il était le disciple de Longin. Mais ce n'est pas uniquement pour son commentaire philologique du poète que Porphyre a pu profiter de l'exemple de son premier maître, et nous devrions connaître mieux qu'il ne nous est donné de le faire le traité de Longin intitulé " *Si Homère était philosophe* „ pour savoir jusqu'à quel point Porphyre a continué à s'inspirer de lui dans le reste de son exégèse homérique (3).

Il faut placer sans doute vers la même date la composition d'un traité spécial sur les *Noms omis par le poète* (4). Il n'est guère admissible que de telles productions aient été élaborées à l'époque où Porphyre travaillait avec Plotin. Alors, c'est Platon et non Homère qui remplit sa pensée, et il ramène Homère à Platon. Les écrits dont nous venons de parler sont des œuvres de jeunesse, conçues sous la direction, ou tout au moins d'après l'enseignement de Longin.

(1) Voir H. Schrader, *l. l.*, *Ad Iliad.* p. 349; et *Ad Odyss.* p. VI et 172.

(2) Cf. la liste de ses écrits chez Suidas *s. v.* *Λογγῖνος ὁ Κάσσιος*; J. Vahlen, Appendice à l'édition du *Περὶ ὕψους*, etc.

(3) La reconstruction des *Questions homériques* tentée par H. Schrader n'est qu'un premier essai, dont beaucoup de parties (titre du recueil; provenance des *Excerpta Vaticana*; étendue exacte des divers fragments, etc.) ont été critiquées (cf. Schrader lui-même, *Hermes* XX, p. 380 ss.). Il serait oiseux de donner ici la bibliographie de ce vaste sujet. Je me borne à reprendre et à utiliser dans mon exposé ceux des résultats de H. Schrader qui ne peuvent plus être contestés.

(4) Cf. H. Schrader, *Hermes*, XIV, p. 231 ss.

On peut en dire autant d'une série de dissertations philologiques, grammaticales, historiques et scientifiques que Wolff place dans cette période de la vie de Porphyre et dont on trouvera plus loin l'énumération [1]. Je me bornerai à signaler ici que, fort vraisemblablement, l'*Histoire de la philosophie* date de la même époque, ou du moins paraît antérieure à l'influence de Plotin [2].

Ces travaux furent-ils achevés et publiés tous à Athènes? Cela n'est pas sûr. Porphyre, à une date que nous ne saurions déterminer — en temps de vacances peut-être — dut retourner de Grèce en Phénicie, et il est possible qu'il ait utilisé ses loisirs à Tyr même [3], par exemple, pour rédiger les notes qu'il avait prises dans les écoles d'Athènes.

Notons d'ailleurs que Porphyre ne fit pas seulement de la philologie avec Longin. Celui-ci s'occupait des plus hautes questions de la métaphysique et, dans ce domaine aussi, il détermina chez son élève des convictions vivaces [4]. Nous en retrouverons des traces encore dans les premières années que Porphyre passa auprès de Plotin. Longin distingua même son

---

(1) Cf. ci-dessous l'appendice IV, B-C et Wolff, *De or. philos.*, p. 14 ss.

(2) Cf. Wolff, *ibid.*, p. 15 s. On retrouve dans les fragments 16 ss. de la *Φιλόσοφος ἱστορία* (*Porphyrii opuscula*, éd. A. Nauck, p. 14 s.) un platonisme différent de celui de Plotin, et où le démiurge est mis au-dessus de l'âme du monde et identifié avec le *Νοῦς* (cf. le *Περὶ ἀγαλμάτων* ci-dessous appendice I, p. 6* s., et *Quaest. homer., Iliad.*,) (68, 23). — Y aurait-il un indice à relever pour ou contre cette chronologie dans le titre (*Μάλχου ἢ Βασιλέως Πυθαγόρου βίος*) donné par nos manuscrits à la *Vie de Pythagore*, qui a fait partie du livre I de la *Φιλόσοφος ἱστορία*? Il serait dangereux de rien décider. Cf. ci-dessous (p. 49) l'histoire des changements de nom de Porphyre et la liste de ses écrits à l'appendice IV. — Voir aussi Diels, *Doxogr. graeci*, p. 47 s.

(3) On lit en effet dans une lettre de Longin à Porphyre (citée *Vita Plotini*, 19) : *τοῦτο γὰρ οὖν καὶ παρόντι σοι καὶ μακρὰν ἀπόντι καὶ περὶ τὴν Τύρον διατρίβοντι τυγχάνω δήπουθεν ἐπεσταλκώς*. Il va de soi que ce séjour date de l'époque où Porphyre était déjà en rapports personnels avec Longin.

(4) Cf. ci-dessus p. 30, note 5 et ci-dessous, Appendice III, p. 48* 9 s.

élève au point de lui dédier, en même temps qu'à un autre, un de ses écrits philosophiques (1).

" On sent partout dans le syrien Porphyre un élève des Muses grecques „ (2). Ce parfum d'hellénisme qui se répand jusque sur les plus érudites de ses compilations, c'est en grande partie à son maître d'Athènes que Porphyre le doit. Il acheva de se former chez lui dans le culte du grand Homère et du divin Platon, dans le commerce incessant de ces deux génies que, de plus en plus, les Grecs allaient opposer au Christ. Toutefois, l'éducation qu'il reçut à Athènes fut surtout littéraire, comme on a pu s'en rendre compte déjà, et elle demeura livresque. Longin, suivant le mot de Plotin lui-même, était un littérateur et non un philosophe (3). Esprit plein de sens et de mesure, plus judicieux que profond, il ne céda guère à l'enthousiasme alexandrin, qu'il connut cependant à l'école d'Ammonius Saccas. Un lettré aussi délicat devait aimer la Grèce d'un amour exclusif. Il dédaigna d'abord Plotin, parce qu'il le croyait trop imprégné des doctrines de l'orientalisant Numénius (4). Cet universitaire, à Athènes, laissait ses élèves et restait lui-même dans une atmosphère d'école, où les bruits du dehors n'arrivaient que très étouffés. Ce n'est pas chez lui — on a pu en juger par la scène du banquet que Porphyre nous a décrit — que l'on pouvait apprendre à découvrir dans Platon l'expression de la foi que réclamaient les temps nouveaux.

Porphyre retira cependant grand profit de son séjour à Athènes. Il partit de là fortement armé de connaissances et

---

(1) *Vita Plotini*, 17 : *ὅθεν ὁ Λογγῖνος μὲν προσφωνῶν τὰ περὶ ὁρμῆς Κλεοδάμῳ τε κἀμοὶ Πορφυρίῳ « Κλεόδαμέ τε καὶ Μάλχε » προὔγραψεν.*

(2) Vacherot, *Histoire critique de l'école d'Alexandrie*, II 13.

(3) *Φιλόλογος μέν*, dit Plotin (*Vita Plotini*, 14), *ὁ Λογγῖνος, φιλόσοφος δὲ οὐδαμῶς.* — Sur Longin, voir la série des témoignages recueillis par J. Vahlen, en appendice à l'édition du *Περὶ ὕψους*.

(4) Mais il finit par donner raison aux apologistes de Plotin (*Vita Plotini*, 17 s. et 20 s., notamment 21 *initio* : *τότε ὡμολόγησε* : il avait donc été d'un autre avis auparavant).

d'esprit critique. Chez Plotin, l'étendue et la sûreté de son érudition [1], la finesse de son goût littéraire, l'aisance de son exposé, toute sa formation dialectique et philologique le feront distinguer et le mettront très vite au premier rang. Or, c'est de Longin surtout qu'il tenait ces dons précieux [2].

Porphyre resta toujours très lié avec son premier maître. Il échangea avec lui une correspondance à laquelle Longin lui-même fait allusion dans un passage que Porphyre nous a conservé [3]. Il écrivit à Porphyre, quand celui-ci était à Tyr, et sans doute avant son départ pour Rome, au sujet de Plotin. Peut-être Porphyre l'avait-il consulté sur son projet d'aller entendre le grand chef d'école [4]. Longin prétend avoir déclaré et répété à Porphyre, alors déjà, qu'il n'approuvait pas toutes les idées de Plotin, mais qu'il admirait beaucoup sa manière d'écrire, l'abondance de ses idées et sa façon de conduire à la recherche du vrai. Il n'en fallait pas davantage pour décider le jeune Tyrien à partir pour Rome.

---

(1) Voir les témoignages réunis par E ZELLER, *Philosophie der Griechen*, III 2, p. 695 note 1.

(2) Cf. EUNAPE, appendice III, p. 47* ss., 49* 11 ss., etc.

(3) *Vita Plotini*, 19 (passage cité ci-dessus p. 34, note 3). Les rapports entre les platoniciens d'Athènes et ceux de Rome étaient d'ailleurs fréquents. Longin dédie à un disciple de Plotin appelé Marcellus son *Περὶ τέλους* (*Vita Plotini*, 20) et il a une correspondance avec Amélius (*ibid.*). C'est Porphyre surtout qui contribua à développer ces relations d'école à école.

(4) *Vita Plotini*, 19 fin, où les mots *καὶ παρόντι σοι* donnent lieu de croire que Longin et Porphyre s'étaient entretenus au sujet de Plotin, alors que Porphyre était encore à Athènes.

V

PORPHYRE CHEZ PLOTIN

Nous arrivons au moment décisif de la vie de Porphyre. Certes, l'Orient, puis Athènes, contribuèrent pour beaucoup à la formation de son génie. Mais il fallait qu'il vint à Rome pour être entraîné dans le grand mouvement d'idées qui transformait alors la conception du monde. Il lui restait à s'initier au problème capital de l'époque et à prendre conscience de la lutte qui s'engageait. Athènes n'avait pas encore concentré tout l'effort de résistance de la civilisation hellénique. C'est à Rome que la philosophie antique prit position vis-à-vis de l'esprit nouveau, à Rome, l'imposante capitale dont l'attraction était toujours si vive, la cité dominatrice où se rendaient tous ceux qui voulaient avoir quelque influence sur l'Empire et exercer en faveur de leur cause une propagande efficace (1). A tous égards, Porphyre est l'homme de son temps. Il ne l'eût pas été si, après avoir étudié chez Longin, il se fût fixé définitivement dans une ville de Grèce ou de Phénicie. Un demi-siècle devait encore s'écouler avant que le néo-platonisme se confinât dans les universités de l'Orient.

(1) Cf. FRIEDLÄNDER, *Sittengeschichte*, 8e éd., I p. 65 et 397 ss.; C. SCHMIDT, *Plotins Stellung zum Gnosticismus und kirchlichen Christentum, Texte und Untersuchungen* XX 4, p. 20. — M. Schmidt rappelle l'exemple des chefs des écoles gnostiques : Cerdon, Marcion, Valentin, Marcellina, Tatien.

C'est de Grèce que Porphyre partit pour se rendre à Rome. Il n'avait donc guère interrompu jusqu'alors son séjour à Athènes et de là, muni de recommandations sans doute, il prit le chemin de la capitale. Il voyagea avec un certain Antonius de Rhodes. Agé de trente ans — on était presque à la dixième année du règne de Gallien (263) —, l'élève de Longin arriva à Rome pendant les chaleurs de l'été (1). Plotin était en vacances, mais, malgré le congé qu'il avait pris, il assistait aux réunions de l'école. Toutefois, c'est à Amélius que Porphyre se présenta. Amélius était alors chez Plotin depuis plus de dix-sept années, et il remplissait auprès du maître, apparemment, les fonctions d'assistant (2). L'entrée étant libre et gratuite (3), l'admission de Porphyre ne dut donner lieu à aucune difficulté.

La *Vie de Plotin* renferme un tableau très vivant de ce qu'était alors l'école. Toute pleine des impressions de Porphyre lui-même, cette description serait à reproduire ici en entier. Elle nous fait passer soudain du demi-jour à la pleine lumière et nous permet de suivre le philosophe dans la dernière partie de sa formation. Je voudrais tout citer; je devrai me borner à quelques détails. Ils suffiront, je l'espère, pour donner une idée de la société originale où Porphyre vécut pendant six ans.

Le visiteur qui pénétrait pour la première fois chez Plotin devait être étrangement impressionné. Étourdi encore du tumulte de la grande ville, à un pas de ces rues où s'étalait, dans un somptueux décor de monuments, le faste d'une vie de plaisirs à peine imaginable pour nous, il découvrait un milieu paisible d'ascètes, qui ignoraient le monde, méditaient des

---

(1) *Vita Plotini*, 4 et 5. Cf. ci-dessus p. 5, note 1.

(2) Cf. *Vita Plotini*, 4 s., et ci-dessous, Appendice III, p. 52* 3. Sur les données de SUIDAS *s. v. Πλωτῖνος*, cf. H. MÜLLER, *Philologus*, t. 38, p. 369, et sur Amélius, A. RICHTER, *Neuplatonische Studien* (Halle, 1864) I, p. 79, ainsi que C. SCHMIDT, *l. l.*, p. 17 s.

(3) Cf. *Vita Plotini*, 1 (*ἐξῆν γὰρ τῷ βουλομένῳ φοιτᾶν* etc.) et SCHMIDT *l. l.*, p. 27.

livres de philosophie et pratiquaient un renoncement hautain. Menant ensemble une vie pure, les initiés de ce conventicule philosophique attendaient le jour de l'extase sur cette terre, puis la délivrance opérée par la mort et le retour de leur âme dans le sein de l'Être éternel. L'existence en pleine capitale de ce petit cénacle de " gens pâles „ et cloîtrés n'a d'ailleurs rien de surprenant. C'est un de ces contrastes violents qui se produisent dans l'intensité et la surexcitation de vie d'un centre tel que la Rome impériale.

Plotin avait cinquante-neuf ans quand Porphyre se présenta à lui. Ses idées étaient dans leur maturité, et il avait publié déjà vingt et un livres de ses *Ennéades* pour quelques privilégiés(1). Son air doux et accueillant, sa bonté grave et austère, son dédain de la rhétorique à la mode et des succès vulgaires, l'élévation de ses idées et la rigidité avec laquelle il pratiquait ses principes philosophiques, sa connaissance des hommes et une pénétration d'esprit qui lui faisait prendre parfois l'attitude d'un liseur de pensées (2), la puissance et le feu de sa parole, son enthousiasme sincère et son désintéressement lui donnaient une physiononomie à part, tout autre que celle de ces philosophes bons vivants, sortes de chapelains domestiques dont s'égayaient maîtres et serviteurs dans les grandes maisons. Il transforma et releva le rôle du philosophe. Il lui rendit une auréole et s'entoura lui-même de prestige aux yeux des Romains. Il était de ces génies à volonté forte qui produisent une sorte de fascination. Il l'exerce encore aujourd'hui. Tous ceux qui entrent en contact avec lui sont subjugués. « J'ai été presque effrayé », écrit Novalis à un de ses amis, « de sa ressemblance avec Fichte et Kant... Il est plus selon mon cœur que tous les deux » (3).

---

(1) *Vita Plotini*, 4.

(2) *Vita Plotini*, 11.

(3) Lettre à F. Schlegel, citée par E. Spenlé, *Novalis* (Paris, 1904), p. 187. — Cf. encore les ouvrages récents de K. P. Hasse, *Von Plotin zu Goethe* (Leipzig 1909; p. 17, il donne Plotin pour le fondateur du monisme spiritualiste) et de A. Drews, *Plotin und der Untergang der*

A Rome, disciples, amis, jeunes gens se pressaient autour de Plotin. Les femmes mêmes étaient gagnées à ses idées par sa séduction. Une patricienne, Gémina, avait mis à sa disposition sa vaste demeure. Chioné, une veuve respectable, vivait auprès de lui avec ses enfants[1]. Ce n'est pas pendant ses conférences que les dames auraient, comme devant le philosophe de Lucien[2], reçu et écrit des billets doux. Après avoir entendu Plotin, elles se détachaient du monde et renonçaient à ses vanités. L'empereur Gallien et l'impératrice Salonine eurent pour lui une considération particulière et il arriva plus d'une fois qu'en mourant, des personnes riches lui confièrent leurs enfants avec leurs biens[3].

Chez Plotin, la vie était sans faste. Il professait le plus grand mépris pour le soin du corps et il pratiquait le végétarisme. Parfois, il ne prenait pas même de pain. D'une constitution très faible, il négligeait les remèdes recommandés par les médecins. Il poussait le dédain des choses sensibles jusqu'à ne se soucier en rien, non seulement des sonorités dont la rhétorique se servait pour flatter l'oreille, mais même des détails de son écriture, qui était peu lisible et peu correcte. Par contre, il se livrait à la méditation avec une intensité et une concentration dont Porphyre a laissé une description saisissante[4]. Il était dévoré par le feu d'une vie intérieure surexcitée jusqu'à l'exaltation. Quatre fois pendant que Porphyre demeurait auprès de lui, le sage hiérophante « dépassa le chœur des vertus comme on laisse derrière soi les statues pour pénétrer dans le sanctuaire » et il entra en extase, c'est-à-dire en communion d'être avec l'infini[5].

---

antiken Weltanschauung (Iena, 1907; Drews dédie son livre à Ed. von Hartmann, qui avait été frappé lui-même de retrouver tant de ses idées fondamentales chez le penseur antique).

(1) *Vita Plotini*, 9 et 11.

(2) *De merced. cond.*, 36.

(3) *Vita Plotini*, 12 et 9.

(4) *Ibid.*, 2, 8, 13 s., et *passim*.

(5) *Ibid.*, 23 et *Ennead.*, VI 9 (spécialement chap. 11) et W. James, *The varieties of religions experience*, p. 420 de l'éd. de 1906 (Longmans).

Plotin avait organisé toute une école, avec plusieurs degrés d'initiation; une sorte d'institut qui tenait à la fois des mystères païens et d'un couvent de contemplatifs chrétiens. Il détournait ses disciples des affaires publiques, et il les entraînait à se soumettre à une vraie cure psychique, faite de mortification et de détachement. Porphyre cite le cas de Rogatien, que Plotin proposait comme modèle. Ce grand personnage, membre du Sénat, était allé si loin dans le renoncement aux choses de cette vie qu'il avait abandonné ses biens, affranchi et renvoyé ses esclaves, abdiqué ses dignités. " Nommé préteur, au moment d'entrer en exercice et quand déjà les licteurs l'attendaient, il ne voulut point sortir ni remplir aucune fonction de sa magistrature. Il n'avait même plus de toit pour s'abriter et il devait, comme le cynique le plus pratiquant, aller mendier chez ses amis la nourriture et le gîte. " Il ne mangeait que de deux jours l'un, et par ce régime, après avoir été goutteux et perclus de tous ses membres à tel point qu'il fallait le porter dans une chaise, il reprit ses forces et se servit de ses mains avec plus de facilité que les ouvriers accoutumés aux travaux manuels „ (1).

Plotin donnait des conférences et il sollicitait ses auditeurs à l'interrompre pour lui poser des questions. Il trouvait la réponse sur le champ. " Lorsqu'il parlait, les feux de son génie semblaient briller sur son visage et l'illuminer de leurs rayons. Sa beauté était alors dans tout son éclat. „ On voyait comme une légère rosée perler sur son front. Il répondait avec douceur et bonté, et cependant avec fermeté. " Je l'interrogeai pendant trois jours „, nous dit Porphyre, " sur l'union de l'âme avec le corps : il ne se lassa pas de répondre à mes questions „ (2).

Impressionnable, enthousiaste, intelligent et instruit comme il l'était, Porphyre ne pouvait manquer d'attirer l'attention

---

(1) *Vita Plotini*, 7, et *De abstin.* I 53. Cf. Zeller, *Philosophie der Griechen*, III 2 p. 523 note 5.

(2) *Vita Plotini*, 13.

du maître sur lui. Il eut d'abord avec Amélius, sous les yeux de Plotin, une polémique où sa nature apparait en entier.

Longin lui avait enseigné un platonisme archaïque, suivant lequel les intelligibles subsistent en dehors de l'intelligence (1). C'était une interprétation un peu gauche, établissant entre la pensée et son objet une cloison que le génie de Plotin fit sauter. Pour ce grand idéaliste, le maître de tous ceux qui, depuis, ont rêvé d'expliquer par les réalités d'en haut les phénomènes d'ici-bas, l'on est ce que l'on pense, et c'est dans la mesure où l'on pense que l'on est vraiment. Son vaste système d'émanations en cascades, descendant des sublimités de l'Un jusqu'aux profondeurs de la matière par des degrés infinis, était construit de telle sorte que, l'identité de l'esprit avec l'idée mise en doute, tout devait crouler (2).

Porphyre eut peine à transformer sa conception des choses au point de devenir l'homme nouveau que l'école réclamait. Il ne fut pas convaincu d'emblée. Avec lui, il fallait des démonstrations rigoureuses; la beauté du système ne suffisait pas. Pour engager Plotin à s'expliquer, il composa un livre où il développait sa thèse à lui. Plotin se fit lire le livre par Amélius et il chargea ce dernier d'y répondre.

Porphyre répliqua. Amélius écrivit un second ouvrage, qui fit enfin accepter la pensée de Plotin par l'esprit rebelle. Porphyre alors composa une rétractation et il la lut dans une réunion (3). Depuis ce moment-là, il eut une confiance entière dans tous les dogmes de son nouveau maître et celui-ci lui voua une estime particulière.

Cet épisode suffit pour montrer ce qu'il y avait de vie dans l'enseignement de l'école et quel esprit y régnait. Certes, suivant une remarque de Porphyre lui-même, le sentiment était le grand inspirateur de Plotin et, par son dédain des

---

(1) Zeller, *l. l.*, p. 518.

(2) Zeller, *ibid.*, p. 566 ss.; J. Simon, *Histoire de l'école d'Alexandrie*, II p. 91; C. Bigg, *Neoplatonism* (Londres, 1895), p. 121; cf. surtout *Ennead.* V 5.

(3) *Vita Plotini*, 18.

ornements traditionnels de l'expression, le fondateur du néo-platonisme rompit presque avec le culte des Muses grecques. Mais ce ne fut pas lui qui laissa la " misologie " pénétrer dans l'école. Par son amour pour la conversation philosophique, pour l'interrogation franche et confiante, pour la recherche de l'inspiration, poursuivie au moyen de longs et pénétrants entretiens, ce penseur mettait le libre examen au service du mysticisme et il fut le dernier des grands dialecticiens.

Indépendamment des conférences de Plotin et des discussions qui s'y rattachaient, il y avait aussi des réunions où l'on rendait compte des publications des philosophes contemporains. C'est ainsi que, sur la demande de Plotin, Porphyre fit un rapport sur les écrits d'Eubule, un platonicien d'Athènes (¹).

Plotin aimait à faire lire par ses élèves des morceaux choisis de philosophes qui avaient traité des sujets pleins d'actualité. On examinait ainsi en commun divers extraits de Sévère, de Cronius, de Numénius, même de Gaius et d'Atticus, et de certains péripatéticiens comme Aspasius, Alexandre d'Aphrodisiade et Adraste. Mais ici encore, Plotin sortait des chemins battus (²). Au lieu de suivre péniblement et lourdement le texte, à la manière de ces commentateurs dont on vient de retrouver les insignifiantes productions (³), il interrompait tout d'un coup la lecture, il se levait et, par une remarque concise, il révélait les profondeurs d'un abîme

---

(¹) *Ibid.*, 15 (et 20). — Suivant F. Cumont (*Les mystères de Mithra*, Bruxelles, 3e éd., 1913, p. 82 note 4), cet Eubule est probablement celui que Porphyre cite dans le *De abstin.* (IV 16 notamment) et qui avait écrit sur les mystères de Mithra. — Cf. Pauly-Wissowa R E *s. v.* Eubulos n° 15.

(²) Voir les intéressantes constatations de H. Prächter, *Byzant. Zeitschr.* XVIII, p. 526 ss., sur les procédés traditionnels des commentateurs.

(³) Voir le commentaire du *Théétète* publié par H. Diels et W. Schubart, *Berliner Klassikertexte*, II, 1905.

de réflexions. Il était hanté de l'esprit d'Ammonius Sakkas, nous dit Porphyre, et c'était là ce qui le caractérisait (1). Sakkas, le pauvre débardeur du port d'Alexandrie, n'eût pu souhaiter, pour répandre ses idées à Rome, un apôtre plus génial ni plus attirant!

Trop longtemps, on n'a vu dans les *Ennéades* qu'un tissu d'abstractions et l'on s'est contenté de décrire le système néo-platonicien, sans s'occuper des polémiques au milieu desquelles il a pris forme et vie. C'est à M. C. Schmidt (2) que revient le mérite d'avoir fait sentir tout ce que, dans les *Ennéades* mêmes, elles ont laissé d'échos. A tout instant, l'on y entend des apostrophes, des objurgations, des appels à la sympathie, des demandes d'assentiment, des allusions à des adversaires irréductibles et dangereux. En effet, Plotin était comme sur une brèche, et l'école avait à lutter. L'ennemi pénétrait jusque dans ses auditoires; il s'asseyait sur les bancs pour contredire Plotin.

Comme M. C. Schmidt l'a fort bien montré, la poussée des gnostiques était violente à Rome même, vers le milieu du troisième siècle. Brandissant apocalypses et révélations, c'est à Platon qu'ils s'en prenaient. A son royaume des Idées pures, ils opposaient un panthéon resplendissant d'émanations lumineuses, et devant la prodigieuse ancienneté de leurs traditions, les sept siècles de la pensée grecque semblaient ne former que le premier âge d'une philosophie qui en était encore à ses débuts. Ils avaient tout pour eux. Ils parlaient à l'âme avec toutes les voix. Ils déployaient devant elle un fastueux étalage de théologie et d'imaginations. Ils donnaient

---

(1) *Vita Plotini*, 14; on voit bien, au récit de Porphyre, que la manière de Plotin lui paraissait neuve et originale.

(2) *L.l.*, p. 28 ss. Il relève notamment dans les *Ennéades* des traces de discussions que Plotin eut avec Porphyre : on en trouve un joli exemple V 5, 6, où Plotin s'adresse directement à son élève. En général, sur les traces de l'enseignement oral dans les résumés publiés, cf. K. PRÄCHTER, *Byzant. Zeitschr.*, XVIII p. 523 s..

Platon même pour l'élève de leur antique sagesse, et le Christ leur prêtait l'attrait mystique de sa mort et de la rédemption. Profitant de la publicité des cours, ils firent irruption chez Plotin. Ils argumentèrent contre lui. Par leur accent persuasif, ils ébranlèrent ses élèves dans leur conviction. Plotin sentit la nécessité de briser l'étreinte qui voulait l'enserrer. Platon était menacé, quoi qu'on en dit, dans son rôle de directeur suprême de la pensée (1) et le dogme de la beauté du monde était franchement bafoué. Plotin lutta lui-même (2) et il lança dans la mêlée les jeunes forces qu'il avait autour de lui. Amélius fit du gnostique Zostrianus une réfutation systématique en quarante livres. A Porphyre, l'érudit et l'esprit critique, incomba la charge de démontrer que l'œuvre de Zoroastre invoquée par les gnostiques n'était qu'une récente falsification (3).

C'était souvent à lui, d'ailleurs, que Plotin s'adressait pour des travaux importants. Une autre fois, par exemple, le maître lui demanda de confondre un rhéteur nommé Diophane, qui avait fait l'apologie du discours d'Alcibiade dans le *Banquet* de Platon. La réponse de Porphyre à Diophane fut lue en public; elle valut au disciple les applaudissements du maître. " Frappe ainsi ", répéta plusieurs fois Plotin pendant la lecture, " et tu deviendras la lumière des hommes " (4).

Cette discussion du *Banquet* de Platon se rattache à un genre d'exercices fort importants pour nous, à cause de la grande part que Porphyre y a prise : l'exégèse des écrits

---

(1) *Vita Plotini*, 16 : *ὡς δὴ τοῦ Πλάτωνος εἰς τὸ βάθος τῆς νοητῆς οὐσίας οὐ πελάσαντος.*

(2) Cf. le livre des *Ennéades* (II 9) qui a été intitulé « *Πρὸς τοὺς γνωστικούς* » (*Vita Plotini*, 5). — Porphyre connaissait trop bien tout ce qui touchait au christianisme pour que l'on puisse donner raison à R. Reitzenstein (*Poimandres*, 306 ss.) contre C. Schmidt.

(3) *Vita Plotini*, 16.

(4) *Vita Plotini*, 15 (cf. *Iliad.* VIII 282). Porphyre « *ἐν τῷ Περὶ ἔρωτος τοῦ ἐν Συμποσίῳ* » est cité dans le *Cod. Laurent. S. Marci* 304, f. 260v (*Etymolog. magnum*), *s. v.* *Ὠκεανός*.

des anciens philosophes grecs, surtout d'Aristote et de Platon. En effet, les commentaires d'Aristote et de Platon occuperont plus des deux tiers du recueil de fragments que j'ai en manuscrit. Ces commentaires furent publiés sur le tard sans doute [1], mais Porphyre y mit en œuvre bien des matériaux recueillis du temps où il écoutait Plotin.

Nous lisons dans un extrait de Porphyre une anecdote assez intéressante à cet égard [2]. Au cours de son interprétation du *Timée*, Amélius exposait un jour une " aporie „ en apparence insoluble. Porphyre entre dans la salle pendant la leçon, il fait remarquer que le texte expliqué est fautif et que la vraie leçon supprime toute difficulté. L'incident fut, d'après Porphyre, très mortifiant pour Amélius. On le voit, Porphyre n'éprouvait pas de répugnance à faire sentir sa supériorité, quand il s'agissait de méthode philologique et d'un texte à protéger contre les altérations. Mais on voit aussi, à ce détail, quelle importance avait aux yeux des disciples de Plotin la pensée du maître de l'Académie. Ses écrits commençaient déjà à être dans l'école ce qu'étaient l'Ancien Testament et les Évangiles chez les chrétiens. Nous avons vu Plotin donner à lire, en guise de thème à des méditations philosophiques, des passages des principaux commentateurs de Platon et même d'Aristote. Ces exercices se rattachaient sans doute à l'exégèse des grands auteurs, et il n'est pas douteux que beaucoup d'heures de leçon étaient consacrées au commentaire proprement dit. Quand Plotin y assistait, on ne manquait pas de sortir de la routine, comme on l'a constaté, et lui-même, il resta toujours plein d'indépendance vis-à-vis des inspirateurs de sa pensée; mais après lui, nous allons voir Porphyre glisser rapidement vers les abus

(1) Le commentaire du *Timée*, par exemple, est postérieur à la mort d'Amélius, qui survécut certainement à Plotin (Zeller, *Philosophie der Griechen*, III 2 p. 688 note 2) : cf. l'extrait cité chez Proclus, *In Tim.*, II, 301, 2 Diehl : *ἀλλὰ προτελευτήσαντα τυχεῖν* (*scil. τὸν Ἀμέλιον*).

(2) Cf. Proclus, *In Tim.*, II, 300, 24 ss. Diehl.

d'une scolastique qui ne connaîtra plus que l'argument d'autorité.

On ne se contentait pas de commenter dans l'école les philosophes attiques; on leur vouait un culte analogue à celui dont Jésus, les apôtres et les martyrs étaient l'objet de la part des communautés chrétiennes. En quelques pages chaudes et colorées (1), M. de Wilamowitz-Moellendorff a fait sentir la piété des hymnes religieux de cette secte platonicienne, même quand c'étaient de simples prières à réciter à l'ouverture des leçons. C'est naturellement aux fêtes de Platon que la ferveur montait le plus haut. Comme Longin, Plotin se conformait à l'usage antique; il commémorait la naissance du fondateur de l'école et même, par son mysticisme, il sut renouveler et ranimer la plus noble des survivances du culte des héros. Chez lui, ces jours-là spécialement, Platon était présent, veillant sur ceux qui se réunissaient en son nom; la piété débordait; Éros enivrait les esprits. A l'un de ces anniversaires, Porphyre lut un poème sur le mariage sacré. Il y avait dans ses vers tant d'exaltation et de mysticisme qu'il fut traité de fou. Plotin protesta; il déclara, de façon à être entendu de tout le monde, que Porphyre s'était montré à la fois poète, philosophe et hiérophante (2). L'ancien élève de Longin était déjà bien transformé.

Ce que Plotin avait en vue dans tous ces exercices, entretiens, lectures, méditations, mortifications, c'était d'agir sur les âmes en leur imposant une sorte de retraite spirituelle; il voulait les purifier, les détacher du contact de la matière et les conduire à l'extase, c'est à dire à la vie en Dieu.

(1) *Die Hymnen des Proklos und Synesios*, *Sitz.-Ber. der preuss. Akad.*, Berlin, 14 mars 1907, — Aux huit hymnes recueillis par A. Ludwich (*Eudociae.... Procli... Claudiani carmin. rel.*, Teubner, p. 133-156; p. 156, Ludwich omet Olympiod., *In Phaed.*, p. 4, 5 s. Finckh), on peut en ajouter un neuvième attesté par un passage de Lydus, *De mensibus* II 6 : *πρὸς γὰρ τὸν « Ἅπαξ ἐπέκεινα »* (des oracles chaldaïques) *ὁ Πρόκλος οὕτω·*

Μουνάδα (*μονάδα* Lydus) *γάρ σε τριοῦχον ἰδὼν ἐσεβάσσατο κόσμος.*

(2) *Vita Plotini*, 15; cf. *ibid.*, 2 fin.

On devine le point faible d'une telle éducation. Avec le monde, les sciences d'observation — sauf la psychologie — étaient sacrifiées. On ne s'intéressait ni à l'étude de la nature, ni à l'amélioration de la société. Porphyre, qui réunit en lui tout le savoir de son temps, connait, comme son maître [1], les mathématiques avec toutes leurs applications, la musique et l'astronomie, mais il n'a rien d'un naturaliste ou d'un " sociologue ". Dans la *République* de Platon, il n'utilise que les mythes relatifs aux destinées de l'âme individuelle [2]. Plotin — nous l'avons vu — détournait ses élèves de la pratique des affaires. Pour lui déjà, la politique est chose aussi indifférente que les besoins matériels. Son idéalisme était trop élevé pour accepter le contact d'un organisme avili comme l'était l'Empire en décadence. Bien loin de songer à mettre ses idées au service de l'État et du monde antique dont il était un des derniers fidèles, ce sublime exalté se lança dans l'utopie. Il ne dépendit pas de lui qu'il ne fût le premier fondateur d'un ordre monastique païen. Il demanda un jour à Gallien de faire rebâtir une ville ruinée de Campanie, peut-être une de celles que les éruptions du Vésuve avaient détruites. Si on la lui avait donnée à repeupler avec le territoire environnant, il serait allé l'habiter avec ses disciples, et il aurait organisé et régi cette " cité " modèle suivant les lois de Platon. Même, il l'aurait honorée du nom de Platonopolis. Des courtisans firent échouer le projet [3].

Dans cette école de philosophie faite pour rivaliser presque avec les mystères de l'Égypte et de la Syrie, on s'aperçoit que les premières places étaient occupées par des Orientaux [4].

---

(1) Cf. *Vita Plotini*, 14. — Plotin ne s'intéressait pas à la politique ni aux sciences naturelles. Cf. Richter, *Neoplatonische Studien*, I, p. 16.

(2) Cf. (en attendant la publication du recueil des fragments) Proclus, *In Plat. Rempubl.*, éd. G. Kroll, l'« index auctorum » *s. v.* « Porphyrius ».

(3) *Vita Plotini*, 12.

(4) Voir l'énumération des élèves de Plotin qui figure chez Richter, *l. l.*, I, p. 81.

Parmi les élèves les plus en vue, nous trouvons deux Égyptiens, Eustochius et Sérapion, puis toute une série de Sémites d'Asie, entre autres l'Arabe Zéthus et Paulin de Scythopolis en Palestine. Toutefois, c'étaient des Orientaux fortement hellénisés. On éprouva même le besoin, dans ce milieu, de débaptiser Porphyre : Amélius traduisit son nom syrien « Malchos » en grec et il l'appela « Roi (*Βασιλεύς*) » (1).

Le rôle de Porphyre dans l'école de Plotin fut des plus marquants. D'élève, il devint bientôt un vrai collaborateur. Une anecdote que nous aurons à raconter sur son séjour en Sicile (2) suggère l'idée qu'il s'occupait spécialement des débutants et qu'il avait pour tâche de les initier à l'étude de la logique : car c'était là, dans son enseignement, une vraie propédeutique à la philosophie (3). Avec Amélius, il faisait de la polémique et de la propagande. Il réussit même à modifier l'opinion de Longin. Nous verrons celui-ci supplier Porphyre

---

(1) *Vita Plotini*, 17. — Si l'on peut se fier à Eunape, ce fut Longin qui donna à notre philosophe le nom de Porphyre (cf. appendice III, p. 48* 4 ss.). Notons toutefois que dans son *Περὶ τέλους*, écrit après l'arrivée de Porphyre à Rome, Longin appelle encore Porphyre *Βασιλεύς* (*Vita Plotini*, 20, p. 28, 10 Volkmann). — Un grand nombre des disciples de Plotin (Paulin, Eustochius, Zéthus) étaient des médecins (*ibid.*, 7). Peut-être est-ce parce que les cures psychiques et les purifications intérieures avaient alors la vogue et que, pour avoir la clientèle des intellectuels et de l'élite, il fallait savoir manier les âmes et connaître les arcanes de la métaphysique (cf. ci-dessus p. 41 le récit de la cure d'un goutteux de marque, le sénateur Rogatianus). Il suffit de lire l'exposé suggestif d'A. Harnack (*Medicinisches aus der ältesten Kirchengeschichte, Texte und Untersuchungen*, VIII 4, notamment p. 125 ss.) pour comprendre combien la préoccupation de guérir les malades devait avoir d'importance aux yeux des zélateurs de la foi des temps nouveaux.

(2) Cf. ci-dessous p. 58 ss. Cf. aussi Boèce, *In Porphyrium dialog.* I, P L, t. 64, col. 14 C.

(3) Cf. Zeller (*Philosophie der Griechen*, III 2 p. 696 s.) et ci-dessous p. 60.

de lui envoyer une bonne copie des œuvres d'un auteur qu'il avait d'abord dédaigné (1).

L'action de Porphyre s'exerça surtout sur Plotin lui-même. Tout en professant pour lui un respect presque superstitieux (2), il ne craignait pas de lui demander des éclaircissements, de lui opposer des objections. L'habitude d'écrire manquait à Plotin. Ses phrases semblaient boiteuses; ses raisonnements restaient comme ébauchés. C'était le feu de la pensée et la grandeur de la conception qui, sans aucun art, faisaient de lui un improvisateur inimitable. Il considérait la philosophie comme une initiation et le maître comme un hiérophante; il croyait à l'inspiration et il laissait parler Dieu par sa voix. Mais les prophètes ne se distinguent pas par la logique et la clarté (3). Pour Plotin, avoir devant lui un esprit lucide et critique; à qui le demi-jour déplaisait et qui protestait quand l'argumentation demeurait incomplète, était un avantage précieux. Si l'on peut en croire Porphyre (4), le maître aurait déclaré lui-même un jour à un auditeur que les interruptions de l'élève impatientaient : " Mais si je n'avais pas ces questions pour m'aider à résoudre les difficultés, je ne trouverais pas ce qu'il faut mettre par écrit ".

---

(1) Sur tout ceci, cf. *Vita Plotini*, 17-21. — Longin dans son *Περὶ τέλους* avait attaqué Plotin et Amélius (cf. *ibid.*, 20). D'après Wolff (*De or. philos.*, p. 16 ss.), un grand nombre des écrits relatifs à l'interprétation philosophique d'Homère auraient été publiés avant que Porphyre fût entièrement gagné aux idées de Plotin. Ce serait le cas notamment pour le *Περὶ τῆς ἐξ Ὁμήρου ὠφελείας τῶν βασιλέων*, que Porphyre aurait dédié à l'empereur Gallien (cf. *ibid.*, p. 21). Toute cette combinaison est trop peu sûre pour qu'on puisse l'introduire dans le récit de la vie de Porphyre.

(2) Voir les anecdotes racontées par Porphyre, *Vita Plotini*, 10.

(3) Cf. *Vita Plotini*, 14 et Eunape, appendice III, p. 49* 9 ss. Ces défectuosités sont encore très sensibles dans les *Ennéades*. Voir la caractéristique donnée par Vacherot, *Histoire critique de l'école d'Alexandrie*, II, p. 1 ss.

(4) *Vita Plotini*, 13. C'est le lieu de rappeler ce qui a été dit plus haut de la formation de Porphyre à l'école de Longin. « *In eo ... superavit Plotinum, quod Longini, magistri sui, exemplo philologiam cum philosophia vinculo coniunxit artiore* », dit Fabricius, *Bibliotheca graeca*, V (1796), 726. — On peut remarquer que le livre V, 5 des *Ennéades*, élaboré au cours de discussions avec Porphyre, est des plus clairs (cf. *Vita Plotini*, 5 et 18).

VI

PORPHYRE EN SICILE

Durant les six années de son premier séjour à Rome, Porphyre fut absorbé par les travaux de l'école de Plotin. Il se livra tout entier aux exercices que celui-ci imposait. Aussi la transformation qu'il subit fut-elle profonde. Il devint l'adepte le plus intelligent et le plus fervent des idées nouvelles, et ces idées lui donnèrent une largeur de vues et une fermeté de conviction qui lui manquaient. Jusque là, il avait trop erré à la merci des influences qu'il rencontrait. Il s'était laissé séduire tour à tour par les superstitions orientales et par le dilettantisme littéraire d'Athènes; il s'était fait le champion d'une crédulité avilissante, puis le virtuose d'une érudition tout académique. Plotin lui ouvrit le monde des plus sublimes contemplations. Il l'initia aux problèmes de la vie intérieure et le prépara à la mission de sauver les âmes par le renoncement. Désormais, nous allons atteindre, en suivant Porphyre, aux régions les plus pures et les plus hautes de la pensée antique, régions sereines où les antinomies se dissipent et où se concilient toutes les oppositions; où vont réapparaître, transfigurées et ennoblies, la démonologie de l'auteur de la *Philosophie des oracles* et le naturalisme du disciple de Posidonius.

Seulement, l'air des hauteurs ne convient pas également à tous. Porphyre n'avait pas la même puissance d'esprit que son maître. L'exaltation, l'intensité de pensée à laquelle Plotin l'entraîna, eut un effet fâcheux sur sa santé. Il se surmena, et le régime débilitant de l'école acheva vite de l'épuiser. De tous les mysticismes, celui de Plotin, si abstrait, si hostile à toute intervention des sens, est à coup sûr celui qui fait autour de l'âme le vide le plus absolu. Il met l'homme dans un état trop artificiel. Ce n'est pas impunément que l'on pratique sans trêve le dédain de la matière et que l'on se détache de la vie par un renoncement continu. Le corps se délabre à force de rester " comme un palais désert que son maître n'habite plus ". Il perd toute sa résistance et l'âme elle-même finit par manquer d'élan. Après vingt ans d'un travail acharné, Porphyre fut envahi par la mélancolie. Aux yeux d'un homme tombé dans une grande dépression morale, certaines des maximes favorites de l'école risquaient de prendre un sens dangereux. Porphyre avait appris que philosopher, c'est détacher l'âme du corps. Il eut un tel dégoût de l'existence qu'il songea à devancer l'heure de la nature.

" Dans les accès de ses vapeurs ", comme dit Burigny (1), influencé peut-être aussi par les exemples stoïciens, plusieurs fois il faillit se donner la mort. Mais la perspicacité du maître ne fut pas en défaut. Il vit le mal et s'en inquiéta. Il vint trouver son élève. Il lui montra que ce n'était pas là l'état d'esprit d'un sage, ni le vrai mépris de la vie (2); qu'il était le jouet d'illusions morbides. Avec une sollicitude touchante, il réussit à lui faire accepter un remède auquel lui-même, vaincu par l'âge, il allait devoir recourir bientôt. Il engagea Porphyre à quitter Rome et à entreprendre un

---

(1) *Traité de Porphyre touchant l'abstinence de la chair des animaux*, etc.; Paris, de Bure, 1747, p. 9. — Burigny trouve (*l. l.*) que Porphyre était « fort sujet à la mélancolie », et récemment encore, Bigg (*l. l.* p. 297) a répété que Porphyre était un homme d'une humeur « sombre et mélancolique ». On peut passer par une période de neurasthénie sans être, dans l'état normal, porté aux idées noires. Rien, dans le reste de la vie de Porphyre, n'indique un tempérament triste et déprimé.

(2) Il semble que l'on retrouve une trace de ces discours de Plotin dans les *Ἀφορμαὶ πρὸς τὰ νοητά* 7 ss. (rec. Mommert, Teubner, 1907).

voyage. Porphyre obéit; il consentit à faire en Sicile une cure d'air et de repos. Ayant entendu dire qu'un certain Probus, " homme de grand renom ", résidait à Lilybée, c'est là qu'il se rendit (1). On était alors vers la quinzième année du règne de Gallien (268) et Porphyre avait trente-cinq ans environ (2).

Plotin ne perdit pas de vue son élève. Il lui envoya la suite de ses *Ennéades*, au fur et à mesure qu'il y avait mis la dernière main. L'état moral de Porphyre fut-il pour quelque chose dans le choix des sujets que Plotin étudiait alors? Il est permis de le supposer. Pendant la première année du règne de Claude II (mars 268 — 269), Porphyre reçut cinq livres, dont les trois premiers traitent du bonheur et de la Providence (3). Il dut y trouver bien des sujets de méditations excellents pour lui. " Dans la douleur, la lumière intérieure du sage ressemblera aux feux d'un phare assailli par la tempête ". — " L'homme vertueux soignera son corps et il le supportera aussi longtemps qu'il le pourra. C'est ainsi qu'un musicien se sert de sa lyre tant qu'elle n'est pas hors d'usage » (4). Il faut une longue pratique des instruments pour que l'on puisse chanter sans s'accompagner. — " Les larmes

---

(1) *Vita Plotini* 11 (« ἐλλόγιμον ἄνδρα » dit Porphyre de Probus : l'expression est vague, mais force est de s'en contenter). Si l'on pouvait se fier à Eunape (Appendice III, p. 48* 24 ss.) et admettre qu'il tire ses renseignements d'un commentaire des *Ennéades* dû à Porphyre (cf. *l. l.*, spécialement 48* 22 et 49* 12 s.), le voyage que fit Porphyre pour se rendre de Rome à Lilybée pourrait être raconté avec assez de détails : malheureusement, il est difficile de prendre le texte d'Eunape à la lettre quand il donne à penser que Plotin suivit Porphyre en Sicile. Cela paraît inconciliable avec les diverses données fournies par Porphyre lui-même (*Vita Plotini, l. l.*). Or si ce détail est faux, le reste devient fort sujet à caution.

(2) Cf. *Vita Plotini*, 6, et Cobet, *Mnemosyne*, 1878, p. 337 ss.

(3) *Ennead.* I 4 et III 2-3; cf. *Vita Plotini*, 6.

(4) *Ennead.* I 4, 8 début et 16 fin. *Ibid.* 7 et 8, le suicide semble autorisé parfois. Mais le livre 9 de la même ennéade, composé avant que Porphyre vint à Rome (*Vita Plotini*, 4), s'oppose à la thèse stoïcienne et détourne tout à fait du suicide.

et les gémissements ne prouvent pas qu'on ressent des maux réels : les enfants pleurent et se lamentent souvent pour des maux qui n'en sont pas „ (¹).

Plus tard, dans ses *Principes de la théorie des Intelligibles,* Porphyre enseignera lui-même qu'il appartient à la nature “ de délier ce qu'elle a lié „. C'est elle qui a attaché le corps à l'âme, elle seule a le droit de l'en détacher (²).

Peu après, au commencement de la deuxième année du règne de Claude II (269), Plotin envoya encore à Porphyre quatre livres : sur la nature des maux; sur l'influence des astres; sur ce qu'est l'animal et ce qu'est l'homme; enfin sur le premier Bien (³).

Presque en même temps, à bout de forces, incapable de converser encore avec ses amis, Plotin acceptait pour lui-même le remède qu'il avait conseillé à son élève, et il se retirait en Campanie, dans une villa qu'un de ses fidèles avait mise à sa disposition. Il y mourut à la fin de la deuxième année du règne de Claude II (270). Amélius se trouvait alors à Apamée en Syrie. Seul, le médecin Eustochius assista aux derniers moments de Plotin, et il en fit plus tard le récit à Porphyre. Il entendit Plotin dire pendant son agonie : “ Je m'efforce de faire monter ce qu'il y a de divin en nous

---

(¹) *Ennead.* III 2, 15 fin. — Eunape (*l. l.*) semble avoir brodé tout un roman autour de quelques données fournies par les chapitres 6 et 11 de la *Vie de Plotin.* — Il est à remarquer toutefois qu'Eunape parle d'un commentaire de Porphyre portant sur la partie des *Ennéades* qui aurait contribué à le détourner du suicide. Il se peut fort bien, par conséquent, que dans le commentaire soit du livre 9 de l'ennéade I, soit des livres indiqués ci-dessus, Porphyre ait parlé des discours que Plotin lui tint et des écrits qu'il lui adressa pour le réconforter, et que ces commentaires de Porphyre aient été une des sources d'Eunape, dans ce qu'il raconte à propos du voyage en Sicile.

(²) Ἀφορμαί, § 8; cf. § 9 ; « Il y a une double mort : l'une, connue de tous les hommes, dégage le corps de l'âme; l'autre, celle que recherchent les philosophes, dégage l'âme du corps ; et ces deux morts ne vont pas nécessairement l'une avec l'autre. »

(³) *Ennead.* I 8; II 3; I 1; I 7. Cf. *Vita Plotini,* 6.

vers ce qu'il y a de divin dans l'univers „. En même temps Eustochius vit un serpent glisser sous le lit où le malade rendait l'âme et s'enfoncer dans un trou de la muraille : cette âme qui s'en allait était donc celle d'un héros (1). Porphyre se trouvait alors encore à Lilybée, et ce fut une grande tristesse pour lui de n'avoir pu revoir le maître qui l'avait fait entrer dans une vie nouvelle (2).

A ce moment, Longin n'était plus à Athènes et les barbares avaient déjà passé par là; ils avaient livré au pillage la cité des Muses, n'y laissant que des livres, " objets d'un passe-temps qui fait négliger les travaux de la guerre et qui rend les hommes faciles à vaincre „ (3). Le départ de Longin eut-il pour cause les menaces ou les incursions des Goths? Le vieux savant fut-il, sur le tard, saisi du désir d'action qui entraîna vers la politique tant de maîtres de l'Académie? Nous ne connaissons au juste que le but du voyage qui lui fit risquer de grandes aventures et abandonner son cabinet de lettré.

Veuve d'Odénat, la reine de Palmyre, l'audacieuse Zénobie travaillait alors à conquérir l'Orient et à y fonder un empire où Juifs, Chrétiens et païens pourraient vivre en harmonie (4). Pour gagner à son rêve d'une Asie indépendante et régénérée les sympathies de ses sujets hellènes, elle s'entourait d'une cour de savants grecs. L'évêque Paul de Samosate avait reçu d'elle une haute charge et il jouissait de sa faveur. Comme elle voulait un maître de littérature, elle manda Longin,

(1) Cf. *Vita Plotini* 2, et, sur le rôle du serpent dans l'apparition des âmes des héros, EITREM, chez PAULY-WISSOWA, RE, VIII, col. 1119, 17 ss. — FIRMICUS MATERNUS, *Mathes.* I, 7, 14-22 nous montre que, aux yeux des gens superstitieux, pour avoir dédaigné et même attaqué l'astrologie, Plotin eut la mort d'un persécuteur de la foi (cf. F. BOLL, *Studien über Cl. Ptolemäus, Jahrb. für Class. Philol., Suppl.* t. 21, p. 235, note).

(2) Cf. *Vita Plotini*, 2 et 11.

(3) Cf. ZONARAS XII, 26, p. 605, 4 ss. (ed. Bonn.).

(4) Cf. les données intéressantes réunies par F. CUMONT, *Les religions orientales dans le paganisme romain*, 2e éd. (1909), p. 367 s.

le premier des critiques littéraires de l'époque. Quel est le professeur qui ne se fût pas laissé tenter? Longin obéit à cet appel, et au moment de la mort de Plotin, il se trouvait sans doute déjà en Orient auprès de la brillante souveraine qui avait fait de lui non pas seulement son lecteur, mais aussi son confident et son conseiller.

Il semble qu'avant de se rendre en Syrie (268), Amélius avait dû recevoir de Porphyre, en même temps que les écrits de Plotin, quelques mots de recommandation pour Longin. Nous possédons en tout cas un extrait fort curieux d'une réponse de Longin à une lettre de Porphyre où ce dernier avait sans doute donné des détails sur sa propre maladie et sur son départ de Rome. La réponse de Longin arriva à Porphyre pendant qu'il était en Sicile. Longin parle d'écrits de Plotin qu'Amélius lui avait apportés. Il en demande une copie plus soignée. Il engage Porphyre à venir le retrouver " ne fût-ce qu'à cause de leur ancienne intimité, et pour la douceur d'un air qui convenait si bien à la faiblesse de sa santé „. C'est de Phénicie que cette lettre semble avoir été envoyée. Longin dépeint d'ailleurs en termes découragés la détresse où il se trouvait là-bas en fait de copistes et de livres (1). Zénobie n'avait pas encore pris le temps de lui bâtir une bibliothèque.

Porphyre déclina l'invitation. Peut-être songeait-il déjà à retourner à Rome, où la mort de Plotin avait laissé l'école sans direction. Peut-être était-il trop déraciné pour accepter l'idée d'un retour vers son pays natal. En tout cas, s'il avait repris goût pour la vie, il fut, en refusant, fort bien inspiré. On sait qu'après la prise de Palmyre (272), Aurélien épargna Zénobie, mais qu'il fit exécuter ses conseillers. Le vieil ami de Porphyre marcha courageusement au supplice et cet homme, à qui Plotin

(1) *Vita Plotini*, 19. — Amélius était resté auprès de Plotin jusqu'à la première année du règne de Claude II (mars 268-269) : cf. *Vita Plotini*, 3. — Sur le détail de la chronologie, cf. Wolff, *De or. philos.*, p. 8, note 3 ; Cobet, *Mnemosyne*, 1878, p. 337 ss.

n'attribuait que la culture superficielle d'un littérateur, montra en mourant les sentiments d'un vrai philosophe (¹).

Porphyre dut profiter de son séjour à Lilybée pour visiter la Sicile. Il entreprit sans doute l'ascension de l'Etna. Pour l'affirmer, nous n'avons guère, il est vrai, que des présomptions; car les commentateurs de l'*Isagoge* qui prêtent à Porphyre le projet d'explorer le cratère du volcan, veulent expliquer par là son départ pour la Sicile, alors que Porphyre lui-même nous en a donné de tout autres raisons (²). Par contre, il est hors de doute que le philosophe fit une excursion à Carthage. Il la fit de Lilybée, fort vraisemblablement (³). Porphyre était d'une époque où l'on avait l'humeur voyageuse et où le déplacement était facile; il aimait à voir " les villes de beaucoup de peuples et à en connaître l'esprit „. Il dut visiter à fond Carthage durant un séjour assez prolongé. Une anecdote qu'il rapporte lui-même à ce propos établit, en effet, qu'il ne s'est pas contenté de faire dans le port une courte escale. Je la citerai, au risque de paraître me laisser aller à une digression. C'est une scène d'intérieur qu'elle nous donne; elle permet d'entrevoir Porphyre dans l'intimité. L'occasion est rare, il faut en profiter.

Ce petit récit figure dans le traité *De abstinentia* (⁴), à un endroit où Porphyre justifie le végétarisme en montrant

---

(¹) Cf. ZOSIME, I 56, 2 s.; VOPISCUS, *Aurelian.*, 30; SUIDAS, *s. v. Λογγῖνος*; PHOTIUS, *Biblioth.*, p. 492a, 30 ss. (BEKKER); PAULY-WISSOWA, RE, V, 1385 ss.

(²) AMMONIUS, *In Porphyrii Isagogen*, éd. A. BUSSE (1891) p. 22, 13 : *Διδάσκαλος ἦν τοῦ Χρυσαορίου καὶ ἐξηγούμενος αὐτῷ τὰ μαθήματα. Ἐδέησεν οὖν ἱστορῆσαι τὸ πῦρ τῆς Αἴτνης καὶ ἐξεδήμησε* etc.; ÉLIE, *In Porphyrii Isagogen*, éd. A. BUSSE (1900), p. 39, 12 : ...*καὶ ἀποδημήσαντος αὐτοῦ Πορφυρίου ἐν Σικελίᾳ διὰ τοὺς ἐν τῇ Αἴτνῃ τοῦ πυρὸς κρατῆρας, διότι δεῖ τὸν φιλόσοφον φιλοθεάμονα εἶναι τῶν τῆς φύσεως ἔργων* etc.; d'après certains auteurs arabes, Porphyre périt dans le volcan (cf. *Notices et extraits des manuscrits*, VIII, 1e partie, Paris, 1810, p. 153)!

(³) Déjà HOLSTEIN (*De vita et scriptis Porphyrii philosophi*, Cantabrigiae, 1655, p. 11) l'a supposé.

(⁴) III 4, p. 191, 26 ss. NAUCK.

que les animaux ont une parcelle de raison, qu'ils sont nos semblables et que nous avons des devoirs vis-à-vis d'eux. “ Comme nous étions à Carthage „, dit-il, “ une perdrix apprivoisée vola droit à nous. Nous la nourrîmes et, avec le temps et l'habitude, l'oiseau se familiarisa au point non seulement de nous caresser et de jouer avec nous, mais même de répondre à notre voix par des cris, presque par des réponses intelligibles, toutes différentes en tout cas du langage des perdrix qui s'appellent entre elles; seulement, il fallait lui adresser la parole pour l'amener à faire entendre ces sons „. Voilà Porphyre dans un rôle nouveau. Il a l'âme sensible. Il parle et il joue avec l'oiseau qui s'est confié à lui. Il s'intéresse aux mœurs des animaux. Ce n'est pas cependant en naturaliste qu'il note si soigneusement les faits observés. Il y voit surtout une donnée importante pour les questions de psychologie et de morale qui l'occupent. En vrai disciple de Plotin, il a longuement étudié et mesuré la différence qui sépare l'âme de l'homme de celle des bêtes ou — si l'on préfère — les deux degrés de l'émanation que nous pouvons observer le mieux. Nous montrerons même en publiant ses fragments que, sur ce point aussi, il a réfléchi assez pour être entraîné dans des variations.

Le calme et le repos que Porphyre sut trouver en Sicile, ainsi que la pureté de l'air et la salubrité du climat eurent vite fait de lui rendre toute son ardeur au travail. Nous allons voir ses publications reprendre et se multiplier.

D'abord, c'est en Sicile même qu'une tradition constante chez les commentateurs place la composition du plus mince mais du plus fameux des opuscules de Porphyre, je veux dire l'*Isagoge*.

Chrysaorios, un sénateur (1) à qui il avait autrefois donné des leçons à Rome, essaya un jour de lire les *Catégories*.

(1) Élie, *l. l.*, p. 39,9 : *τὰ πρῶτα φέροντα τῆς ἐκεῖσε γερουσίας (ἀπόγονος γὰρ ἦν Συμμάχου...)*; cf. David, *Prolegomena et in Porphyrii Isagogen*, éd. Busse (1904), p. 92, 18 : *ὕπατον Ῥώμης*; cf. 93, 14; *Scholia in Aristot.*, coll. A. Brandis (Berlin, 1836), p. 11a, 34 : *εἷς τῆς ἐν Ῥώμῃ ἐκκλησίας*, et 11 b, 13 : *ἄνθρωπος ... στρατηγίαις μᾶλλον ἢ λόγοις ἐνασχολούμενος*.

d'Aristote, mais il n'y comprit rien. Dans son embarras, il écrivit à Porphyre, qui était en Sicile. Celui-ci composa alors " sur les cinq termes " (1), le genre, l'espèce, la différence, le propre et l'accident, une introduction (*Εἰσαγωγή*) qu'il envoya à Chrysaorios. Ce manuel scolaire, sans aucune prétention, eut une vogue que n'avait certes pas prévue son auteur (2). Il fut lu et relu, traduit et commenté pendant tout le moyen âge en Orient et en Occident, et il fit de Porphyre durant de longs siècles un des rares survivants de l'antiquité.

Je n'ai rapporté que d'une façon très sommaire les anecdotes relatives à la composition de ce petit traité. C'est qu'elles renferment des détails controuvés et sont peu dignes de foi (3). Il s'y trouve néanmoins des parcelles de vérité. Ammonius, Élie et David attestent, par exemple, que d'autres écrits de Porphyre furent dédiés au même Chrysaorios. Élie mentionne un traité *Sur le dissentiment de Platon et d'Aristote* (4). Il donne à entendre qu'il y aurait d'autres exemples à citer. Or, cette assertion se trouve confirmée. En effet, dans les fragments du traité intitulé *Sur ce qui dépend de nous*, Porhyre s'adresse à Chrysaorios en le nommant (5). Le point de départ de ces récits est donc vrai, et nous pouvons en retenir que l'*Isagoge* fut composée en Sicile. Du même coup,

---

(1) De là le titre « *Περὶ πέντε φωνῶν* » sous lequel le traité est cité assez souvent. Voir A. Busse (p. v, note 1) dans la préface à son édition de l'*Isagoge* (Berlin, 1887).

(2) Aux témoignages bien connus, on peut ajouter celui de Jérôme, *Epist.* 50, 1 : « *nequiquam me doctus magister per* Εἰσαγωγὴν *Porphyrii introduxit ad logicam* ».

(3) On les trouvera chez Ammonius, *l. l.*, p. 22, 12 ss. (et 39, 5 s.) ; Élie, *l. l.*, 39, 6 ss. et 93, 17 ss. ; David, *l. l.*, p. 92, 17 ss. et 93, 13 ss. D'après Brandis (*l. l.* 18 b, 48), « *Porphyrii Chrysaorii et Davidis imagines habet cod. Vat.* 1023 ».

(4) *L. l.*, 39, 7.

(5) Porphyre chez Stobée, *Ecl.*, II, 8, 39 : *Πορφυρίου, Περὶ τοῦ ἐφ' ἡμῖν* : " *Ἐν τοῖς πρῴην ἡμῖν γεγονυίαις, Χρυσαόριε, πρὸς ἀλλήλους διαλέξεσι* " etc.

les deux traités *Sur le dissentiment de Platon et d'Aristote*, et *Sur ce qui dépend de nous*, sont datés jusqu'à un certain point. Ces deux écrits sont postérieurs à l'arrivée de Porphyre à Rome, et quand ils furent publiés, Porphyre appartenait déjà à l'école de Plotin.

L'*Isagoge* nous intéresse surtout parce qu'elle nous montre la part que Porphyre a faite à Aristote dans son enseignement. Plotin ne s'était guère occupé de logique formelle (1). Dans son exposé, comme nons l'avons vu, il comptait plus sur la sympathie et la communion des esprits que sur l'entendement discursif. Sa dialectique était aussi instinctive que géniale. Quand son âme " se penchait „ vers celles de ses auditeurs pour les amener à l'intuition, bien souvent, il recourait à la magie d'une inspiration merveilleuse sans songer à convaincre suivant les règles du syllogisme.

Au contraire, né vulgarisateur, Porphyre fut amené par ses qualités d'esprit autant que par les besoins de son enseignement à traiter la logique avec plus de considération. Elle lui parut nécessaire pour systématiser les idées de Plotin et pour préparer les esprits qui désiraient y être initiés. Parmi les systèmes, c'est sur celui d'Aristote que s'arrêta son choix. Il fit de l'*Organon* l'instrument d'une vraie propédeutique à laquelle l'*Isagoge* elle-même servait d'introduction (2). C'est d'ailleurs, de l'œuvre immense du Stagirite, la seule partie qu'il retient. A part un commentaire de la *Physique* et du livre XII de la *Métaphysique*(3), c'est-à-dire des objections faites par Aristote à la théorie des idées, objections qu'il

---

(1) Voir comment il en parle, *Ennéade* I, 3, 4 s. Pour lui, la logique est sur le même rang que la technique de l'écriture, et nous avons vu s'il tenait celle-ci en haute estime. Cf. C. Prantl, *Geschichte der Logik im Abendlande* (Leipzig, 1855), p. 613.

(2) K. Prächter (*Byzant. Zeitschr.*, XVIII, p. 526, note 3 ss.) cite des textes intéressants à cet égard.

(3) Cf., pour toute cette partie de mon exposé, la liste des commentaires qui figurent parmi les écrits de Porphyre ci-dessous, à l'appendice IV.

discutait sans doute dans le même esprit que Plotin, il néglige presque tout le reste, notamment la *Politique* et l'*Histoire naturelle.* Par contre, il compose une *Introduction à l'étude du syllogisme catégorique*; un vaste commentaire du *Traité de l'interprétation*, qui a fourni à Ammonius la plus grande partie du sien et que Boèce suit presque pas à pas; aux *Catégories* enfin, indépendamment de l'*Isagogé*, il consacre deux commentaires à la fois : l'un, dédié à Gédalius, en sept livres, où il discute les théories d'une façon approfondie; l'autre, par demandes et réponses, destiné aux commençants (¹).

Nous sommes ici devant la partie la plus remarquée, sinon la plus marquante, de l'œuvre de Porphyre (²). L'histoire des *Catégories* d'Aristote et du commentaire qu'en fit Porphyre forme en effet un épisode à bon droit fameux dans le long passé de notre philosophie. Cette théorie singulière des formes de la pensée n'a guère cessé, jusqu'à nos jours, de peser d'un grand poids et d'imprimer sa marque sur les productions de notre esprit. Chez les Grecs, cependant, elle fut loin d'avoir une prépondérance incontestée. Les stoïciens, notamment, avaient opposé au système d'Aristote une classification essentiellement différente, et le maître même de Porphyre, Plotin, prétendit renouveler la théorie des genres suprêmes de l'Être, aussi bien que les autres parties de la philosophie. Sur ce terrain, Porphyre rompit avec son maître, et même il entreprit de le réfuter. Son intervention fut victorieuse et décisive. Dans le débat engagé entre Porphyre et Plotin, Jamblique donna raison à Porphyre, puis Jamblique et

(¹) Porphyre l'indique lui-même p. 75, 29 de l'éd. Busse. On voit que les questions sont censées adressées par le maître à l'élève, comme dans ce que nous appellerions des répétitions. Simplicius, *In Categorias* (p. 1, 11 ss. Kalbfleisch) caractérise clairement ce traité de Porphyre, de même que le commentaire détaillé (*ibid.*, 2, 5 ss.).

(²) C. Prantl, *Geschichte der Logik* (Leipzig, 1855), p. 626, déprécie cette partie de l'œuvre de Porphyre avec exagération. Voir les observations de Zeller, *Philosophie der Griechen*, III 2, p. 698, note 4, et I. Bruns, *Archiv für Gesch. der Philos.*, III, 599 ss.

Porphyre furent approuvés par tous leurs successeurs. Dans les chaires d'Alexandrie et d'Athènes, jusqu'à Syrianus, Ammonius et Simplicius, c'est la logique d'Aristote que l'on enseignera, pour ne rien dire des commentateurs plus obscurs, dont la filière va, par une série à peine interrompue, jusqu'aux fondateurs de la philosophie moderne.

Avant Porphyre et déjà dès le deuxième siècle, Albinus et ses pareils avaient essayé d'acclimater dans le platonisme la logique aristotélicienne, mais c'était en prétendant que Platon lui-même l'avait mise en pratique. Le péripatétisme n'avait accès dans l'école qu'à la condition de marcher sous la bannière de l'Académie. C'est à Porphyre que revient le mérite d'avoir inauguré une attitude nouvelle. Il rompt avec la tradition et rend au péripatétisme son drapeau. A dater de lui, l'interprétation d'Aristote, vraie exégèse et non simple critique, prend dans le néo-platonisme une place qu'elle ne perdra plus. Ainsi, c'est grâce à Porphyre qu'Aristote va exercer désormais en logique une souveraine autorité.

L'ère de la libre recherche est close quand Plotin ferme les yeux. Son successeur immédiat ne fait aucun effort pour concilier, sur le terrain des catégories, son maître avec Aristote. Il suit Aristote en logique; en théologie, il suit Plotin. C'est déjà la méthode du moyen âge; on entre dans une période d'autoritarisme et de dogmes incontestés.

Porphyre a été le premier des scolastiques. Chez Alexandre d'Aphrodisiade encore, il y avait un reste d'esprit scientifique, et en méditant les paroles du maître, on s'intéressait quelque peu à savoir, non seulement ce qu'il avait voulu dire, mais aussi ce qu'il fallait penser; l'enquête scientifique continuait à se pratiquer à l'occasion. Déjà Porphyre n'en est plus là. Il se préoccupe uniquement d'expliquer et d'inculquer une vérité toute faite. C'est sur les procédés pédagogiques qu'il appelle l'attention. Lui-même, il dépense un talent et un travail extraordinaires à réduire la pensée des autres en extraits, en abrégés et en introductions. Il donne à manier à ses élèves, pour les *Catégories*, un cahier de répétitions par demandes et par réponses, qui est bien caractéristique. Le procédé n'était pas nouveau(1), mais Porphyre l'introduisit dans l'école et il en assura le succès. La méthode a fait fortune d'ailleurs. Encore aujourd'hui, c'est celle des catéchismes.

L'école néo-platonicienne fut ainsi le témoin d'une collaboration des plus étranges. On y vit travailler, dans une étroite communauté de pensée, deux génies bien opposés, Porphyre et Plotin : Plotin, l'évocateur passionné des intuitions, le grand maître des „ délirants de génie „; Porphyre, l'initiateur de cette omnipotente routine, la scolastique, qui a produit ce que les mystiques appellent „ l'automate logique „ et „ l'intellect pétrifiant „.

Comme nous le constaterons, l'exégèse néo-platonicienne se voua à la défense de l'hellénisme, et elle avait au début un caractère franchement religieux. Toutefois, introniser dans l'école, comme Porphyre le fit, Aristote à côté du maître de l'Académie, c'était atténuer le caractère confessionnel des leçons qui s'y donnaient. Du moins, c'était ouvrir la voie à ceux qui éprouveraient le besoin de pratiquer une certaine neutralité. Et bientôt, en effet, à mesure que l'explication d'Aristote prit plus de place, on vit s'établir une tradition de commentateurs où, de nouveau, chrétiens et païens semblaient presque confondus. Le chrétien Philoponus, dans ses commentaires, s'exprime comme Simplicius (2). Ce néo-platonisme abâtardi n'a plus rien du souffle religieux de Porphyre et de Jamblique. En cela donc, Porphyre a préparé un compromis qu'il ne souhaitait pas, mais dont on peut se féliciter, car la neutralité scolaire qui s'établit de la sorte, permit aux chrétiens de se familiariser avec l'enseignement des philosophes. C'est ainsi qu'il n'y eut pas une rupture absolue entre

---

(1) On trouvera des exemples dans l'article de K. Prächter, *Byzant. Zeitschr.*, XVIII, p. 533, note 3.

(2) Cf. K. Prächter, *ibid.*, p. 534; O. Immisch, *Philologus*, t. 65, p. 3 ss., et P. Tannery, *Revue philosophique*, t. 42, p. 275 ss.

les deux civilisations, que certaines traditions de l'antiquité ont pénétré jusque dans les cloîtres et que, " par cette ouverture, presque toute l'antiquité païenne a passé [1] ".

Porphyre devait être encore en Sicile, lorsqu'il mit la dernière main à une vaste compilation historique : une chronographie [2], qui commençait à la prise de Troie et s'arrêtait au règne de Claude II. Nous connaissons cet ouvrage par les extraits qu'Eusèbe en a conservés. D'après les savants modernes, on ne peut douter que l'auteur de ce tableau d'histoire universelle — où le royaume des Parthes même figurait — n'ait eu sous les yeux une suite de documents de premier ordre.

En retrouvant ses forces, Porphyre dut se sentir repris de son ardeur de propagandiste. Plotin n'était plus là pour le détourner du monde et de toute ambition. Porphyre céda de plus en plus au besoin d'agir et de lutter. La vie trop contemplative de l'école lui avait mal réussi. La carrière pleine de polémiques et de prédications morales où nous allons le voir entrer conviendra mieux à son tempérament.

---

(1) G. Boissier, *La fin du paganisme* (4e éd.), t. I, p. 218.

(2) Cf. C. Müller, *Fragm. hist. gr.*, III, p. 688.

VII

LE TRAITÉ CONTRE LES CHRÉTIENS

Pendant le règne de Gallien, le christianisme avait profité d'une tolérance généreuse. D'ailleurs, ni les pratiques des fidèles, ni leur foi, ni leur attitude vis-à-vis de la société n'avaient plus rien de provoquant. A côté des fureurs mystiques d'un paganisme fort orientalisé, le repas du Seigneur célébré à la façon d'un sacrifice, l'eau du baptême versée comme dans un rite d'initiation, les splendeurs d'offices aussi brillants que ceux des anciens temples (¹), devaient produire l'effet de symboles séduisants et compréhensibles, et la piété même dont s'inspiraient les chrétiens, en invoquant leur Dieu Sauveur et en lui demandant leur salut, était alors celle de beaucoup d'âmes. Aussi, dans les milieux les plus divers, les progrès de l'Évangile faisaient-ils de grands ravages. A Rome, le nombre des adeptes de la foi nouvelle était en passe de doubler (²) et, pendant ce temps, au sein des églises, un épiscopat dominateur et fort s'organisait.

De plus en plus, les païens éclairés comprenaient combien la situation devenait grave. Pour conjurer le danger, les empereurs syriens déjà avaient essayé de faire entrer le

---

(¹) Cf. A. HARNACK, *Hibbert Journal*, octobre 1911, p. 67.

(²) Cf. A. HARNACK, *Mission und Ausbreitung des Christentums*, 2e éd., II, p. 280.

Christ dans leur panthéon. Mais l'entreprise n'avait eu aucun succès. Il fallait bien le reconnaître, on subissait l'attaque d'une force irréconciliable. Le vieux patriotisme romain même se sentit en danger. On cessa de plaisanter les dieux [1]. Le polythéisme se ressaisit. Mais ce ne fut que pour montrer, dans des efforts convulsifs, une impuissance désastreuse.

Déjà sous Claude II, il se peut que le Sénat de Rome ait fait renaître la persécution. Avec l'avènement d'Aurélien, la guerre se déclare tout à fait. « Dès les premiers jours, Aurélien laissa voir la double pensée qui inspirera tout son règne : restaurer l'unité religieuse, en faisant cesser toute dissidence, en ne permettant même pas la tiédeur envers les dieux; restaurer l'unité impériale, en détruisant les principautés indépendantes où la liberté de conscience avait trouvé un refuge. Le païen et le politique marchaient ainsi d'accord, et chacun de leurs pas était une menace pour l'Église » [2].

Le péril était partout dans l'Empire : aux frontières, les barbares; à l'intérieur, avec les progrès du christianisme, les tendances séparatistes, les usurpations, la peste, la misère. La nouvelle d'une victoire remportée par les Marcomans sur le sol même de l'Italie frappe les Romains de terreur. Le Sénat consulte les livres de ces Sibylles dont l'une avait sa tombe à Lilybée [3], dans la ville même où Porphyre vivait alors et d'où il observait les événements. On exécute les rites que les oracles prescrivent et l'on croit repousser ainsi les barbares [4]. Bientôt, pour consolider sa situation et venir

---

(1) L. Duchesne, *Histoire ancienne de l'Église*, I, début du chap. 27.

(2) P. Allard, *Les dernières persécutions du IIIe siècle* (2e éd.), p. 222 et — sur la possibilité d'une persécution pendant le règne de Claude II le Gothique — *ibid.*, chap. 5 et appendice I.

(3) Solin, 5, 7; Daremberg-Saglio, *Dictionnaire des antiquités*, t. 4, p. 1294.

(4) Cf. Vopiscus, *Aurelian.*, 18, 5 s. et 21, 4; Pauly-Wissowa, RE, V, col 1371, 54 ss.

à bout de toutes les révoltes et de toutes les dissidences, Aurélien ne trouvera rien de mieux que de rapporter d'Orient, avec le rêve d'une véritable théocratie, un monothéisme astral bon à ériger en religion d'État. En 274, il bâtit sur le mont Quirinal un temple magnifique au « Soleil invincible ». Il se déclare le représentant du dieu sur la terre, et il se dispose à traiter en rebelles ceux dont la conscience jugera inacceptable un pareil califat(1). Le moment approche où une persécution systématique va sévir.

C'est dans cette période calamiteuse et tourmentée que se place la composition du traité de Porphyre contre les chrétiens. Quelle a été la circonstance déterminante d'une telle publication? Est-elle en rapport avec les actes du pouvoir? Rien ne permet de le penser. Certainement, Porphyre était lié avec plusieurs des sénateurs les plus en vue(2), et l'on sait le rôle joué par le Sénat dans les persécutions de cette époque (3). Par contre, une tradition constante veut que le traité contre les chrétiens ait été composé par Porphyre quand il était encore en Sicile (4), à un moment donc où il devait avoir peu de contact avec les cercles dirigeants de l'Empire. Il ne professe pas d'idéal politique. C'est un théoricien porté

---

(1) Cf. Fr. Cumont, *Astrology and religion* (New-York and London, 1912), p. 97 s.

(2) Némertius (à qui Porphyre dédie un traité mentionné ci-dessous, appendice IV), Castricius Firmus (à qui est adressé le *De abstinentia*), Chrysaorius (voir ci-dessus p. 58) étaient apparemment tous trois membres du Sénat. A ces noms, on peut ajouter ceux de beaucoup d'élèves de Plotin. Cf. *Vita Plotini*, 7 : *ἠκροῶντο δὲ αὐτοῦ καὶ τῶν ἀπὸ τῆς συγκλήτου οὐκ ὀλίγοι*, et, sur le sénateur Rogatien, ci-dessus p. 41.

(3) Voir P. Allard, *Les dernières persécutions du IIIe siècle* (2e éd.) par ex. p. 206 ss.

(4) Voir les auteurs cités par Holstenius, *l. l.*, p. 12 ss., et Wolff, *l. l.*, p. 33. — Dans un extrait conservé par Jérôme (P L, t. 26, col. 1066 D), Porphyre, parlant de la magie d'Apulée, montre qu'il n'ignore pas la littérature latine. Cf. aussi ci-dessus p. 10, note 11.

par sa nature profondément religieuse à se préoccuper avant tout des choses de l'âme et de Dieu(1).

Parallèlement, conjointement presque, hommes d'État et hommes de lettres vont partir en guerre contre l'ennemi commun. Mais ils auront chacun leurs raisons et nous ne devons pas supposer, pour nous expliquer leur attitude, qu'il y eut entre eux une entente préalable. Depuis le moment où Rome a célébré son millénaire (248), plusieurs empereurs ont déjà essayé d'organiser une répression à outrance. Mais c'est par politique qu'ils ont agi. Ce sont presque toujours des généraux qui se font persécuteurs dans l'intérêt de la discipline et de l'ordre public. Il faut attendre Dioclétien et Hiéroclès (2) pour voir une collaboration s'établir entre les législateurs et les polémistes, et trois quarts de siècle devront passer encore avant qu'un empereur se donne pour le défenseur de la philosophie en invitant ceux qui la professent à venir le conseiller dans ses entreprises (3). Quant aux penseurs, ils

---

(1) Cf. dans la *Vie de Plotin* les nombreux passages où Porphyre donne comme un manquement aux préceptes de l'école le fait de s'occuper des affaires publiques (ci-dessus p. 41 et 48). — Cf. aussi *De abstin.* II 43 etc., et A. HARNACK, *Die Mission und Ausbreitung des Christentums*, 2e éd., I, p. 413. — D'après les remarques faites par HARNACK (*Texte und Untersuchungen* XXXVII 4, p. 98 note 1 ; cf. 108, 111 ss , et 116), il y a même lieu de croire que Porphyre était hostile aux persécutions.

(2) Cf. l'important article de K. J. NEUMANN, chez HERZOG-HAUCK, R E, *s. v.* Hierokles, et sur la persécution de Maximin, l'article « Arikanda » d'H. LECLERCQ, dans le *Dictionnaire d'archéologie chrétienne* de dom CABROL.

(3) Cf. H.-A. NAVILLE, *Julien l'Apostat et sa philosophie du polythéisme*, Paris, 1877, p. 12 ss., et VACHEROT, *Histoire critique de l'école d'Alexandrie*, II, p. 67 : « Le crédit des Plotin et des Porphyre ne dépassait guère l'enceinte de leur école. Sans sortir de la sienne, Jamblique règne déjà dans le temple. Parmi ses successeurs, quelques uns... restent fidèles aux traditions de l'école alexandrine... Mais les autres ont à peine achevé leur éducation philosophique qu'ils quittent l'école pour n'y plus rentrer. Maxime et Priscus vivent à la cour; Salluste est gouverneur d'une province; Chrysanthe habite les sanctuaires ». Il n'y a rien à reprendre à ces formules, même depuis que

ne manquaient pas de raisons pour intervenir. L'Église, attirant à elle de plus en plus l'élément actif et enthousiaste des classes lettrées, « suçait „, comme on l'a dit, " le sang de l'hellénisme „ et allait bientôt le mettre à bout de forces. Elle introduisait l'homélie dans ses réunions cultuelles et prétendait ainsi faire passer à son service la littérature et la sagesse profane. Le *Discours vrai* était venu avant l'heure; Celse s'était adressé à des esprits trop peu alarmés. Il était urgent de renouveler son œuvre.

Comme tant d'autres païens distingués, le sage et doux Plotin admirait sans doute le courage des martyrs. Inspirés par l'amour des biens spirituels et par des convictions profondes, leur résistance aux supplices, leur mépris de la mort avaient de quoi intéresser le psychologue et l'idéaliste. Plotin dut considérer qu'il y avait là une force de volonté sur laquelle la voix de l'esprit pouvait seule agir, et non les instruments de torture. Un moderne s'est même cru le droit de supposer que le philosophe fut, à certains moments, auprès de Gallien et de Salonine le conseiller de la tolérance (1). En tous cas Plotin vécut sans engager avec les chrétiens d'autre lutte qu'une pure controverse philosophique, et il n'y a pas, dans les *Ennéades*, le moindre indice de malveillance pour le Christ ou ses disciples. Notoirement ses doctrines avaient plus d'un point de contact avec les leurs (2). Son maître Ammonius était sorti de chez eux et, comme nous l'avons vu, on ne témoignait encore à leur égard dans les universités du temps ni sectarisme ni antipathie. Devant

---

K. PRÄCHTER (*Richtungen und Schulen im Neuplatonismus, C. Robert's Genethliakon*, 1910, 106 ss.) a renouvelé la question à beaucoup d'égards.

(1) C. SCHMIDT, *Plotins Stellung* etc., *l. l.*, p. 12. — Sur Porphyre lui-même, cf. ci-dessus p. 68, note 1.

(2) A. HARNACK, *Dogmengeschichte*, t. I (4e éd.), p. 823 ss.; *Mission und Ausbreitung des Christentums*, 2e éd., I, p. 228, note 10.

ses auditeurs, Plotin ne se fait pas scrupule d'appeler des gnostiques ses amis[1]. Païens et chrétiens se rencontraient même dans la faveur des princes. Gallien, Salonine, Zénobie s'intéressaient aux uns autant qu'aux autres et par contre Aurélien, qui ranima le fanatisme de la persécution contre les disciples du Christ, ordonna aussi l'exécution d'un platonicien de marque, de Longin, le premier maître de Porphyre. Mais, du moment que le néo-platonisme allait être conduit par un vulgarisateur très préoccupé d'apostolat et de propagande morale, un conflit ne pouvait manquer de se produire et de s'accentuer rapidement.

Plotin, en effet, aurait voulu être le disciple respectueux de Platon et le restaurateur de l'antique sagesse des Hellènes[2]. Son œuvre personnelle a consisté à adapter à une forme platonicienne les idées et les sentiments nouveaux, à concilier l'esprit de son temps avec la tradition. Il espérait sauver les dieux, sauver les mythes, et empêcher une rupture avec Homère et toute l'ancienne Grèce[3]. S'il l'avait emporté, l'antique conception de la libre recherche du beau, du bien et du vrai n'aurait pas été sacrifiée. En ce sens, le maître de Porphyre fut l'homme du passé.

Par contre, la force réelle du christianisme venait précisément de ce qu'il mettait les idées nouvelles sous des noms nouveaux et rejetait les corps morts. Tout en essayant d'utiliser les ressources intellectuelles de la civilisation grecque, il se refusait à témoigner de la déférence pour les pratiques des traditionalistes. Cette opposition se compliquait de

---

(1) Cf. C. Schmidt, *l. l.*, p. 33.

(2) Cf. les développements de C. Schmidt, *l. l.*, p. 34 ss., et de R. Reitzenstein, *Poimandres*, p. 306 ss.

(3) « No doubt », dit A. Harnack (*Hibbert Journal*, octobre 1911, p. 68), « the old spirit had long ago departed from Greek Myth; but what remained was not mere husk and rind; it was the centre of an unforgetting patriotism, to which the memory of the fathers, the tradition of the school, art, and religion clung ».

divergences doctrinales que les contemporains tenaient pour fort graves. L'homme réussira-t-il jamais à s'élever jusqu'à la condition des dieux, ou bien faut-il croire que Dieu s'est fait homme? — Quelle est la nature des intermédiaires qui existent entre l'Être suprême et nous? — Notre âme peut-elle obtenir par elle-même son salut, ou bien doit-elle implorer la grâce d'un Sauveur? — Les corps morts sortiront-ils un jour du tombeau pour participer à la vision béatifique? — Que faut-il penser de la beauté et de l'éternité du monde? Les réponses que le panthéisme de Plotin donnait à ces questions le mettaient directement aux prises avec ceux qui s'inspiraient de la Bible et croyaient en Jésus (¹).

Les gnostiques " ne dédaignent pas ", dit Plotin, " d'appeler frères les derniers des hommes, et ils refusent ce nom au Soleil, aux autres dieux du ciel, à l'âme même du monde, insensés qu'ils sont! " (²). — Il y a, dans les *Ennéades*, des hymnes entraînants à l'Ame créatrice, " notre sœur bienfaisante, qui a le pouvoir d'accomplir tant de choses sans peine " (³). C'est elle qui fait sympathiser toutes les parties de l'univers, et les étoiles et les hommes, et les mers et les animaux et les plantes. C'est elle qui donne à la nature sa beauté grandiose et sa mélancolie poignante. Cybèle a bu l'eau du Léthé, mais dans ses rêves, qui se succèdent comme les jeux des nuages, elle cherche à se souvenir de Dieu. Elle ne parviendrait ni à soulever ses paupières ni à prononcer les mots rédempteurs, si l'âme humaine ne les retrouvait pour elle. Car nous sommes la nature à son réveil, parlant à Dieu déjà et prêts à le regarder face à face. — Inépuisables ressources d'un mysticisme où si souvent encore nos poètes iront chercher les visions de l'extase! Intarissable fécondité d'une religion morte aujourd'hui, mais qui, même aux jours de sa vieillesse, avait encore un si génial hiérophante! Il la

---

(¹) Cf. A. HARNACK, *Hibbert Journal*, octobre 1911, p. 68 s.

(²) *Ennéades*, II 9, 18, p. 211, 3 ss. VOLKMANN.

(³) *Ibidem*, p. 211, 2 s.

parait de formes si merveilleuses que les chrétiens étaient obligés de se détourner d'elles. Pour conjurer l'effet de ses charmes, ils en étaient réduits à lui lancer l'anathème!

Chez les esprits les plus éclairés, le conflit s'atténuait. Du moins, avec Plotin, la controverse ne prenait jamais un ton trop personnel et elle laissait subsister l'illusion d'un idéal commun et même d'un terrain d'entente (¹). Mais plus on se tourna vers le public, plus on voulut élargir le champ de la propagande — et c'est à quoi Porphyre s'employa —, plus les froissements devinrent sensibles et inévitables. Vis-à-vis du vulgaire, on fut entraîné bientôt à prendre une attitude de combat, et ainsi les platoniciens entreprirent de justifier toutes les pratiques des cultes établis, tandis que les chrétiens tonnaient contre les turpitudes de l'idolâtrie. Bref, nous ne devons pas nous étonner de voir Porphyre devenir à la fois le vulgarisateur de la doctrine de Plotin et l'adversaire de l'Église.

Toutefois, l'hostilité de Porphyre ne s'explique pas uniquement par l'évolution de la philosophie. Amélius, son condisciple et son collaborateur, invoque encore le témoignage du début de l'Évangile selon saint Jean (²) et bien que, à la manière de l'école, il appelle le disciple du Christ un « barbare », rien ne prouve qu'il ait combattu l'Église. Il est certain que le néo-platonisme et le christianisme étaient

---

(¹) A. Harnack (*Die Mission und Ausbreitung des Christentums*, 2ᵉ éd., I, p. 228 note 10 et 266, note 1) met ce fait en relief à propos de Porphyre lui-même.

(²) Eusèbe, *Praepar. evang.*, XI, 19; cf. Zeller, *Philosophie der Griechen* III 2, p. 691, note 2. — « Au temps d'Amélius, (la philosophie néo-platonicienne) n'avait point encore confondu sa cause avec le polythéisme grec et aimait à reconnaître la vérité dans la religion nouvelle aussi bien que dans la mythologie antique, sauf à la convertir en doctrine purement philosophique par ses interprétations. Ainsi, dans ce passage, Amélius réduit l'incarnation individuelle et personnelle du Verbe des Chrétiens à cette incarnation incessante et universelle de la Raison divine qui pénètre, éclaire, vivifie toute créature ». Vacherot, *Histoire critique de l'école d'Alexandrie*, II, p. 9 s.

deux rivaux destinés à se combattre, mais il est tout aussi certain que la personnalité même de Porphyre fut pour beaucoup dans la déclaration de guerre et que, parmi les néo-platoniciens, nul n'était plus que lui prédisposé à engager les hostilités. Toujours en effet il s'était occupé soit des doctrines, soit des pratiques des chrétiens et de la part d'erreur qu'elles semblaient contenir. Dès ses premiers écrits, dès sa *Philosophie des oracles*, nous l'avons vu proclamer la sainteté du Christ, mais blâmer l'excès des hommages qui lui étaient rendus. Un peu plus tard, quand il publie son traité *Sur les images des dieux*, il parle pour une élite dont les chrétiens sont exclus, et ce sont les chrétiens qu'il prend à partie. Manifestement, à toutes les périodes de sa production littéraire, et avant qu'il ait pu songer à mettre son activité au service des idées de Plotin, il a senti dans l'Église une force ennemie.

Le traité de Porphyre contre les chrétiens était un ouvrage considérable. Il comprenait quinze livres, et Porphyre s'y servait de toutes les ressources de son érudition et de son esprit [1]. Formé comme il l'avait été à la critique philologique par Longin, il découvrit sans peine comment on doit s'y prendre, si l'on veut faire apparaître dans les récits des Évangiles et des autres livres canoniques des inventions, des invraisemblances, des contradictions, et il travailla à ruiner l'autorité des témoignages invoqués par les croyants à l'appui de leur foi. La méthode d'interprétation allégorique

---

[1] Cf. ci-dessous, appendice III, p. 52* 20, et les fragments recueillis par N. Lardner (*Works*, Londres, t. VII, 1838, p. 396 ss.). — C. Schmidt (*l. l.* p. 86 s.) suppose que le *Κατὰ Χριστιανῶν* fut composé d'après une suggestion de Plotin, de même que tant d'autres écrits de polémique doctrinale. C'est possible, et Porphyre était en effet tout indiqué pour la tâche. Mais nous venons de voir que l'on peut se passer de faire appel à une intervention de Plotin pour s'expliquer l'œuvre capitale de Porphyre. — Il est à présumer qu'en plus d'un endroit la chronographie mentionnée ci-dessus p. 64 se rattache à des controverses où étaient impliqués les chrétiens, et entre autres Julius Africanus.

d'Origène, " qui faisait dire artificieusement aux fables des étrangers ce que pensaient les Hellènes ", ne trouvait pas grâce à ses yeux (1).

Porphyre reprend, approfondit et enrichit abondamment tout ce que l'ingéniosité de Celse avait découvert en fait d'arguments. Il oppose aux livres de Daniel une démonstration d'inauthenticité que bien des savants modernes considèrent comme définitive. Il s'attaque à la généalogie de Jésus. Par les désaccords des synoptiques il prétend montrer que leurs récits ne sont pas dignes de foi. Il critique mainte tirade des *Actes des Apôtres* (2). Il découvre que Pierre a été contredit par Paul (3). Paul surtout est passionnément pris à partie. En lui, le philhellène ne voit qu'une rhétorique grossière et d'insupportables incohérences (4). Et le tout est développé avec une profusion d'arguments où les polémistes contemporains retrouveraient beaucoup de leurs thèmes favoris. Chaque fois que le rationalisme fut aux prises avec la révélation chrétienne, il n'eut guère qu'à répéter ce que Porphyre avait déjà dit. Les théologiens chrétiens eux-mêmes lui rendent aujourd'hui d'éclatants hommages (5).

Certains des fragments conservés par Macarius Magnes

---

(1) Eusèbe, *Hist. eccles.*, VI 19, 7. Sur la portée de ce reproche de Porphyre, cf. A. Harnack, *Texte und Untersuchungen* XXXVII 4, p. 118.

(2) Cf. par exemple Jérôme, *Epist.* 130, 14.

(3) Cf. Jérôme, *Prol. in Galat.*, P L, t. 26, col. 310 s.

(4) Cf. A. Harnack, *Die Mission und Ausbreitung des Christentums*, 2e éd. I, p. 415.

(5) Cf. A. Harnack, *Die Mission* etc., 2e éd., I, p. 414 : « Das Werk ist vielleicht die reichste und gründlichste Schrift, die jemals gegen das Christentum geschrieben worden ist... Dort, wohin Porphyrius den Streit zwischen religionsphilosophischer Wissenschaft und Christentum versetzt hat, liegt er noch heute; auch heute noch ist Porphyrius nicht widerlegt, und er ist überhaupt nur zu widerlegen, wenn man ihm zunächst Recht gibt und demgemäss das Christentum auf seinen Kern zurückführt ». — D'après ce que M. K. J. Neumann veut bien m'écrire, « in der Kritik des Pentateuch hat Porphyrios zwar nicht die Wellhausensche Theorie, wohl aber die Spinozas vorweggenommen ».

méritent d'être résumés ici [1]. On y voit le philosophe s'étonner d'entendre prédire la destruction du ciel, qui est la plus belle des productions de Dieu. Une fois le ciel tombé, où mettra-t-on, se demande-t-il, le trône de Jéhovah, qui passait pour être établi sur le firmament [2]? — Pour que Dieu soit le vrai Dieu, vous voulez, dit-il encore, qu'il soit le seul Dieu : mais Dieu est un monarque (*οὐχ ὁ μόνος ὤν, ἀλλ' ὁ μόνος ἄρχων*) et, pour l'être, il doit commander à d'autres dieux, ses semblables; c'est ainsi qu'Hadrien, ayant pour sujets des hommes comme lui, fut un vrai roi, à la différence des bergers qui ne commandent qu'à des bœufs et à des moutons [3]. — Les chrétiens admettent qu'il y a, auprès de Dieu, des " anges „ impassibles, immortels, de nature impérissable; nous appelons ces anges des " dieux „ : pure question de mots [4]! — Bien à tort vous nous reprochez de penser que les dieux habitent à l'intérieur des statues, mais rien ne vous fait reculer dans votre dogme de l'incarnation [5]. — Vous dites que les morts ressusciteront? Mais faites-vous reparaître aussi les cadavres qui ont été dévorés par les carnassiers et dispersés aux quatre coins de la terre, de la mer et du ciel? Il n'y a là rien d'impossible, direz-vous, parce que Dieu peut tout. Mais Dieu peut-il vraiment tout? Pourrait-il faire qu'Homère n'ait pas été poète et que deux plus deux égalent cent? Dieu peut-il pécher? Et encore, est-il croyable que Dieu

---

(1) *Macarii Magnetis quae supersunt*, ed. C. Blondel, Paris, 1876. K. J. Neumann (*Juliani imper. libr. contra Christianos quae supersunt*, p. 20 ss.), avec beaucoup d'autres, a depuis longtemps admis que les extraits du polémiste païen cités par Macarius Magnes proviennent du *Κατὰ Χριστιανῶν* de Porphyre. Les dernières objections, mêmes les réserves très atténuées de J. Geffcken (*Zwei griechische Apologeten*, p. 302 s.), ont été magistralement écartées par A. Harnack, *Kritik des neuen Testaments von einem griechischen Philosophen des 3. Jahrhunderts, Texte und Untersuchungen*, XXXVII 4, p. 107 ss. — A. Harnack donne (*ibid.*, p. 20 ss.) des extraits de Porphyre cités par Macarius Magnes une réédition à laquelle je me réfère ici.

(2) *L. l.*, IV 7.

(3) *Ibid.*, IV 20.

(4) *Ibid.*, IV 21.

(5) *Ibid.*, IV 22.

laisse un jour s'écrouler le ciel, tomber les étoiles et la terre brûler, et qu'il rende ensuite à la lumière les corps les plus mal faits et les plus repoussants (1)? — D'après vous, le Christ a bien fait de cacher aux sages les rayons de la vérité et de parler pour les pauvres d'esprit. Mais comment s'expliquer qu'il ait si souvent employé un langage également inintelligible pour tous (2)?

Porphyre ne dédaigne pas de s'arrêter aux moindres des difficultés matérielles. Il reproduit, par exemple, l'histoire des démons exorcisés par Jésus et envoyés par lui dans les corps de deux mille pourceaux, qui se noient ensuite (MARC 5, 8 ss.). O fable! ô sotte histoire! s'exclame le polémiste, il y a vraiment là de quoi rire!... Et comment rencontrait-on de pareils troupeaux de porcs dans un pays qui les abominait? Et comment ces bêtes se sont-elles noyées jusqu'à la dernière, non dans une « mer » comme le dit l'Évangile, mais dans un lac où il devait n'y avoir que très peu d'eau (3)? On le voit, le philosophe se divertit, mais il perd de vue qu'il a, lui aussi, dans ses livres préférés, bien des mythes embarrassants. N'insistons pas. Ces faiblesses sont de tous les temps. Peu d'apologistes auraient le droit de jeter la pierre à notre défenseur du paganisme.

Comme Celse son devancier, Porphyre est choqué surtout de voir chez les chrétiens des révolutionnaires qui rompent avec tout ce qui leur vient des ancêtres, même avec les prescriptions de l'Ancien Testament, et qui menacent l'ordre établi; il les donne pour des " barbares " (4). Il paraît cependant

---

(1) *Ibid.*, IV 24.

(2) *Ibid.*, IV 8-9 et HARNACK, *l. l.*, p. 124.

(3) *Ibid.*, III 4; cf. JÉRÔME, *Quaest. in Genes.*, I 10 (PL, t. 23, col. 939 s.).

(4) Cf. PORPHYRE chez EUSÈBE, *Hist. eccles.*, VI 19, 7 : *ὅτε* (Ammonius, né chrétien) *τοῦ φρονεῖν καὶ τῆς φιλοσοφίας ἥψατο, εὐθὺς πρὸς τὴν κατὰ νόμους πολιτείαν μετεβάλετο*; inversement : *Ὠριγένης δὲ Ἕλλην ἐν Ἕλλησιν παιδευθεὶς λόγοις, πρὸς τὸ βάρβαρον ἐξώκειλεν τόλμημα*; cf. encore *Praepar. evang.*, V, 1, 7; *Ad Marcell.*, 18 (*οὗτος γὰρ μέγιστος καρπὸς εὐσεβείας τιμᾶν τὸ θεῖον κατὰ τὰ πάτρια*) et U. VON WILAMOWITZ-MÖLLENDORFF, *Ein Bruchstück aus der Schrift des Porphyrius gegen die Christen*, *Zeitschrift für die neutestamentliche Wissenschaft*, 1 (1900), p. 101 ss.

moins occupé que Celse de défendre l'État romain. Ce qui fait sa vraie originalité, c'est l'ampleur de vues avec laquelle il sait parfois envisager le conflit. Depuis Celse, les horizons du platonisme se sont en effet singulièrement élargis. Porphyre n'a plus pour les Juifs ni pour les Orientaux le même dédain que son devancier. Sa philanthropie lui fait éprouver pour la personne même du Christ et pour certaines parties de son enseignement plus que de la sympathie, presque du respect (1). C'est aux disciples de Jésus, c'est aux déformations dont ils sont les premiers auteurs, c'est " aux mythes „ des Évangiles qu'il en veut (2). De son temps déjà, le canon des écrits du Nouveau Testament était constitué. Il le connaît, il en fait le point de mire de ses attaques, et c'est ce qui lui permet d'avoir, dans sa critique, une puissance et une précision qui le placent fort au-dessus du plus brillant de ses devanciers. Un historien catholique a même trouvé que Celse, " tout à la raillerie et à l'invective „, était le Voltaire du paganisme, tandis que Porphyre en serait plutôt le Renan (3).

On ne retrouve chez Porphyre presque aucune des calomnies grossières dont s'alimentait la polémique païenne des premiers siècles. Il n'a pas non plus le ton haineux de Julien. Rarement sa controverse tombe dans la futilité. Il étudie consciencieusement les problèmes et cherche à prévoir les objections.

---

(1) Cf. AUGUSTIN, *De consensu Evang.*, I 15; A. HARNACK, *Texte und Untersuchungen*, *l. l.*, p. 116, note 1 etc.; SMITH-WACE, *Dictionary of Christian Biography*, *s. v.* Porphyrius, n° 1, p. 442.

(2) Cf. par exemple *Texte und Untersuchungen*, XXXVII 4, p. 40, 24 ss., 135 etc.

(3) P. ALLARD, *La persécution de Dioclétien* (2e éd.), t. I, p. 78. — L'œuvre de Celse sera reconstituée bientôt par K. J. NEUMANN. En attendant, on peut consulter TH. KEIM, *Celsus' Wahres Wort*, Zürich, 1873; B. AUBÉ, *La polémique païenne à la fin du IIe siècle*, Paris, 2e éd., 1878, p. 118 ss.; les articles lumineux de K. J. NEUMANN dans les encyclopédies de HERZOG-HAUCK et de PAULY-WISSOWA, *s. v.* Celsus; l'article " Celsus „, n° 1, du *Dictionary of Christian biography* de SMITH-WACE; A. HARNACK, *Die Mission und Ausbreitung des Christentums*, 2e éd., I, 411 ss., et aussi RENAN, *Marc-Aurèle*, chapitre 21.

En général, il semble s'occuper beaucoup moins de l'effet à produire sur le public que de l'erreur même qu'il s'agit de démontrer.

Certes, Porphyre met bien en lumière ce qu'il considère comme des faiblesses d'arguments dans la preuve des origines divines du christianisme; mais pour le reste c'est une œuvre de haute philosophie qu'il a conçue et non de pure polémique. Il parle en homme profondément religieux. Le besoin de révélation, de rédemption, d'ascétisme et d'immortalité lui inspire une foi apparentée à celle de ses adversaires. Dans son désir de convaincre, il va jusqu'à faire abstraction de la théurgie et des pratiques du culte païen. Il se montre tout plein encore de la pensée élevée et conciliante de Plotin. Bref, sur ce terrain comme sur tous les autres, il marque la transition entre le néo-platonisme des débuts et celui des temps de Jamblique et de Julien. C'est déjà la philosophie en guerre avec l'Église; mais, malgré la reprise des hostilités, on devine qu'il y a encore un espoir de transaction [1].

Cet espoir était trompeur. Tout accommodement était impossible. Dans le traité que Porphyre écrivit contre eux, les chrétiens ne virent que la polémique et ils s'en préoccupèrent à bon droit : ils avaient affaire au plus formidable des réquisitoires que l'hellénisme formula jamais contre le faisceau de témoignages et de doctrines sur lequel l'Église fit reposer son enseignement. Les répliques se succédèrent. Méthode,

---

[1] Tout ceci a été mis en lumière par A. Harnack, *Die Mission und Ausbreitung* etc. (voir l'index, au mot " Porphyrius "). — Cf. aussi P. Allard, *La persécution de Dioclétien* (2e éd.), t. I, p. 75 : " Que restait-il à faire (aux chrétiens, d'après les polémistes païens), sinon de prendre à la lettre les paroles des prophètes, des évangélistes et du Sauveur lui même, et, sans abjurer le dogme de l'unité divine, sans renoncer même aux formes particulières de leur culte, d'entrer dans le concert que formaient maintenant toutes les religions antiques? Cet appel venait bien en son temps, alors que beaucoup d'Églises étaient envahies par l'esprit du monde, tandis que la religion païenne s'expliquait dans un sens chaque jour plus spiritualiste et plus raisonnable ".

Eusèbe de Césarée, Apollinaire de Laodicée et Philostorge essayèrent de le réfuter. Ces réfutations ne parurent pas assez rassurantes : on alluma les bûchers. En 448 encore, par ordre des empereurs Valentinien III et Théodose II (1), l'ouvrage fut livré aux flammes, et l'édit qui prescrivit cet autodafé mentionne uniquement Porphyre, sans citer avec lui ni Celse, ni Hiéroclès, ni Julien, comme si, de toutes les défenses du paganisme, la sienne seule devait inquiéter. Certes les quinze livres du *Κατὰ Χριστιανῶν* ont disparu et l'on s'est même abstenu de conserver les réponses qu'ils ont provoquées (2), mais nous avons assez de textes et de témoignages pour savoir que le traité de Porphyre mérita la haute réputation que les savants modernes lui ont faite. Chez les écrivains chrétiens, depuis le quatrième siècle, il a laissé « un souvenir imposant », et plus d'un de ceux qui prétendirent en démontrer les lacunes et les faiblesses perdirent, en le lisant, un peu de leur sang-froid. Jérôme par exemple — c'est Mgr Duchesne qui le fait observer (3) — décerne à Porphyre toutes les injures dont sa verve pouvait disposer, " et ce n'est pas peu dire „. Il le traite de scélérat, d'impudent, de calomniateur, de sycophante, de fou et de chien enragé.

---

(1) *Cod. Iustinian.*, I, 1, 3 : *Αὐτοκράτορες Θεοδόσιος καὶ Οὐαλεντινιανὸς ΑΑ. Ὁρμίσδᾳ ἐπάρχῳ πραιτωρίων. Θεσπίζομεν πάντα, ὅσα Πορφύριος ὑπὸ τῆς ἑαυτοῦ μανίας ἐλαυνόμενος ἢ ἕτερός τις κατὰ τῆς εὐσεβοῦς τῶν Χριστιανῶν θρησκείας συνέγραψε, παρ' οἱωδήποτε εὑρισκόμενα πυρὶ παραδίδοσθαι· πάντα γὰρ τὰ κινοῦντα τὸν θεὸν εἰς ὀργὴν συγγράμματα καὶ τὰς ψυχὰς ἀδικοῦντα οὐδὲ εἰς ἀκοὰς ἀνθρώπων ἐλθεῖν βουλόμεθα.* — Cf. *Cod. Theodos.*, XVI 5, 66 et Socrate, *Hist. eccles.*, I, 9, 30 ss.

(2) Les fragments du *Κατὰ Πορφυρίου* d'Apollinaire ont été réunis par H. Lietzmann, *Apollinaris von Laodicea*, 1904, p. 265 ss.

(3) *Histoire ancienne de l'Église*, I (2e éd.), p. 555, note 1. Cf. Jérôme, par exemple *Epist.*, 130, 14 et PL, t. 26, col. 154 A et 310 C, etc., et A. Harnack, *Die Mission und Ausbreitung des Christentums*, 2e éd., I, p. 414, note 3. — Sur Eusèbe, cf. les observations de U. von Wilamowitz-Möllendorff, *Zeitschrift für die neutestamentliche Wissenschaft*, I, p. 104 s.

VIII

LA LETTRE A ANÉBON
PRÊTRE ÉGYPTIEN

Amélius était un païen pratiquant. " Aux fêtes et aux calendes, il faisait scrupuleusement le tour des temples. Un jour qu'il demandait à Plotin de l'accompagner : — C'est à eux de venir à moi, répondit le maître, et non pas à moi d'aller à eux. — Nous ne comprîmes point, ajoute Porphyre, la fierté de ce langage et nous n'osâmes pas en demander le sens " (1).

Le sens en était clair cependant. Pour Plotin, la religion doit être tout intérieure. Les artifices dont le culte se sert pour agir sur les imaginations sont indignes du philosophe qui veut préserver son âme de tout contact avec le monde sensible. Quant au vulgaire, Plotin s'en préoccupe assez peu (2). Il était d'un rigorisme hautain. Son mysticisme n'était accessible qu'à une élite et, en fait, il ne fut pratiqué peut-être suivant son véritable esprit que par Plotin lui-même.

Moraliste et vulgarisateur, Porphyre ne put se désintéresser au même point du culte établi et des dévotions populaires. Nous avons, dans sa *Lettre à Anébon l'Égyptien,* un document bien curieux à cet égard. Cette lettre porte déjà — Zeller

---

(1) *Vita Plotini*, 10. Cf. Zeller, *Die Philosophie der Griechen*, III 2, p. 524, note 1.

(2) C'est incidemment qu'il traite de la prière : cf. les textes cités par Zeller, *l. l.*, p. 681 ss.

l'a bien vu (1) — la marque des idées de Plotin. D'autre part, elle doit être antérieure au *De regressu* et au *De abstinentia*. Il importe d'en donner d'abord un aperçu rapide (2).

Porphyre interroge un prêtre d'Égypte. Ses questions ne sont pas toutes le fait d'un sceptique qui raille et persifle, bien que, parfois, elles aient une ironie qui fait songer à celle de l'*Euthyphron* de Platon (3) et qu'elles puissent mettre le prêtre dans un cruel embarras. Nous possédons une réponse qui fut publiée sous le nom d'Abammon, le maître d'Anébon, par un adepte des mystères appartenant à l'école de Jamblique (4), et l'auteur de cette réponse voit dans la lettre de Porphyre l'expression d'incertitudes et d' " apories „ soumises à un ami par un esprit curieux qui demande une sorte de consultation. C'est bien ainsi d'ailleurs que Porphyre a souhaité d'être compris :

" Je veux „, dit-il, " commencer ma liaison amicale avec toi en parlant des dieux, des bons démons et des doctrines philosophiques qui s'y rapportent; sur tout cela il a été dit bien des choses, même par les philosophes grecs, mais ils n'ont

---

(1) *L. l.*, p. 723, note 3.

(2) Voir le recueil des fragments constitué par Th. Gale (*Jamblichi ... de mysteriis liber*, Oxford, 1678, en tête du volume) et reproduit par G. Parthey, *Jamblichi de mysteriis liber*, Berlin, 1857, p. XXIX ss. Un des plus grands défauts de ce recueil est que le résumé de la lettre donné par Augustin, *De civitate Dei*, X, 11, y est fort mal utilisé.

(3) La remarque est de J. Bernays (*Grundzüge der ... Abhandlung des Aristoteles über Wirkung der Tragödie*, *Abhandl. der Hist. phil. Gesell schaft in Breslau*, t. I, 1857, p. 155), qui affirme — sans donner d'ailleurs la moindre preuve — qu'Anébon, prêtre d'Égypte (cf. Augustin, *l. l.*, p. 419, 29 ss. éd. Dombart), est un personnage fictif.

(4) L'auteur de la réponse serait-il Jamblique lui-même (cf. Bernays, *l. l.*, p. 157 s. ; K. Rasche, *De Jamblicho libri... de mysteriis auctore*, Diss., Münster, 1911, travail résumé et approuvé par R. Asmus, *Wochenschrift für klass. Philol.*, 1912, col. 373 ss.)? Je ne puis discuter ici cette question, assez accessoire pour nous. Cf. Zeller, *Die Philosophie der Griechen*, III 2, p. 774, note 1.

guère eu que des conjectures pour établir les principes de leur foi „ (1).

Ce n'est plus là, semble-t-il, la belle confiance avec laquelle Porphyre suivait jadis les exégètes stoïciens et platoniciens dans son traité *Sur les images des dieux.*

“ On a chez nous „, dit-il plus loin encore, “ beaucoup discuté et combattu, attendu que l'on n'avait que des raisonnements humains pour arriver à se représenter le Bien (*τὸ Ἀγαθόν*) „ (2).

Le point de vue de Porphyre se précise dans un autre passage où il ramène à la fausse compréhension et à l'ignorance des choses divines les “ souillures „ de l'âme et “ l'impiété „ (3).

“ Il est admis qu'il y a des dieux : mais si les dieux habitent dans le ciel, comment peut-on nous parler de dieux terrestres, aquatiques ou aériens? S'ils sont impassibles, comment peut-on les appeler ou les apaiser (4)? S'ils sont incorporels, comment peuvent-ils briller dans le ciel (5)? „

“ Je suis profondément troublé „, dit-il textuellement (6), “ de penser que ceux que nous invoquons comme supérieurs, reçoivent des injonctions comme s'ils étaient inférieurs; qu'exigeant de leur serviteur qu'il soit juste, ils se montrent cependant résignés à commettre eux-mêmes l'injustice quand ils en reçoivent l'ordre. Tandis qu'ils n'exauceraient pas l'appel de celui qui ne serait pas pur des plaisirs de l'amour, ils n'ont aucune répugnance à guider les premiers venus vers des voluptés illicites. Ils prescrivent à leurs interprètes de

---

(1) EUSÈBE, *Praepar. evangel.*, XIV, 10 (= fragm. 1); cf. *ibid.*, V, 9 fin, et AUGUSTIN, *l. l.*, X, 11, p. 418, 19; 419, 6 et 28-35; 420, 27 et 421, 5 ss. éd. DOMBART.

(2) EUSÈBE, *ibid.*, XIV, 10, suite (= fragm. 47). Pour le sens de l'ensemble de l'extrait, cf. AUGUSTIN, *l. l.*, p. 421, 16 ss.

(3) PARTHEY, *l. l.*, fragment 11. Cf. O. GRUPPE, *Griechische Mythologie*, p. 1477, et ci-dessous p. 91.

(4) Extrait des fragments 2 ss.

(5) Cf. le fragment 6 et AUGUSTIN, *l. l.*, p. 418, 29 ss.

(6) EUSÈBE, *ibid.*, V, 10 (cf. *ibid.*, V, 7) = fragm. 28 s.

s'abstenir de la chair des animaux, de peur d'être souillés par les vapeurs qui s'échappent des corps, et eux-mêmes, ils sont surtout attirés par les vapeurs des victimes que l'on offre en sacrifice (1). Il faut que l'épopte ne soit pas pollué par le contact d'un cadavre : cependant les évocations des dieux ne s'obtiennent d'ordinaire qu'au moyen de cadavres „. Et le défilé des contradictions que Porphyre relève dans les cultes des mystères se poursuit, constituant une sorte de réquisitoire de plus en plus impitoyable dans sa précision. Comment peut-on se vanter de " terroriser le roi Hélios lui-même, ou Séléné, ou quelque autre des dieux du ciel „? — Comment peut-on déclarer " qu'on ébranlera le ciel, qu'on révélera les arcanes d'Isis, qu'on découvrira aux regards le secret d'Abydos, qu'on arrêtera la nacelle, qu'on dispersera les membres d'Osiris pour les livrer à Typhon?... Et voilà cependant ce que Chérémon l'hiérogrammate rapporte dans ses écrits „. — " Et quel sens donner aux prières elles-mêmes, lorsqu'elles parlent du soleil réapparaissant au sortir du limon, assis sur le lotus et voguant porté sur une nef?... Supposera-t-on que ces choses ne sont dites que symboliquement pour représenter les puissances du soleil? que l'on nous donne alors l'interprétation de toutes ces figures! (2) „

Ici nous serions tentés d'interrompre l'auteur. Ces mêmes symboles des Égyptiens, y compris la barque du soleil, l'embarrassaient beaucoup moins au moment où il écrivait son livre *Sur les images des dieux* et il les traitait alors avec infiniment plus de respect (3)! — Mais les questions se succèdent avec une entraînante rapidité : " Que veulent dire

---

(1) Porphyre semble rappeler ici aux prêtres païens les moqueries auxquelles leurs pratiques ont donné lieu et chez les chrétiens et chez les rationalistes (Lucien, Euripide déjà [*Iphig. Taur.*, 380 ss.], etc.). Cf. Bernays, *l. l.*, p. 159.

(2) Eusèbe, *Praepar. evangel.*, *ibid.* (suite du même extrait). Cf. ci dessous p. 85, notes 1 et 2.

(3) Voir ci-dessous, appendice I, p. 19* 7 ss., et cf. *De antro nymph.*, 10, p. 63, 15.

encore tous ces vocables inintelligibles, et pourquoi affecter de recourir à la barbarie [1] de noms étrangers? Si l'Être qui écoute ne se préoccupe que du sens de la prière, la pensée importe seule, et non le choix des mots! Car le dieu invoqué n'est pas, j'imagine, un Égyptien de naissance? Et si même il l'était, il ne parlerait pas plus l'égyptien qu'une autre des langues des hommes. Ou bien toutes ces choses sont des artifices d'imposteurs... ou enfin nous ne soupçonnons pas que nous avons sur la divinité des idées contraires à ce qu'elle est réellement! [2] „.

Ailleurs, Porphyre, tout en faisant ressortir la trivialité des préoccupations qui assurent le succès des divers genres de divination, se montrait fort désireux d'en obtenir une explication tant soit peu admissible. Est-ce une surexcitation de l'âme, est-ce l'évocation d'un démon qui permet de prédire l'avenir? Si c'est à un état particulier de l'esprit que nous devons les prophéties, en quoi consiste exactement cette sorte de délire [3]? — Ailleurs encore, Porphyre se demande comment on distinguera les dieux des démons et des héros [4]. Il touche même à de hautes questions de métaphysique. Il voudrait savoir ce que les Égyptiens entendent par la cause première : si c'est l'Intelligence ou quelque chose qui la dépasse (*πότερον νοῦν ἢ ὑπὲρ νοῦν*); si cet Être suprême est corporel ou non; si tout vient de l'Un; si la matière est incréée [5]. Il reproche ensuite à Chérémon [6] de croire " qu'il n'y a rien avant les mondes visibles „ et de ne pas avoir d'autres dieux que les planètes, les signes du zodiaque, les Paranatellons, les Décans, les Horoscopes ... Chérémon

---

(1) Voici donc que les prêtres égyptiens sont envisagés du même point de vue que les chrétiens (cf. ci-dessus, p. 76, note 4)!

(2) *Praepar. evangel.*, *ibid.* (fin de l'extrait).

(3) Fragments 12 ss.; cf. AUGUSTIN, *De civitate Dei*, X, 11, p. 419, 6 ss. éd. DOMBART.

(4) Fragments 6 ss.

(5) Fragment 35.

(6) EUSÈBE, *Praepar. evangel.*, III, 4 = fragm. 36.

voyait en effet, d'après Porphyre, les gens qui faisaient du soleil le démiurge, expliquer les mythes par les astres, par leurs apparitions et leurs disparitions et leurs levers, ou par le cours et le décours de la lune, ou par la marche du soleil, ou par l'hémisphère nocturne et diurne (¹), ou par le fleuve qui fertilise l'Égypte; Chérémon ne rencontrait pas chez eux une interprétation remontant " à des essences incorporelles et vivantes ".

" La plupart d'entre eux (il s'agit toujours de ceux dont Chérémon s'inspirait) (²) assujettissaient notre libre arbitre au mouvement des astres, enchaînant tout, je ne sais comment, par les indissolubles liens d'une nécessité qu'ils appelaient " Heimarméné " et faisant tout dépendre de ces dieux qu'ils vont vénérer dans les temples, devant les statues et les autres emblèmes, comme étant les seuls Libérateurs capables de nous affranchir de la Fatalité (*Λυτῆρας τῆς Εἱμαρμένης*). "

Avec Eusèbe, bornons ici la dernière de nos citations. Elle nous était nécessaire pour achever de montrer les tendances de la *Lettre à Anébon*. On vient de voir que Porphyre ne s'y occupait pas uniquement de métaphysique et de théologie. Il s'y demandait aussi, en vrai moraliste, si la pratique des mystères ne mettait pas le libre arbitre en danger.

Il y aurait moyen de trouver dans les *Ennéades* de quoi répondre à la plupart des questions qui remplissent cette curieuse épître. Elles sont d'ailleurs formulées en termes

---

(¹) Tout ceci rappelle étrangement les allégories que l'on trouvera dans le *Περὶ ἀγαλμάτων* ci-dessous appendice I, p. 12* ss. Il faut noter d'ailleurs que, d'après le témoignage de Porphyre même (ci-dessus p. 13, note 1), Chérémon pratiquait un système d'interprétation allégorique. — Il serait difficile de préciser jusqu'à quel point Porphyre songe encore à ménager le système du *Περὶ ἀγαλμάτων* (cf. ci-dessus p. 22 ss.), que, semble-t-il, il ne s'est jamais cru obligé de renier complètement (cf. par ex. *De antro nymph.*, 10, p. 63, 7 s.). — Quoi qu'il en soit, il se montre à présent plutôt dédaigneux pour les symboles qui remplissaient cette œuvre de jeunesse.

(²) *Praepar. evangel.*, *ibid.* (= fragm. 36, suite); pour le sens de la fin, cf. *De mysteriis*, VIII, 7.

tels que, plus d'une fois, on devine la solution toute prête. « Le démon propre à chacun de nous », demande Porphyre, « ne serait-il pas une partie de notre âme? et ne pourrait-on pas appeler εὐδαίμων (jeu de mots intraduisible) celui qui a l'esprit sage(¹)? » Que l'on se reporte au livre IV de la troisième des *Ennéades*, et l'on verra que la doctrine à laquelle Porphyre fait allusion n'est pas sans rapport avec celle de Plotin (²).

Ailleurs — reprenant en cela une vieille thèse des stoïciens — Porphyre suggère l'idée que certaines prédictions s'expliquent par la sympathie des diverses parties de l'univers (« ἡ συμπάθεια τῶν ὡς ἐν ἑνὶ ζώῳ τῷ παντὶ μερῶν ») : ici encore une fois nous le trouvons d'accord avec les théories de Plotin(³).

Il n'y a qu'un moyen de comprendre ce document. Porphyre a découvert chez son maître les éléments de toute une philosophie religieuse. Il sent qu'il y a là de quoi épurer et transformer les religions populaires. Il voudrait intéresser à l'entreprise

---

(¹) Fragment 44; cf. APULÉE, *De deo Socratis*, 15.

(²) Cf. notamment le chapitre 6, et aussi *Vita Plotini*, 10, où Porphyre cite, à propos du génie de Plotin, la curieuse histoire d'un prêtre égyptien opérant ses prestiges à Rome dans un temple d'Isis; les détails qu'il donne en cet endroit sont à rapprocher de la *Lettre à Anébon*.

(³) Cf. fragment 23 et *Ennead.*, III, 3, 6 etc.; ZELLER, *l. l.*, p. 683 ss. — Le fragm. 26, sur les démons trompeurs, correspond tout à fait à la théorie exposée par Porphyre dans le *De abstin.*, II 39-43. Seulement, dans la *Lettre à Anébon*, Porphyre se contente de signaler la doctrine comme méritant de faire l'objet d'un examen; il ne dit pas qu'il l'adopte (cf. AUGUSTIN, *De civitate Dei*, X 21, p. 419, 12 et 23 ss. éd. DOMBART). — De plus, BERNAYS (*Theophrastos' Schrift über Frömmigkeit*, p. 163) montre que, dans la *Lettre à Anébon*, Porphyre attaque les sacrifices avec les arguments de Théophraste, justement comme il le fera dans le *De abstinentia*. — F. BÖRTZLER (*Porphyrius' Schrift von den Götterbildern*, Diss. Erlangen, 1903, p. 25 ss.) réfute fort bien WOLFF, qui (*l. l.*, p. 31 s.) avait voulu faire de la *Lettre à Anébon* une œuvre antérieure au *Περὶ ἀγαλμάτων*; mais, je ne puis pas donner raison à M. Börtzler, quand il dit (p. 27) que la lettre date d'une époque où Porphyre n'avait pas encore adopté les idées de Plotin.

les dirigeants et les fidèles des mystères. Il ne trouve rien de mieux que de les convier, par une lettre ouverte, à une discussion courtoise. Mais pour cela, il faut les piquer au jeu, leur montrer clairement l'insuffisance des croyances vulgaires et la nécessité d'une interprétation nouvelle, basée sur la philosophie.

Avec sa partie polémique, et avec l'arrière-pensée de conciliation que l'on y devine, la *Lettre à Anébon* est presque le pendant du traité *Κατὰ Χριστιανῶν*. Porphyre veut, par sa critique impitoyable, éveiller chez les païens comme chez les chrétiens des doutes féconds et les attirer à la philosophie. Il appelle à lui tous les hommes de bonne volonté. Mais l'appel ne fut guère entendu. La *Lettre à Anébon* parut bonne à exploiter aux apologistes du christianisme. Ils y virent les aveux d'un païen dégoûté du paganisme. Quant aux adeptes des mystères, ce n'est qu'assez tard qu'ils répondirent. Un des leurs — que ce soit Jamblique lui-même ou quelque autre, peu nous importe ici — prétendit démontrer tout ce que Porphyre contestait, et il le fit avec d'autant plus de sécurité que Porphyre n'était plus là.

D'ailleurs, en parcourant les fragments du *De regressu animae*, on découvre en grande partie les éléments de la solution que Porphyre lui-même avait sans doute en vue quand il formulait ses diverses " apories ". Rien ne pouvait mieux amener un résumé de ce traité qu'un examen de la *Lettre à Anébon*. Celle-ci sert presque de préface au *De regressu*. Elle indique bien l'intérêt et la difficulté des questions auxquelles nous allons trouver une réponse dans les fragments de cet ouvrage caractéristique et baucoup trop ignoré.

IX

LE TRAITÉ SUR LE RETOUR DE L'AME AUPRÈS DE DIEU

Suivant Plotin, " il ne faut pas mépriser les dieux inférieurs qui habitent ce monde, car ce sont autant d'intermédiaires sans lesquels nous tenterions vainement de nous élever vers les dieux intelligibles „ (1). C'est ainsi que le maître faisait dans son système une place au polythéisme. Porphyre élargit la brèche et réussit à y faire passer les pratiques des théurges et des hiérophantes, entre autres celles de ces fameux *Oracles chaldaïques*, qui devaient finir par rivaliser dans l'école avec l'autorité du divin Platon (2).

(1) Vacherot, *Histoire critique de l'école d'Alexandrie*, t. I, p. 492. Cf. Zeller, *Die Philosophie der Griechen*, III 2, p. 564 etc.

(2) C'est vers l'époque de Marc-Aurèle sans doute qu'un thaumaturge du nom de Julien, s'intitulant théurge chaldéen, mit en circulation ces *Λόγια Χαλδαϊκά* dont W. Kroll a réuni les fragments (*De oraculis chaldaicis*, *Breslauer Philol. Abhandl.*, VII 1, 1894; cf. Pauly-Wissowa, s. v. *Χαλδαϊκὰ λόγια* et J. Bidez, *Revue de Philologie*, 1903, p. 79 ss.). On y trouvait, à côté d'un récit de la création imitant celui du *Timée*, un mélange de doctrines platoniciennes, pythagoriciennes, stoïciennes et orientales, avec un culte du feu, une angélologie, une démonologie et toute une théorie du salut de l'âme; bref un syncrétisme que l'on a appelé à bon droit un système de gnose païenne. Ces oracles étaient comme la Bible d'une secte qui dut avoir beaucoup d'adhérents. Dans son *De regressu*, Porphyre a cité abondamment ces oracles (cf. ci-dessous appendice II, fragm. 1). Il y retrouve sa triade suprême : Dieu le Père, l'Intelligence du Père ou le Fils, apparemment le démiurge, et une personne intermédiaire qu'Augustin ne parvient pas à définir (*ibid.*, fragm. 7 ss.).

Parmi les nombreux intermédiaires que Porphyre et les néo-platoniciens introduisirent entre la matière et l'intelligence, le plus important peut-être est cette entité singulière qu'ils appelèrent le véhicule de l'âme (*ὄχημα*) — le " souffle „ ou l' " esprit „ (*πνεῦμα*) — sorte d'enveloppe ténue faite de l'élément le plus subtil et le plus léger. L'âme ne voyage pas, c'est par son action seule qu'elle rayonne et est comme présente en nous. Son véhicule, au contraire, accomplit des pérégrinations immenses. Il nous vient de l'éther. En traversant les sphères des planètes, il se charge de particules formant un mélange dont la composition détermine notre tempérament. Ce corps astral — suivant la doctrine de Porphyre — paraît se rattacher en nous à l'imagination ou, si l'on veut, à l'âme imaginative, appelée expressément " pneumatique ou spirituelle „ dans nos fragments du *De regressu*(1).

Les démons ont, eux aussi, un véhicule, et chez eux, le véhicule est très actif et puissant. Il leur donne la faculté de produire à volonté des *εἴδωλα*, des fantômes, et ils peuvent de la sorte nous hanter d'hallucinations (2). C'est ainsi que,

---

(1) Appendice II, p. 28* 6 (« *parti animae ... spiritali, qua corporalium rerum capiuntur imagines*) ; 32* 1 s. et 23 etc. Cf. Plotin, *Ennead.* II 2, 2 (p. 132, 10) ; IV 3, 15 et 17 etc.; Porphyre, chez Proclus, *In Tim.*, I, 147, 6 ss. et III, 234, 18 ss. éd. Diehl et *In Rempubl.*, II 106 ss. éd. Kroll; *Περὶ τοῦ πῶς ἐμψυχοῦται τὰ ἔμβρυα*, p. 57, 1 ss., et Zeller, *l. l.*, p. 714 s.; F. Cumont, *L'aigle funéraire des Syriens*, *Revue de l'histoire des religions*, t. 61 (1910), p. 161 s.; Reitzenstein, *Poimandres*, 306, note 1 et G. Mau, *Die Religionsphilosophie Kaiser Julians* (Teubner 1907) p. 111 ss.; cf. encore, sur la descente des âmes, *De antro nympharum* 10 ss., et — pour le point de départ de ces croyances — Platon, *Phèdre*, 247 B, *Phédon*, 81 ss. etc., et *Timée*, 41 D E (avec le commentaire de Proclus). — Quant aux rapports que peuvent avoir ces théories avec des doctrines orientales, et même avec certains systèmes hindous, je ne puis songer à les déterminer ici.

(2) Appendice II, fragment 3 surtout, avec les notes. — K. Kalbfleisch (p. 16 de son éd. du *Περὶ τοῦ πῶς ἐμψυχοῦται τὰ ἔμβρυα*) prouve très bien

dans leur vanité, ils se font prendre pour des dieux par les croyants (¹).

A mesure, en effet, que l'âme des hommes se laisse absorber par les préoccupations matérielles et tombe dans le "multiple„, l'intellectualité devient de plus en plus rudimentaire et le véhicule lui-même s'épaissit. Il s'imprègne de particules d'air, et là est le danger. Car l'air est l'habitat des mauvais démons qui sont, dans ce bas monde, les agents de tout ce qu'il y a de malfaisant (²). Par les voies de l'air, ils peuvent prendre contact avec nous, nous infester et nous infecter. Ainsi pervertie, l'âme, après la mort, descendra avec son véhicule dans l'enfer, en attendant que de nouvelles incarnations continuent son châtiment (³).

Notre sort est plutôt sombre et inquiétant. Il n'y a cependant pas lieu de désespérer. On ne doit pas même croire — et pour Porphyre tout est là — que le salut ne dépend pas de nous et qu'il nous faut mendier et obtenir à tout prix le secours

---

que, d'après Porphyre, « die Daemonen ... den ihnen beigesellten luftartigen Leib durch ihre Vorstellungen ... in mannigfachen Gestalten erscheinen lassen ». Cf. encore Proclus, *In Cratylum*, 73, ainsi que *In Tim.* et *In Remp.*, à l'index, *s. v.* πνεῦμα et ὄχημα.

(¹) Sur les textes de Porphyre relatifs aux mauvais démons, cf. G. Mau, *Die Religionsphilosophie Kaiser Julians*, p. 57 avec la note 6, et O. Gruppe, *Griechische Mythologie*, p. 1469 s. Les extraits les plus intéressants se trouvent chez Proclus, *In Tim.* I, 77; 171, 17 ss.; 395, 29 ss.; II, 11, 10 ss. Je ne puis songer à les reproduire au long ici, pas plus que les tirades bien connues du *De abstin.* II, 36 ss. etc.; cf. F. Niggetiet, *De Cornelio Labeone*, Diss. Münster, 1908, p. 25 ss., et ci-dessous p. 100.

(²) Cf. appendice II, p. 29* 1 ss. — En confinant les mauvais démons dans l'air des espaces sublunaires, et en maintenant ainsi la croyance aux dieux sidéraux (cf. ci-dessous appendice II, p. 34* 10 s.), Porphyre ne fait que reproduire un élément traditionnel de la démonologie païenne : cf. Heinze, *Xenokrates* (Teubner, 1892), p. 78 ss.; O. Gruppe, *l. l.*, p. 1469; Zeller, *Philosophie der Griechen* III 2, p. 625; C. Schmidt, *Texte und Untersuchungen*, XX 4, p. 79.

(³) Cf. appendice II, fr. 11, 2; Ἀφορμαὶ πρὸς τὰ νοητά, 29, p. 13 ss. [éd. Mommert avec les notes].

d'un Libérateur étranger [1]. La révélation même n'est pas nécessaire. L'âme possède des facultés capables de la sauver. Elle peut recourir à la raison, et la philosophie lui ouvrira les voies de la connaissance qui permettent le retour vers Dieu [2].

Mais alors, il n'y a de rédemption que pour une élite? Ne faut-il pas s'apitoyer à l'idée du petit nombre des élus? Non, car en faveur de ceux dont l'intelligence est trop inerte pour atteindre à la philosophie, les dieux ont établi les rites du culte. Certaines initiations, celles des théurges chaldéens par exemple, sont d'une efficacité précieuse [3].

Par quels moyens les théurges opèrent-ils? C'est peut-être en partie grâce aux effets de la sympathie universelle. Mais les fragments ne nous fournissent ici que peu de détails. Très certainement Porphyre faisait valoir la libération philosophique bien plus que l'importance ou l'utilité des mystères, et si nos fragments nous parlent surtout de ces derniers, c'est qu'Augustin s'emparait avidemment de toutes les concessions que le philosophe leur faisait; il s'agissait en effet pour l'auteur de la *Cité de Dieu* de démontrer que le disciple de Plotin tombait lui-même dans toutes les aberrations du polythéisme.

Il est d'ailleurs permis de croire que Porphyre ne gardait pas toujours une attitude suffisamment ferme et que, dans son apologie des mystères, il laissait deviner un certain embarras de nature à nuire à la netteté de son exposé [4]. Quoi qu'il en soit, c'est bien sur l'âme " pneumatique " — et par elle sur l'imagination — que les cérémonies liturgiques agissaient. Elles lui présentaient des symboles de nature, semble-t-il, à suggérer une réminiscence et un vague aperçu

---

(1) Sur l'importance attachée par Plotin à la démonstration du libre arbitre, cf. C. SCHMIDT, *l. l.*, p. 79 ss.

(2) Cf. appendice II, spécialement les fragments 7 ss.

(3) Cf. *ibid.*, p. 28* ss.

(4) Cf. *ibid.*, p. 27* 22 s.; 34* 28 ss.; 35* 18 ss.

de la vérité. Les rites apaisent les mauvais démons qui obsèdent le véhicule. Par des visions merveilleuses, ils font vivre l' " esprit " dans la société des anges et des dieux. Ils nous rendent aptes à recevoir leur visite (1).

En vertu sans doute de la loi de l'assimilation, à force de contempler ces êtres purs, l'homme se dégage des influences pernicieuses et se débarrasse de tout effluve malsain. La purification progresse à mesure que l'esprit laisse se produire en lui l'effet de sa dévotion, et la pratique de la continence — qui pourrait à la rigueur suffire (2) — rendra son affranchissement plus sûr encore. Le succès définitif n'est cependant pas certain. Bien qu'elle soit essentiellement différente de la magie vulgaire, la théurgie est toujours aléatoire, décevante et dangereuse. D'abord elle est menacée par les lois (3). De plus il faut tenir compte du péril inhérent au maniement de ses formules, qui constituent un instrument des plus compliqués. Les êtres surnaturels que l'on invoque peuvent n'être pas d'accord et se contrecarrer (4). Il faut savoir les prendre. Le théurge doit être stratège et diplomate, et le plus habile est toujours exposé à quelque méprise ou même à la contre-opération de quelque concurrent jaloux. Tel fut le cas de ce " bon Chaldéen " que soudain un envieux paralysa (5). Et si les opérations traînent en longueur, il y a un autre danger : c'est qu'une mort inattendue vienne enlever le patient avant l'heure (6).

---

(1) Cf. appendice II, p. 28* 5 ss.; 29* 3 ss.; 31* 10 ss. et 16 ss.; fragment 6 avec les notes. De plus voir Porphyre chez Proclus, *In Tim.* I, 152, 12 ss.; Wolff, *De or. philos.*, 228; Hiéroclès, *In aur. carmen*, 26; G. Mau, *Die Religionsphilosophie Kaiser Julians*, p. 68 ss.; A. Harnack, *Texte und Untersuchungen* XXXVII, 4, p. 86, 11 ss. et 125.

(2) Cf. appendice II, p. 35* 13 ss., et F. Cumont, *Les religions orientales dans le paganisme romain*, 2e éd., p. 62 ss.

(3) Cf. *ibid.*, p. 27* 11 ss. et 27 ss.; 34* 27 ss.; 35* 22 s.

(4) Cf. *ibid.*, fragments 2 ss., spécialement p. 30* 22 s.

(5) Cf. *ibid.*, spécialement p. 29* 16 ss., etc.

(6) Cf. *ibid.*, p. 35* 16 ss., et 29* 9 ss.

Si, par contre, l'initiation a produit tous ses effets, un démon ami prête son intervention secourable. Il élève le véhicule dans les airs et le fait monter jusqu'aux portes des sphères, car l'esprit, dégagé de ses particules lourdes et grossières, est préparé à cette ascension. Puis l'âme, comme sublimisée, séjourne dans l'une ou l'autre des planètes, suivant ce qu'elle est et ce qu'elle a fait (1). Elle redescendra peut-être encore sur la terre, mais elle obtiendra une incarnation en progrès sur la précédente; en aucun cas, elle ne subira l'humiliation d'entrer dans le corps d'un animal (2) et, si elle continue à faire un bon usage de son libre arbitre, elle pourra espérer, semble-t-il, pour les temps à venir, la libération philosophique, qui est définitive.

Aux yeux de Porphyre, celle-ci seule compte en effet, car, seule, elle donne à l'âme en exil le retour " auprès du Père „, c'est-à-dire la délivrance absolue des liens du corps (3) et une félicité sans fin (4). Par la science et la continence, par la seule vertu des principes, c'est-à-dire par le rayonnement intellectuel du *Νοῦς πατρικός* (5), sans mystères, ni rites, ni théurgie, le philosophe tient son esprit dans un état

---

(1) Cf. *ibid.*, p. 29* 4 ss.; 32* 1 ss. et 21 ss.; 34* 10 s. et 24 ss.; 41* s.; ZELLER, *Philosophie der Griechen* III 2, p. 715.

(2) Cf. *ibid.*, fragments 11, 1 ss. — Porphyre insiste sur ce point et ne craint pas, ici, de s'opposer à la doctrine de Plotin lui-même (*Ennead.* III 4, 2 etc.; ZELLER, *l. l.*, III 2 p. 645). Cf. ci-dessous, *l. l.*, p. 38* 10 ss. avec les notes, et PORPHYRE chez ÉNÉE DE GAZA, *Theophrast.*, p. 12, 11 ss. éd. BOISSONADE, ainsi que chez STOBÉE, *Ecl.* I, 49, 60, p. 447, 10 ss. éd. WACHSMUTH.

(3) Porphyre nie formellement, ici encore, le dogme chrétien de la résurrection : cf. appendice II, fragments 11, 2 ss., surtout p. 41* 35 s.

(4) Cf. *ibid.*, fragments 2 ss. (p. 27* 23 ss.; 32* 23 ss.) et 11, 2 ss.; PROCLUS, *In Tim.* III 231, 5 ss. éd. DIEHL; ZELLER, *l. l.*, III 2, p. 715 et (sur Plotin) p. 643 ss.

(5) Cf. appendice II, fragments 7 ss., et ZELLER, *l. l.*, p. 717 s. — Sur l'enseignement tout opposé des mystiques qui ne font valoir que la « gnose » et dédaignent l'abstinence et les autres pratiques, cf. *De abstin.* I, 42 et C. SCHMIDT, *Texte und Untersuchungen*, XX 4, p. 45 avec la note 2.

de pureté parfaite. Il affranchit à jamais son âme par la contemplation du Bien. Il se détache du corps et, quand vient pour lui l'heure de la mort, aucun démon, aucun ange, aucun dieu même ne devra lui prêter son assistance (1). Libre, allégé au point d'être sûr de son vol, son véhicule retournera vers les sphères et là, affaibli comme par un manque d'exercice (car le philosophe se complaît dans d'autres domaines que ceux de l'imagination), il devra se dissoudre. L'âme alors rayonnera sans que rien ne la distraie plus d'une éternelle extase et d'un bonheur infini. Elle aura appris, pendant son séjour ici-bas, à connaître le mal, à le haïr et à l'éviter à jamais (2).

Dans les divers éléments de cette théorie du " retour de l'âme à Dieu „ on chercherait en vain quelque idée originale. Le mythe de la descente et de l'ascension des esprits à travers les sphères (3), le mysticisme astral (4), la démonologie et même l'angélologie de Porphyre étaient depuis longtemps acclimatés en Grèce (5); la distinction à faire entre la magie et la théurgie (6), le rôle purificateur attribué à la philosophie, avec les plus belles des images qui animent l'exposé du *De Regressu*, étaient familières, sous l'Empire, aux théologiens platonisants (7). Le travail

---

(1) D'après Proclus, *In Tim.* I, 207 ss. éd. Diehl, Porphyre ne déconseille cependant à personne la prière.

(2) Cf. appendice II, fragments 7 ss., entre autres p. 39* 4 ss.

(3) Cf. F. Cumont, *Les religions orientales dans l'empire romain*, 2e éd., p. 187 ss. avec les notes.

(4) Cf. F. Cumont, *Le mysticisme astral dans l'antiquité, Bulletins de l'académie royale de Belgique, classe des lettres* etc., mai 1909.

(5) Cf. ci-dessus, p. 90, note 2, et Heinze, *Xenokrates*, *l. l.*

(6) Cf. par exemple O. Gruppe, *Griechische Mythologie*, p. 1484 ss.; F. Cumont, *Les religions orientales*, etc., p. 278 ss. et 405, note 68 (sur le premier emploi du mot θεουργός). On retrouverait des conceptions fort voisines de celles-là chez nos mystiques modernes : cf. par exemple E. Spenlé, *Novalis* (Paris, 1904), p. 90 ss.

(7) Sur l'immortalité réservée à une élite et le rôle de la philosophie, cf. par exemple Platon, *Phédon* 69 CD. — En dépit des contradictions, il y a une certaine affinité entre ces doctrines de Porphyre et celles

personnel de Porphyre consiste dans l'arrangement de tous ces éléments en un vaste ensemble, qu'il composa pour mettre en lumière et répandre les idées de Plotin.

Si l'on possédait au complet le *De regressu*, il serait bien intéressant de le rapprocher, trait par trait, de la *Lettre à Anébon*. On verrait ainsi, en regard de chacune des questions posées au prêtre égyptien, la réponse que Porphyre formula lui-même dans sa propre théologie. Mais, tout mutilés qu'ils sont, nos fragments sont déjà fort instructifs à cet égard. Nous y voyons, par exemple, que Porphyre prétend reconnaître les dieux et savoir les distinguer des diverses espèces d'anges et de démons. Il semble assuré de ne pas les confondre dans les évocations, et il admet qu'ils aient, dans le monde, des domaines spéciaux (1).

Il comprend et fait valoir la vertu des rites, et les apparitions s'expliquent fort bien à ses yeux (2). Enfin et surtout il répand sur " la voie du bonheur " les lumières qu'il demandait en vain aux disciples de Chérémon. L'idéal serait pour lui ce que saint Augustin appelle l' " *universalis via animae liberandae* ", c'est-à-dire une religion universelle, où seraient confondus Grecs et Barbares aussi bien que riches et pauvres, hommes libres et esclaves, ignorants et lettrés. Mais il avoue n'avoir trouvé cette voie universelle du salut ni chez les plus éclairés des philosophes, ni chez les nations les plus versées dans les choses divines, pas plus chez les Brahmanes que chez les Chaldéens (3). Il en est réduit à séparer l'élite et la masse, bien qu'il eût préféré faire autrement; c'est à l'élite qu'il parle de préférence et il lui réserve les vraies promesses de bonheur. Haussé comme son maître Plotin " sur le cothurne d'une

---

d'Origène : on s'en apercevra en consultant par exemple Harnack, *Dogmengeschichte* (4e éd.), t. I, p. 655 ss., et *Texte und Untersuchungen*, VIII, 4 (1892), p. 139 ss.

(1) Cf. appendice II, p. 29* ss., 33* ss., etc.

(2) Cf. *ibid.*, p. 28* ss.

(3) Cf. *ibid.*, fragment 12.

doctrine soi-disant sublime „, il est de ces hommes d'orgueil à qui — selon Augustin (1) — n'arrive pas la voix de Jésus disant : " Apprenez de moi que je suis doux et humble de cœur et vous trouverez le repos de vos âmes (MATTH. 11, 29) „.

Le philosophe tient au fond en assez piètre estime sacerdoces et théurgies. Parmi ceux qui le liront, bien peu sans doute continueront à rester les clients des mystères au risque d'être déçus par des hiérophantes malhabiles ou de rusés démons. Certes, le fardeau de la vie pèse moins lourd, quand le malheureux qui le porte aperçoit la demeure au seuil de laquelle on viendra l'en débarrasser; mais ce n'est pas dans les cavernes des mithriastes ni dans les sanctuaires d'Isis que — d'après l'auteur du *De regressu* — l'homme trouvera le vrai repos : il faut aller le chercher auprès de Plotin.

Porphyre eut beau faire des concessions : il ne pouvait réussir, avec de telles théories, à se poser en défenseur des autels ni à se faire agréer comme un auxiliaire par les prêtres. Les mystagogues durent se détourner de lui. Mais bientôt ils virent l'école néo-platonicienne témoigner plus de respect pour leurs prétentions. Chez Jamblique déjà, les vertus hiératiques et théurgiques sont placées au-dessus des vertus philosophiques (2). Eunape (3) nous montre ce successeur de Porphyre évoquant de l'eau des fontaines les génies de l'Amour,

---

(1) *Confess.* VII 9, p. 156, 2 ss. éd. KNÖLL. — Cf. le développement très juste de C. SCHMIDT, *Texte und Untersuchungen*, XX 4, p. 81.

(2) Cf. OLYMPIODORE, *In Platonis Phaedonem*, § 143 et § 170 : *Ὅτι οἱ μὲν τὴν φιλοσοφίαν προτιμῶσιν, ὡς Πορφύριος καὶ Πλωτῖνος ... οἱ δὲ τὴν ἱερατικήν, ὡς Ἰάμβλιχος καὶ Συριανὸς καὶ Πρόκλος καὶ οἱ ἱερατικοὶ πάντες.*

(3) *Vit. Sophist.*, p. 15 s. (éd. BOISSONADE 1822). — K. PRÄCHTER (*Richtungen und Schulen im Neuplatonismus, C. Robert's Genethliakon*, Berlin 1910, p. 113 ss., spécialement p. 117) pousse un peu loin l'esprit de système, tout en faisant d'excellentes remarques. Il ne tient pas assez compte par exemple (p. 117) de la différence qu'il y a, chez Eunape, entre les notices consacrées à Plotin et à Porphyre et celles qui les suivent. Eunape n'a pas pu attribuer aux deux premiers autant d'opérations théurgiques qu'aux autres : en cela, il fournit un témoignage précieux.

Éros et Antéros : deux jolis enfants qui embrassent Jamblique comme leur père puis se retirent au premier mot. Quant à Proclus, il professera pour les oracles des théurges la foi la plus farouche : “ Si j'étais le maitre ,, avait-il coutume de dire à ses disciples (¹), “ j'anéantirais tous les livres pour n'en conserver que deux : les *Oracles* des Chaldéens et le *Timée* de Platon ,,.

(¹) Cf. MARINUS, *Vita Procli*, fin.

X

LE TRAITÉ SUR L'ABSTINENCE DE LA CHAIR DES ANIMAUX

L'opposition établie entre le philosophe et le vulgaire; l'idée que les rites et les cultes les plus grossiers doivent être tolérés, vu les besoins de la masse des hommes absorbés par les préoccupations du monde; le mépris de la matière et l'ascétisme recommandés pour celui qui s'adonne à la pratique de la philosophie; et encore la distinction d'une magie licite et d'une sorcellerie condamnable, nous retrouvons toutes ces thèses dans le traité de l'*Abstinence de la chair des animaux*, qui à cet égard complète fort heureusement les fragments du *De regressu*.

Castricius était un de ces Romains riches qui vouèrent un culte à la personne et aux idées de Plotin. D'après le témoignage de Porphyre lui-même, il se faisait presque le serviteur d'Amélius, tant il avait de prévenances et d'attentions pour lui, et il traitait Porphyre comme un frère (1). Lorsque Plotin, malade, vint passer ses derniers jours en

(1) Cf. *Vita Plotini*, 7. — Castricius Firmus composa un commentaire du *Parménide* de Platon, semble-t-il (DAMASCIUS, *Vita Isidori*, chez PHOTIUS, *Biblioth.*, Cod. 242, p. 351a 33); tout récemment, TH. W. ALLEN (*Homeri opera*, t. V, p. 256) a découvert, d'un Castricius « de Nicée », un fragment conservé dans une vie d'Homère, probablement par l'intermédiaire de Porphyre.

Campanie, Castricius lui envoyait de ses propriétés de Minturnes ce dont il avait besoin ([1]).

Toutefois, parmi les disciples de Plotin, Castricius n'était pas un représentant de la stricte observance. Il appartenait à un groupe qui refusait de se désintéresser des affaires publiques et qui allait bientôt, avec Hiéroclès, favoriser la persécution contre les chrétiens, puis, avec Julien, faire du néo-platonisme une sorte de religion d'État. A un moment donné, Castricius, de même que plusieurs autres membres de l'école, renonça au végétarisme. Il est à présumer qu'il le trouvait injustifiable en théorie, et de plus inconciliable avec le respect du culte établi, ainsi qu'avec les exigences de la vie active; il semble même qu'il donna des conférences publiques pour expliquer son attitude ([2]). Cela se passait à un moment où Porphyre était éloigné de lui, Castricius continuant à habiter Rome apparemment, tandis que son ami se trouvait encore à Lilybée ([3]). Pour ramener Castricius à toute la rigueur de l'ascétisme, Porphyre composa un traité *De abstinentia*. A côté de l'argumentation traditionnelle des végétariens, dont Bernays a fait une analyse magistrale et pour laquelle Plutarque et Théophraste surtout furent mis à contribution, cet ouvrage reproduit, comme si son auteur la faisait sienne, toute une théorie des sacrifices que je dois résumer ici.

Le vrai philosophe — dit Porphyre —, celui qui travaille à dégager son âme des liens de la matière, doit s'imposer l'abstinence de la viande; sinon, alourdissant son corps, stimulant ses appétits, il nuira à l'émancipation de son âme et à son salut ([4]). Quant aux rites du culte qui impliquent

---

([1]) Cf. *Vita Plotini*, 2 et 7.

([2]) Cf. *De abstin.*, I, 4 ss., 24 s., 26 fin, etc.

([3]) C'est là une hypothèse fort plausible de Bernays (*Theophrastos' Schrift über Frömmigkeit*, p. 4 ss., et 138; cf. *De abstin.*, I, 1 ss.) approuvée depuis par les meilleurs juges (Zeller, *Die Philosophie der Griechen*, III 2, note 1 de la p. 693 et A. Harnack, *Texte und Untersuchungen*, XXXVII 4, p. 118, note 1; cf. *ibid.*, 116, note 1).

([4]) *De abstin.*, I, 32 s., 38 et 46 ss., etc. Cf. Hiéroclès, *In aur. carmen*, 26.

l'immolation des animaux, puis comportent des repas où l'on en consomme les restes, ils sont bons pour le vulgaire, chez qui le philosophe se résigne à les tolérer [1]. Il convient en effet de distinguer le culte du dieu suprême, celui des dieux intelligibles, celui des dieux visibles, enfin celui des bons et des mauvais démons. D'autre part, la piété veut qu'on offre en sacrifice les prémices des biens de l'âme ou du corps. Au dieu suprême, on réservera donc la contemplation silencieuse de l'Être; aux dieux intelligibles, un hymne d'idées pures; en l'honneur des dieux visibles, on fera brûler un feu que rien n'aura souillé; aux démons bienfaisants, on apportera un choix des fruits de la terre [2]. Seuls, les mauvais démons, qui rôdent dans les espaces sublunaires et qui sont les auteurs de toutes les calamités de ce bas monde, prennent plaisir à l'immolation des victimes. Êtres violents et rusés, tentateurs et imposteurs, assujettis eux-mêmes aux passions de leur propre corps, ils favorisent les artifices de la plus basse sorcellerie, et ils viennent se repaître des sacrifices sanglants que les magiciens font en leur honneur [3]. Les pratiques au moyen desquelles on apaise ces esprits malfaisants sont-elles nécessaires " aux cités "? Qu'importe! Le philosophe peut et doit s'en abstenir [4]. Il lui faut se

---

(1) *Ibid.*, I, 27 ss.; II, 52, etc.

(2) *Ibid*, II, 34 ss. Cf. le bel extrait de Porphyre sur la prière conservé chez PROCLUS, *In Tim.*, I 207 ss. éd. DIEHL. Cf. aussi Apollonius de Tyane chez EUSÈBE, *Praepar. evangel.*, IV, 13.

(3) *De abstin.*, II, 36 ss. On trouve des idées analogues chez Cornélius Labéon (AUGUSTIN, *De civit. Dei*, VIII, 13 et ARNOBE, *Adv. nat.*, IV, 12 et VII, 24). — Sur les origines orientales de cette théorie et sur ses rapports avec l'enseignement des mystères, cf. F. CUMONT, *Les religions orientales dans le paganisme romain*, 2e éd., p. 388 ss. Cf. notamment p. 388 : « On pourrait presque donner (de l'exposé de Porphyre) un commentaire perpétuel à l'aide des livres mazdéens ». — Il y aurait lieu de rapprocher de cette démonologie du *De abstinentia* certains extraits du *Περὶ Στυγός* de Porphyre (cf. STOBÉE, *Ecl.*, I 49, 50 ss.). Voir encore ci-dessus p. 89 s.

(4) *De abstin.*, II, 43. Cf. BOUCHÉ-LECLERCQ, *Histoire de la divination dans l'antiquité*, t. I (1879), p. 86 s.

consacrer tout entier au sacerdoce auguste du dieu suprême (1).

En somme, Porphyre enseigne à une élite le moyen de se passer des rites de la religion établie. Il est plein de dédain pour les philosophes qui se bornent à justifier le culte traditionnel des idoles (2). Toutefois, il ne va pas jusqu'à réprouver les pratiques consacrées par la coutume. Il rejette la sorcellerie, mais il admet que les cités perpétuent les cérémonies de leurs chapelles et de leurs temples. Il ne s'occupe pas de refaire une cité modèle (3).

Visiblement, cet écrit se ressent de la qualité du personnage à qui il est dédié. C'est pour un disciple de Plotin que Porphyre parle ici; aussi les besoins du vulgaire sont-ils fort à l'arrière-plan. Ils ne sont cependant pas sacrifiés tout à fait. C'est par égard pour eux que la vieille liturgie païenne est tolérée.

Nous voyons maintenant, dans leur ensemble, les idées de Porphyre sur la religion. Il en fait un système à trois degrés : tout en bas, il range les cultes des cités, qui protègent la masse contre les calamités en apaisant les mauvais démons, et à côté d'eux il nous montre, dans l'ombre, les pratiques criminelles de la sorcellerie; — viennent ensuite les rites des mystères, où l'on fait apparaitre à l'imagination purifiée des visions d'êtres surnaturels; où l'on adore, par le culte du feu, les dieux visibles et où l'on sanctifie la partie pneumatique de l'âme (4); — enfin, tout en haut de cette échelle mystique, le philosophe place la contemplation béatifique qu'il réserve au sage.

---

(1) *Ibid.*, II, 49, Porphyre oppose le philosophe, « *ὁ τοῦ ἐπὶ πᾶσιν θεοῦ ἱερεύς* », aux prêtres *τῶν κατὰ μέρος θεῶν*.

(2) *De abstin.*, II, 35.

(3) *Ibid.*, II, 43 et 33 : *ἐγὼ δὲ τὰ μὲν κεκρατηκότα παρ' ἑκάστοις νόμιμα λύσων οὐκ ἔρχομαι· οὐ γάρ μοι περὶ πολιτείας νῦν πρόκειται λέγειν*; cf. aussi ci-dessus p. 100, note 1. Tout ceci est à rapprocher du dédain pour le *πολιτικός* qui est si sensible dans les *Ἀφορμαί*, § 32, et dans mainte anecdote de la *Vie de Plotin*. Cf. ci-dessus p. 41, 48 et 67 s.

(4) Cf. ci-dessus p. 89 ss.

Au fond, dans ce compromis entre le rigorisme de Plotin et les exigences de la propagande, les anciens cultes sont traités assez mal et nous avons déjà vu que l'école se hâta de leur faire une situation plus honorable. Représentant d'une transition, Porphyre s'exposa à la fois aux attaques des païens, qui le trouvèrent trop tiède, et des chrétiens, qui l'accusèrent de plagier l'Écriture pour défendre l'idolâtrie.

Je me suis arrêté un peu longuement à analyser ici certaines parties du *De regressu* et du *De abstinentia*, parce que nous y voyons Porphyre arrivé au terme de son évolution. Désormais, il possède une doctrine ferme et définitive. Il a une démonologie, une angélologie et une théologie bien arrêtées. Il sait ce qu'il faut penser des religions nationales aussi bien que de la liturgie des mystères. Tous ces oracles d'Apollon, d'Hécate et de Sérapis, qui lui tenaient lieu de révélation dans un de ses premiers ouvrages, ne sont plus à présent les vrais inspirateurs de sa pensée. Certes, il recommande encore, pour qui n'a pas mieux, ses anciennes dévotions, mais les voix qui lui parlent maintenant viennent de plus haut. Au lieu de se complaire au spectacle des forces merveilleuses de la nature et du divin chef-d'œuvre d'un *Νοῦς* démiurge, dont sa piété vénérait jadis les symboles dans les vers d'Orphée et dans les statues des temples, c'est au Bien suprême, c'est à l'Un de Plotin qu'il rêve d'offrir comme hostie la silencieuse élévation d'une âme pure.

XI

RETOUR A ROME. PORPHYRE CHEF D'ÉCOLE. ÉCRITS DIVERS.

Le mauvais exemple que donnait Castricius contribua peut-être à hâter le retour de Porphyre à Rome. D'autres défections, plus graves, étaient à craindre. Les disciples de Plotin manquaient de direction. Il y avait à prendre au milieu d'eux le rôle d'un directeur de conscience. La perspective était séduisante. Elle ne pouvait manquer d'attirer un propagandiste aussi actif que l'était Porphyre. Il vint donc remplacer dans la capitale le maître qui avait disparu (1). Il devait être alors dans la force de l'âge. Sa santé était rétablie. A son tour, il devint chef d'école. Mais nous ne pouvons faire

(1) Ce retour à Rome est attesté par Porphyre lui-même (*Vita Plotini*, 2, p. 4, 9 éd. Volkmann : *ἐπανελθόντι*; cf. *ibid.*, l. 32 : *τελευτῶντι δὲ αὐτῷ* etc.). De plus, voir Eunape ci-dessous, appendice III, p. 49* 14 : *Αὐτὸς μὲν οὖν ἐπὶ τὴν Ῥώμην ἐπανῆλθε.* — Il serait oiseux de réfuter en détail les hypothèses échafaudées par Parisot (*De Porphyrio tria tmemata*, Paris, 1845, p. 37 s.). On n'a pas pris au sérieux cette reconstruction de la vie de Porphyre. Les mots *ὁ καθ' ἡμᾶς ἐν Σικελίᾳ καταστάς* d'Eusèbe (*Hist. eccl.*, IV, 19, 2) se rapportent à la composition du *Κατὰ Χριστιανῶν*. Zeller (*Philosophie der Griechen*, III 2, note 1 de la p. 693) avance à la légère que c'est en Sicile que Porphyre a épousé Marcella : quand ce mariage eut lieu, le philosophe était assez âgé (cf. *Ad Marcell.*, 1, p. 273, 13 : *εἰς τὸ γῆρας ἀποκλίναντι*); tout nous porte à croire qu'il est revenu à Rome avant cela et rien ne prouve que, de Rome, Porphyre serait reparti une deuxième fois pour la Sicile.

sur l'organisation de ses leçons et sur leur succès que des hypothèses. La *Vie de Plotin* ne nous en parle pas et une obscurité presque complète enveloppe les dernières années de Porphyre. Eunape, il est vrai, nous dit que l'élève de Plotin donnait des conférences publiques et qu'il remplit la ville du bruit de son nom. Ce que les doctrines du maître avaient d'abstrus, Porphyre l'éclairait, grâce à la netteté de ses idées et à l'étendue de ses connaissances, grâce aux dons d'Hermès qui faisaient de lui un vulgarisateur admirable (1). Tout cela est fort plausible et, si Eunape ne l'avait pas raconté, nous aurions dû le supposer. Malheureusement, on ne voit pas toujours, quand on lit Eunape, s'il répète un témoignage ancien, ou bien s'il se laisse aller à sa fantaisie.

Quoi qu'il en soit, Porphyre eut des disciples marquants dont les noms figurent parmi les fragments de ses écrits mêmes : nous pouvons citer le sénateur Chrysaorios, à qui il dédia une série d'opuscules déjà mentionnés ci-dessus ; — Némertius, qui est nommé dans le titre d'un traité sur la Providence ; — Gédalius, à qui est adressé le grand commentaire des *Catégories* où Porphyre réfute les objections de Plotin ; — le Gaurus du traité *Περὶ τοῦ πῶς ἐμψυχοῦται τὰ ἔμβρυα* que M. Kalbfleisch a retrouvé et publié récemment. Gédalius et Gaurus furent eux aussi, sans doute, des élèves de Porphyre à Rome. En tout cas les ouvrages en tête desquels leur nom figure sont pleins des doctrines de Plotin (2). On est d'accord

---

(1) Cf. appendice III, p. 49* 14-22. — PARISOT (*l. l*, p. 38) lit chez Eunape que le Sénat fit ériger une statue à Porphyre !

(2) C'est manifeste pour le commentaire dédié à Gédalius, vu que Plotin y est cité très souvent. — Pour le *Πρὸς Γαῦρον*, voir K. KALBFLEISCH, dans son édition du *Περὶ τοῦ πῶς ἐμψυχοῦται τὰ ἔμβρυα*, notamment p. 14 ss., etc. — Je ferai remarquer en outre que, dans ce même traité, Porphyre fait allusion aux *Χαλδαϊκὰ λόγια* : cf. p. 57, 3-4 ; 35, 9 ss. et 49, 16 avec KROLL, *De oraculis chaldaicis*, p. 47 et 64. — Il ne faudrait pas croire d'ailleurs que Porphyre s'intéresse, dans ce traité, à une question de science : il veut uniquement montrer que Platon ne s'est pas trompé dans un mythe de la *République*. Cette dissertation se rattache ainsi aux autres écrits relatifs à l'exégèse de Platon (cf. KALBFLEISCH, *l. l.*, p. 6 ss.). Voir ci-dessous appendice IV.

pour ranger Jamblique au nombre des auditeurs de Porphyre à Rome. Celui-ci devait le connaître fort bien; du moins il lui dédie son traité sur le précepte " *Γνῶθι σαυτόν* „ (1). Quant à Anatole, c'est peut-être à Athènes uniquement qu'il a vu Porphyre (2).

A ces noms, nous pouvons ajouter encore celui de Théodore d'Asiné, qui eut avec Jamblique des polémiques dont une lettre de l'empereur Julien, retrouvée récemment, semble avoir conservé la trace (3). Théodore dut rencontrer Porphyre à Rome, alors que celui-ci était déjà fort âgé, et les progrès rapides qu'il fit en ascétisme, sous la direction de son maître, restèrent célèbres dans l'école (4). On serait tenté de faire figurer encore sur la liste des disciples de Porphyre Hiéroclès, le gouverneur de Bithynie qui persécuta les chrétiens et dont Chateaubriand a fait un personnage d'épopée. Malheureusement nous ne pouvons dire s'il a connu Porphyre personnellement, ou simplement par la lecture de ses livres (5).

---

(1) Cf. appendice III, p. 51* 18 et 52* 3 s., et appendice IV; SUIDAS, s. v. *Πλωτῖνος* et *Ἰάμβλιχος*; ZELLER, *Philosophie der Griechen*, III 2, p. 737, note.

(2) C'est à Anatole en effet que Porphyre paraît avoir dédié ses *Ὁμηρικὰ ζητήματα*. Cf. ci-dessus p. 32; RIESS, dans PAULY-WISSOWA, RE, s. v. Anatolius, nº 12; ZELLER, *l. l.*, p. 736, note 1; ci-dessous appendice III, p. 51* 16.

(3) Cf. la quatrième des épîtres découvertes par A. Papadopoulos-Kerameus dans un manuscrit de Chalcé, *Rhein. Mus.*, 1887, p. 25 [ép. 4, l. 7 ss.].

(4) DAMASCIUS, *Vita Isidori*, chez PHOTIUS, *Biblioth.*, Cod. 242, p. 346 b 19 ss. : *οὐ γὰρ ἐπιδιδόναι ῥᾳδίως, οὐδὲ ἦν αὔξεσθαι κατὰ πῆχυν, ὥσπερ Θεόδωρος ὁ Ἀσιναῖος ηὐξήθη ὑπὸ τῷ Πορφυρίῳ*. — Cf. ZELLER, *Philosophie der Griechen*, III 2, p. 783, note 1.

(5) Hiéroclès avait certainement introduit dans son *Φιλαλήθης λόγος* des emprunts au traité de Porphyre contre les chrétiens. Cf. K. J. NEUMANN, dans HERZOG-HAUCK, RE, s. v. Hierokles, et E. SCHWARTZ, dans PAULY-WISSOWA, RE, t. 6, col. 1394 s. — ZELLER (*l. l.*, 735, note 5) mentionne encore — comme ayant pu être au nombre des élèves de Porphyre — Ptolémée le platonicien, un certain Ératosthène et Aristide Quintilien. Sur ce dernier cf. J. CAESAR, *Die Grundzüge der griechischen Rhythmik*, Marbourg, 1861, index, *s. v.* Porphyrius; et ind. Marbourg, 1882/3 et 1884 avec l'appréciation de VON JAN, dans PAULY-WISSOWA, RE, t. II, col. 895.

Au rôle de Porphyre comme chef d'école, nous devons rattacher l'élaboration (1) des *Ἀφορμαὶ πρὸς τὰ νοητά*, sorte de livre de méditations que l'on pourrait intituler " Trésor de pensées pour l'âme qui veut arriver à l'Intelligible „. En parcourant ce recueil, composé tantôt de sentences brèves et concises, tantôt de longs commentaires, on est frappé de l'insistance avec laquelle Porphyre fait ressortir l'opposition du monde sensible et du monde intelligible. Plotin l'avait supposée connue et admise. Porphyre s'attache longuement à l'inculquer dans les âmes (2). Cela seul suffirait à caractériser son rôle. Plotin a conçu le système. Porphyre ne veut ni le modifier, ni le dépasser; il se contente de le vulgariser. Il le met à la portée de toutes les intelligences de bonne

---

(1) Il s'agit bien ici, en effet, de l'élaboration, et non de la publication, qui a pu se faire seulement sur le tard, en même temps que celle des *Ennéades*. — Le dernier éditeur des *Ἀφορμαί*, B. MOMMERT (Teubner, 1907, p. XXV ss.), renouvelle l'ancienne thèse de Holstein, que CREUZER (*Plotini Enn.*, Didot, p. XXVII), A. RICHTER (*Fichtes Zeitschr. für Philosophie*, t. 52, 1868, p. 230 ss.) et LÉVÊQUE (*Les Ennéades de Plotin*, trad. BOUILLET, t. I, p. XLIX ss.) avaient rejetée, et il pense que les *Ἀφορμαί* ne sont ni les sommaires, ni les arguments, ni les commentaires dont Porphyre avait muni son édition des *Ennéades* (cf. *Vita Plotini*, 26 et ci-dessous appendice III, p. 47* 12 s. et 49* 8 ss.). C'est en réalité une sorte de manuel, rédigé souvent avec les expressions mêmes de Plotin, et destiné à servir d'introduction à la philosophie. Cf. sur ce point les remarques que j'ai publiées *Byzant. Zeitschr.*, t. 18 (1909), p. 188. Quant à l'édition de B. MOMMERT, elle doit, en beaucoup d'endroits, être corrigée conformément aux observations faites par P. HESELER, *Zu Porphyrius' Schrift Ἀφορμαὶ πρὸς τὰ νοητά*, Progr. Kreuznach, Pâques 1909. Je me bornerai pour ma part à mentionner ici un texte intéressant, que je cite d'après le *Mediceus* B des *Ennéades* (*Laurentianus* 85, 15, du XIVe siècle). Ce manuscrit présente dans la marge du f. 176^v (en regard d'*Ennead.*, VI, 9, 8, p. 519, 1-11 éd. VOLKMANN) la note suivante, écrite par la première main : *ὡσ καὶ πορφύριοσ ἐν τοῖσ περὶ νο<η>τῶν ἀφορμῶν ᾱ· πηγὴ γὰρ* ... jusqu'aux mots *ἃ ἔχει* (= p. 45, 15 s. éd. MOMMERT ; cf. la note de CREUZER, p. 1402 de l'éd. des *Ennéades* d'Oxford). Ce texte achève d'établir que nous n'avons des *Ἀφορμαί* qu'un choix fort incomplet d'extraits.

(2) Cf. ZELLER, *Philosophie der Griechen*, III 2, p. 527 et 702 ss.

volonté. Il se fait éducateur. Or quiconque aspire à la conquête de l'intelligible doit se pénétrer d'abord de l'opposition de ce qui est et de ce qui paraît; se détacher des séductions des sens; rentrer en soi-même et y chercher l'Être et Dieu : voilà le point de départ pour arriver à la vision éternelle; voilà le genre d'activité par où le philosophe établit sa supériorité sur l'homme politique. C'est précisément à cette sorte d'initiation — ou, pour employer la terminologie de Porphyre lui-même, à cet enseignement pratique des vertus purificatives (1) — qu'est consacrée la plus grande partie de ce que l'on a pu appeler la propédeutique de sa philosophie (2).

Pour Plotin, l'étude et la pratique des vertus ne sont que des travaux préparatoires à l'ascension de l'âme. C'est l'amour qui l'unit à Dieu, vers qui elle s'élance " comme une flamme brûlante „ (3). Après Plotin, au contraire, la prière, puis les opérations théurgiques prendront la première place dans les exercices spirituels (4). A cet égard encore, Porphyre représente une transition. Plus ascétique que mystique, il ne se complait pas à décrire les ardeurs de l'âme éprise de la beauté

(1) On considère généralement Porphyre comme l'auteur d'une division des vertus en quatre classes : les vertus politiques, purificatives, de l'âme purifiée, et du Νοῦς ou paradigmatiques (Ἀφορμαί § 32; Zeller, *Philosophie der Griechen, l. l.*, p. 717 ss.; Vacherot, *Histoire critique de l'école d'Alexandrie*, II, p. 49 ss.). Th. Whittaker (*The neoplatonists*, Cambridge, 1901, p. 112) fait observer : " Our care (suivant Porphyre) must be chiefly about the virtues of the second class, seeing that they are to be acquired in this life „. Cela est vrai du Porphyre des Ἀφορμαί.

(2) Cf. A. Richter, *Fichtes Zeitschrift für Philosophie*, t. 52, 1868, p. 230 ss. et t. 53, p. 123 ss.

(3) Cf. Vacherot, *Histoire critique de l'école d'Alexandrie*, I, p. 579 ss.

(4) Cf. C. Bigg, *Neoplatonism* (Londres, 1895), p. 292 : " About Plotinus there is a high and fine enthousiasm, a noble conception of the Divine, and a grand faith in the possibilities of man. Man's feet are in the mud, but his head reaches up to the One. Hence it is possible for him to attain to perfect communion with the Fountain of Life. Later Neoplatonists took a less sanguine view. An illimitable hierarchy of beings extends from God to earth. Man may climb as high as the angels, but not beyond „.

suprême. Il s'attache de préférence à la théorie des vertus ainsi qu'à la justification scientifique de son système de renoncement. Éros n'est pas même mentionné dans les Ἀφορμαί. Leur auteur n'a plus la ferveur enthousiaste de Plotin; il ignore encore les aberrations et les artifices de l'école décadente. Chez lui, la doctrine perd déjà de sa mystérieuse beauté, mais elle maintient toujours la rigueur de ses principes et sa morale reste très haute et très pure.

Porphyre est, en effet, moraliste avant tout. Plotin avait été plutôt métaphysicien. Son élève se chargea de compléter son œuvre. Nous venons d'en donner la preuve et cela se marque assez nettement dans l'ensemble de ses écrits philosophiques. Il indiqua, comme nous l'avons vu, l'attitude à prendre vis-à-vis du culte et de la religion. Même quand il détermine le vrai but de la philosophie, il n'est pas préoccupé de science pure comme l'était son maître. Sans trop s'en rendre compte peut-être, il prône l'extase et l'union avec Dieu plutôt parce qu'elle assure à l'âme le bonheur éternel, que pour la sublimité du mystère qu'elle révèle à notre raison.

Cette tournure d'esprit se retrouve jusque dans les détails des moindres opuscules de Porphyre, là surtout où il s'agit de sauver, par les ressources du symbolisme, les mythes ou les cultes. En beaucoup de cas, son érudition lui permet de découvrir plus d'un moyen de les faire respecter. Parmi les interprétations diverses que lui fournissent alors ses lectures, rarement il s'attachera à découvrir laquelle est la vraie et à construire ensuite un système rigoureusement déduit. Il tient surtout à faire œuvre pratique d'apologiste. Pour bien montrer que l'on a eu tort d'attaquer les fables et qu'elles sont en réalité riches de sens cachés et remplies d'idées, il donne l'impression que l'exégète, après avoir soulevé le voile, se trouve devant une éblouissante profusion de lumières et n'a que l'embarras du choix. Déjà en plus d'un endroit du traité *Sur les images des dieux*, on le voit juxtaposer plusieurs explications sans que rien donne lieu de croire qu'il ne les ait pas mises toutes sur le même rang(1). S'agit-il de dire ce que représente, chez Homère, la caverne des nymphes? A la manière de Plutarque (2), il fait défiler une jolie suite d'allégories qui n'ont guère d'attache l'une avec l'autre. Toutefois, comme il fallait s'y attendre, c'est vers l'interprétation morale que ses prédilections l'entraînent le plus souvent (3).

A cet égard, les fragments de son commentaire du *Timée* sont des plus instructifs. Dans l'introduction du dialogue, Porphyre s'attache à découvrir des symboles représentant les luttes de l'âme contre les mauvaises influences de la matière. Des préoccupations analogues se font sentir même dans sa théologie. Les mauvais démons sont ceux qui, se laissant dominer par leur corps et leurs passions, viennent tromper les hommes et les induire au mal. C'est contre ces personnifications des mauvais instincts qu'il faut lutter (4).

Dans la maxime fameuse " *γνῶθι σαυτόν* " — à laquelle il consacre un ouvrage en quatre livres — Porphyre ne voit pas seulement un conseil précieux pour le métaphysicien : il y trouve surtout un précepte éthique. Si Dieu engage l'homme à s'observer lui-même, ce n'est point uniquement pour qu'il

---

(1) Cf. par exemple appendice I, p. 19* s., et ci-dessus p. 22, note 3.

(2) Dans le *De Iside* notamment : cf. l'importante étude consacrée à ce traité par L. Parmentier, *Recherches sur le traité d'Isis et d'Osiris de Plutarque*, Bruxelles, Lamertin, 1913, entre autres p. 91 s.

(3) *De antro nymph.*, 2 ss. — K. Prächter (*Richtungen und Schulen im Neuplatonismus, C. Robert's Genethliakon*, Berlin, 1910, p. 122 ss.) montre fort bien que, en tout ceci encore, Porphyre est l'opposé de Jamblique. Celui-ci fait d'ailleurs un grief à son devancier des inconséquences qu'il prétend découvrir chez lui. Cf. par exemple Proclus, *In Tim.*, I, 159, 27 ss. éd. Diehl.

(4) En attendant la publication de mon recueil des fragments, je puis, fort heureusement, renvoyer ici à K. Prächter, *Götting. gelehrte Anzeigen*, 1905, p. 525 ss., et *C. Robert's Genethliakon, l. l.*, p. 128 ss. — Quant à la monographie d'A. Schäfers (*De Porphyrii ... in Platonis dialogum qui Timaeus inscribitur commentario*, Diss. Bonn, 1868), elle est devenue tout à fait insuffisante à présent.

puisse philosopher, c'est aussi pour qu'il arrive à l'état de sagesse qui donne le bonheur parfait (1).

Nous retrouvons de nouveau le moraliste dans le traité *Περὶ τοῦ ἐφ' ἡμῖν*, dédié à Chrysaorios, et où Porphyre discute le problème de la liberté (2).

Enfin, comme nous aurons l'occasion de le faire observer ailleurs en reprenant l'étude des divers ouvrages consacrés par Porphyre à l'interprétation philosophique d'Homère, ce sont des leçons de morale qu'il s'attache à découvrir dans les épopées nationales de la Grèce. Il reproche même quelque part à Homère d'exalter les passions et d'être inapte à faire aimer l'état d' " apathie „ propre à la vie philosophique (3).

Bref, Porphyre a prôné le détachement du monde et de la chair avec une insistance que ses successeurs n'imiteront pas. On a dit avec raison que Plotin marque l'apogée du néo-platonisme en métaphysique, et Porphyre en morale. Après eux, l'influence des temples et des mystères envahit l'école et les esprits s'obscurcissent.

---

(1) Cf. les fragments de ce traité chez Stobée, *Ecl.*, III, 21, 26-28.

(2) Cf. les fragments chez Stobée, *Ecl.*, II, 8, 39-42. — Ce traité semble porter la marque de certaines idées de Plotin : cf. F. Boll, *Jahrb. für class. Philol.*, Suppl., t. 21, p. 115 s. — Pour achever l'énumération des écrits postérieurs à l'initiation de Porphyre au système de Plotin, je n'ai plus qu'à mentionner le *Περὶ ὕλης*, le commentaire du *Περὶ ἑρμηνείας* d'Aristote, celui de la *République* de Platon, sans doute aussi le *De antro nympharum*, le *Περὶ ψυχῆς*, et enfin le commentaire des *Harmoniques* de Ptolémée, que Porphyre a laissé inachevé (voir ci-dessous à l'appendice IV la liste des écrits de Porphyre). — Quant à l'*Εἰσαγωγὴ εἰς τὴν ἀποτελεσματικήν*, si voisine parfois du *Περὶ ἀγαλμάτων* (cf. ci-dessous appendice I, p. 15* 5 ss., 16* 10 ss., 21* 1-4, 23* 8, avec les notes), elle pourrait être d'une époque plus ancienne.

(3) Cf. Proclus, *In Tim.*, I, 64, 7 ss. éd. Diehl.

XII

LE MARIAGE DE PORPHYRE

ET

LA LETTRE A MARCELLA

Fidèle aux enseignements de Plotin, Porphyre prêcha la continence, et il recommandait sans doute le célibat. Mais, à un moment où il " il penchait déjà vers la vieillesse " (1), il se décida à se marier. Il épousa la veuve d'un ami, femme de complexion maladive, et mère de sept enfants, dont plusieurs étaient encore en bas âge (2).

Cette union tardive avait de quoi étonner. Un rigoriste, dont les exigences auraient pu choquer par leurs prétentions bien des milieux austères, Porphyre, si pressé de morigéner Castricius pour un manquement aux observances, se rendait donc coupable à son tour d'une dérogation singulière aux règles les plus essentielles ? Il se laissait ressaisir par les soucis du bas monde, sinon par les plus grossiers des appétits ? Porphyre sentit autour de lui des réprobations. Il fut même pris à partie et — nous ne savons comment — certaines attaques le

---

(1) *Ad Marcellam*, 1, p. 273, 13 éd. NAUCK.

(2) Cf. *ibid.*, p. 273, 1 ss. éd. NAUCK (et, d'après ce texte même, EUNAPE, ci-dessous, appendice III, p. 50* 20 ss.). — *Ibid.*, p. 273, 10 s., les mots *ἀγαπητὸν γὰρ καὶ τῶν ἀναγκαίων τὸ τυχὸν οὖσιν ἀκτήμοσιν* ne prouvent pas que Marcella était pauvre ; cf. par exemple le sens que prend l'adjectif *ἀκτήμων* chez THÉODORET, *Hist. eccles.*, I, 4, 41, p. 19, 15 éd. PARMENTIER.

mirent en danger de mort (¹). Le vieillard fut dans la nécessité de se disculper. Bientôt se présenta une occasion dont il profita. Après avoir vécu avec Marcella pendant dix mois seulement, il dut la quitter pour entreprendre un voyage lointain (²). Le départ de Porphyre et son absence, qui dura un certain temps, furent pour Marcella la cause d'une grande détresse morale. Elle dut envoyer des lettres désolées à celui qui lui tenait lieu à la fois " de père, d'époux, de maître, de famille et même de patrie (³) ". Porphyre lui répondit par un écrit destiné, semble-t-il, à être répandu. En effet, cette épître

---

(¹) *Ad Marcellam*, 1 fin : *τοὐναντίον γὰρ ὑπ' ἀβελτερίας τῶν πολιτῶν σου καὶ τῷ πρὸς ὑμᾶς φθόνῳ βλασφημίαις τε πολλαῖς περιπέπτωκα καὶ παρὰ πᾶσαν προσδοκίαν εἰς θανάτου κίνδυνον ὑπ' αὐτῶν δι' ὑμᾶς περιέστην.* — D'après Aristokritos (Buresch, *Klaros*, p. 124), les chrétiens accusèrent Porphyre d'avoir épousé Marcella, " une vieille Juive ", par cupidité : *φιλοχρήματος δὲ ὢν πλουσίαν ἔγημε γυναῖκα πέντε παίδων* (c'est l'erreur d'Eunape : cf. ci-dessous, appendice III, p. 50* 22) *μητέρα, γεγηρακυῖαν ἤδη καὶ Ἑβραίαν.* Cf. ci-dessus p. 7, note 2.

(²) *Ad Marcellam*, 4 s., p. 276, 2 ss. Le voyage se fit, d'après Porphyre (*l. l.*, 4, p. 275, 19), *καλούσης ... τῆς τῶν Ἑλλήνων χρείας καὶ τῶν θεῶν συνεπειγόντων αὐτοῖς.* Faut-il voir dans ces expressions une allusion à la lutte qui se renouvelait alors entre le paganisme et le christianisme? Je devrai reprendre cette question bientôt (p. 116), mais il faut noter ici que, parmi les fauteurs de la persécution de Dioclétien, Lactance (*Divin. inst.*, V 2, 3 ss.) fait, en style de pamphlet, figurer un grand prêtre de la philosophie, parasite du palais de Nicomédie, libidineux et cupide, démentant ses doctrines par ses mœurs et ses mœurs par ses doctrines. Certains (Baronius, *Annal. eccles.*, a. 302, § 44 ss.) ont cru que Porphyre était le personnage visé par ces attaques. Certes, elles coïncident avec le dénigrement dont Porphyre se plaint lui-même au début de sa *Lettre à Marcella*, et dont nous retrouvons peut-être une trace dans le texte publié par Buresch. Néanmoins, l'identification n'est pas prouvée (cf. les objections de Holstein, *l. l.*, p. 13 ss., et 64 s.; notamment, l'auteur visé par Lactance a composé contre les chrétiens, au moment même de la persécution, un ouvrage en trois livres, tandis que le *Κατὰ Χριστιανῶν* de Porphyre en comprenait quinze et était plus ancien), et — portrait ou caricature — la description de Lactance pourrait convenir à d'autres mieux qu'à Porphyre. Cf. aussi les bonnes remarques d'A. Zimmern, *Porphyry... to his wife Marcella*, Londres, 1896, p. 36 ss.

(³) *Ad Marcellam*, 6 début; cf. *Iliade*, VI, 429 s.

débute par une apologie en règle de son mariage. Ce ne fut pas l'intérêt, écrit-il, ni la sensualité qui lui firent demander la main de Marcella [1]. Il l'épousa parce qu'il était ému de l'état d'abandon où elle allait se trouver et des dangers de toute sorte auxquels ses enfants et elle-même paraissaient être exposés. Certainement, cette famille avait appartenu au groupe des élèves ou des admirateurs de Plotin [2] et, en contractant une union si insolite, Porphyre, pris de pitié, put avoir en vue — comme il le dit à Marcella — de la maintenir dans la pratique de la vraie philosophie et d'y engager un jour ses enfants [3].

Après cette sorte de confession, qui serait étrange si la lettre n'avait rien d'une apologie destinée à la publicité, l'épître change de caractère. De plus en plus le ton s'élève et le style — où cette fois l'on sent l'effort — devient grave et orné. Mettant à profit les trésors de sagesse accumulés dans les florilèges de la pensée antique [4], Porphyre se laisse

---

(1) *Ibid.*, 1 ss.; cf. aussi *ibid.*, 33, p. 296, 1 : *μηδὲ γυναῖκα ἴδῃς σαυτήν, ὅτι μηδ' ἐγώ σοι ὡς τοιαύτῃ προσέσχον.*

(2) A. J. Kleffner (*Porphyrios der Neuplatoniker und Christenfeind*, Paderborn, 1896, p. 27 s.) faisait de Marcella une chrétienne, mais P. Wendland (*Berliner philol. Wochenschrift*, 1898, col. 1130) l'a bien réfuté. Wyttenbach (note sur Eunape, reproduite t. II, p. 43 éd. Boissonade) suppose qu'elle était parente de Marcellus, un disciple de Plotin (*Vita Plotini*, 7). Ce sont là autant d'hypothèses que rien ne justifie.

(3) Bigg (*Neoplatonism*, p. 294) juge sainement la conduite de Porphyre, chez qui il voit le désir de faire du bien " sans occasionner de scandale „. — Cf. le cas d'Amélius adoptant un certain Hostilianus Hésychius d'Apamée, à qui il légua les notes qu'il avait prises aux cours de Plotin (*Vita Plotini*, 3 fin).

(4) Dans sa savante édition des *Σέξτου γνῶμαι*, A. Elter (*Gnomica* I, *Sexti pythagorici ... sententiae*, Teubner, 1892, p. v ss., notes) renvoie aux passages parallèles de l'*Ad Marcellam*. En parcourant cette liste de références, on voit tout de suite que le choix fait par Porphyre est très libre, mais que souvent il reproduit les maximes du " gnomologe „ avec fidélité. Cf. Usener, *Epicurea*, p. LVIII ss., et Nauck, *Porphyrii ... opuscula*, p. XVII ss. Je ne puis m'attacher ici à déterminer les premières origines de chaque sentence.

aller à son rêve de haute spiritualité. Son cœur s'ouvre, non pour s'épancher en de futiles aveux que nous appellerions des confidences intimes, mais pour laisser déborder les effusions de la noble piété dont il est rempli; il veut que, à son tour, Marcella fasse vivre sa pensée en Dieu et la débarrasse de tout ce qu'elle contient encore de préoccupations terrestres et d'amers soucis. Qu'importe à Marcella où est le corps, ou plutôt l'ombre de Porphyre (1)? Sa pensée reste toujours auprès d'elle pour la réconforter.

Il lui montre que la vie est une longue épreuve. Plus l'épreuve est rude, plus le salut est sûr. Le but de nos efforts est comme la cime d'une haute montagne. L'ascension paraît pénible, mais nous devons la faire sans nous reposer jamais. Le pire danger serait de nous laisser envahir par la langueur, puis d'oublier le devoir en contemplant les rêves d'un captivant sommeil (2). Il faut connaître la douleur et les larmes pour avoir de vrais élans vers Dieu; il faut savoir que le monde n'est qu'une mer de folles agitations pour sentir que le seul bien réside dans la pureté de l'âme et dans l'union avec l'infini.

Le divin est présent partout; son vrai temple est l'esprit du sage; sa vivante image est la raison. Seul est malheureux (*κακοδαίμων*) celui qui laisse les mauvais démons pénétrer en lui (3). « L'homme sage est connu par peu de gens, si tu veux même, il est ignoré de tous; mais Dieu sait où il est » (4). — Mieux vaut succomber en confessant la vérité que de gagner une victoire en l'altérant (5). — Devant Dieu, la parole n'est rien, l'action est tout. Le sage honore Dieu sans prononcer un mot. L'ignorant, même quand il prie et sacrifie, souille

---

(1) Cf. *Ad Marcellam*, 8 s. et 10 début.

(2) *Ad Marcellam*, 6.

(3) *Ad Marcellam*, 11. Cf. *Σέξτου γνῶμαι*, *l. l.*, n° 144 et 450.

(4) *Ad Marcellam*, 13. Cf. *Σέξτου γνῶμαι*, *l. l.*, n° 145 : *σοφὸς ὀλίγοις γιγνώσκεται*. Cette idée aussi est devenue familière aux chrétiens : cf. par ex. II *Cor.* 6, 9 et THÉODORET, *Hist. eccles.*, p. 269, 5 s. éd. PARMENTIER.

(5) *Ad Marcellam*, 14.

la divinité. Seul, le sage est prêtre; seul il est l'ami de Dieu, seul il sait l'invoquer. Balbutier des litanies, égorger des victimes, ce n'est pas de la vraie piété([1]). — Dans nos misères, n'accusons pas notre chair, mais bien notre âme ([2]). — L'âme sortira un jour de son enveloppe corporelle, comme le nouveau-né rejette la membrane qui l'enveloppait dans le sein de sa mère, comme le blé mûr se sépare de l'épi ([3]). — Nue, tu es venue sur cette terre! décharge-toi de tout fardeau inutile quand tu appelles Dieu à ton aide... Oublie de quel sexe tu es; " fuis tout ce qu'il peut y avoir d'efféminé dans ton âme "... Bienheureux est ce qui naît d'une âme vierge et d'un esprit pur ([4]).

Telle est donc, comme le montre fort bien M. A. Harnack, la piété du grand ennemi du christianisme! Si, au lieu de prôner le " sage ", il avait parlé du " gnostique " ou de l'homme " pieux ", s'il s'était abstenu de faire des concessions aux lois et aux traditions des ancêtres et de jamais dire " les dieux " ([5]) — vu qu'au fond c'est en Dieu qu'il croit, en un Dieu tout-puissant qui règne sur les autres dieux comme sur les hommes —, s'il avait donné une forme moins exclusivement hellénique aux pensées qu'il exprime ([6]), si, enfin, il n'avait pas déclaré que devant le vulgaire " mieux vaut ne point parler de Dieu " ([7]), nous pourrions dire de Porphyre

---

([1]) *Ad Marcellam*, 16 s. Cf. *Σέξτου γνῶμαι, l. l.*, n° 426 s. et 429 (avec la note), et ci-dessus, p. 99 s.; E. NORDEN, *Agnostos Theos*, Teubner, 1913, p. 343 ss.

([2]) *Ad Marcellam*, 29.

([3]) *Ibid.*, 32.

([4]) *Ibid.*, 33.

([5]) Cf. *ibid.*, 18 : *οὗτος γὰρ μέγιστος καρπὸς εὐσεβείας τιμᾶν τὸ θεῖον κατὰ τὰ πάτρια*, et *ibid.*, 6, p. 277, 21 : *τῇ πρὸς θεοὺς ἀνόδῳ;* cf. encore p. 275, 20; 278, 1 et 20, etc.

([6]) Indépendamment des renvois faits ci-dessus aux *Σέξτου γνῶμαι* (utilisées d'ailleurs par Origène dans son traité contre Celse), cf. *Ad Marcellam*, par exemple § 2 (où Porphyre invoque l'exemple de Socrate, d'après Platon), 5 et 6 (où il s'inspire d'Homère), etc.

([7]) *Ad Marcellam*, 15; cf. *Σέξτου γνῶμαι, l. l.*, n° 360 : *ἐπὶ πλήθους λέγειν περὶ θεοῦ μὴ ἐπιτήδευε.*

qu'il a fini sa vie dans les sentiments d'un vrai chrétien. Mais, en le disant, nous aurions tort sans doute, car la piété si haute qui fait le prix des méditations religieuses de la *Lettre à Marcella* n'était alors le privilège ni d'une secte ni d'une église. Elle était, depuis Origène et Plotin, celle de toutes les nobles âmes et nous devons savoir gré à Porphyre de nous la révéler si bien dans un écrit qui est comme son testament philosophique.

On devine en effet au ton de beaucoup de parties de la lettre, aussi bien qu'aux allusions du début, qu'elle est réellement une œuvre de vieillesse. Elle doit dater des dernières années de Porphyre. Quand il l'écrit, il est en voyage, obligé de s'occuper des affaires de l'hellénisme (1), qui se gâtaient. Nous ne pouvons nous empêcher de penser que l'on devait être alors bien près de la grande persécution de Dioclétien. Nous savons que l'édit de 303 fut précédé à Nicomédie même de longues et laborieuses délibérations, auxquelles durent prendre part les principaux des défenseurs du paganisme. Hiéroclès en fut, et Hiéroclès n'est pas sans accointances avec Porphyre (2). Malheureusement le secret de ce conseil de guerre fut bien gardé. Nous ne savons pas si Porphyre y exerça la moindre action. Les hommes sont trop compliqués et notre philosophe en particulier a été trop peu en garde contre les variations pour que nous puissions invoquer ici ses anciens sentiments de philanthropie et certifier qu'il resta toujours, même dans ses moments de désillusion, un partisan de la tolérance. Quoi qu'il en soit, au moment où il envoie sa lettre à Marcella, il est sous l'impression d'un déclin d'influence et de forces. Il se sent entouré d'embûches. Il ne nomme point un seul ami sûr auprès duquel, durant son absence, celle qu'il doit quitter pourrait trouver un abri.

---

(1) Cf. ci-dessus p. 112, note 2.

(2) Cf. le *De mortibus persecutorum*, 11 ; ci-dessus, p. 112, note 2 et 105, note 5 ; SCHULTZE, dans HERZOG-HAUCK, R E, t. 4, p. 679, etc.

XIII

LES ENNÉADES ET LA VIE DE PLOTIN.
MORT DE PORPHYRE.

Admirable dans l'improvisation, Plotin ne savait pas rédiger. Il allait avoir cinquante ans lorsqu'il se décida à traiter par écrit les questions qui se présentaient, et toujours il dédaigna, avec les artifices de la rhétorique, le travail par lequel s'obtient une phrase soignée et correcte. Il ne se relisait même pas (1). Se rendant compte cependant de l'utilité qu'aurait une revision de ses écrits faite par un littérateur, il s'en remit à Porphyre du soin de les publier (2). Son élève s'acquitta de la tâche, mais il ne le fit pas tout de suite après la mort de Plotin. Longtemps il se contenta d'exposer oralement les doctrines du maître. A ceux qui lui réclamaient une copie, comme Longin, il envoyait des transcriptions telles quelles (3).

Cependant on dut le presser de plus en plus de fournir un texte sûr et définitif. Comment une telle publication n'aurait-elle pas été réclamée avec insistance par le cercle grandissant des admirateurs de Plotin? A un moment donné, Eustochius, celui qui avait assisté aux derniers moments du chef de l'école,

(1) *Vita Plotini,* 3, 4 et 8.

(2) *Ibid.*, 24 début et 7 fin.

(3) Cf. Longin (cité par Porphyre, *ibid.*, 19), qui mentionne aussi une copie apportée par Amélius en Orient.

fit paraitre une édition [1]. C'était la menace d'une concurrence; cela décida peut-être Porphyre à ne plus tarder. D'ailleurs, en publiant les œuvres du dernier des grands penseurs païens, il dut avoir égard aussi aux besoins de l'hellénisme, qui le préoccupaient tant. Plotin était le vrai interprète de Platon. Ses écrits, complétant ceux du maître des maîtres, allaient fournir aux disciples de Porphyre un choix de méditations pieuses dont ils avaient besoin.

Imitant, dit-il, l'exemple donné par Andronicus dans son recueil des œuvres de Théophraste et d'Aristote, Porphyre ne tint aucun compte de l'ordre chronologique; il distribua les cinquante-quatre livres de Plotin en six *Ennéades* ou " Neuvaines ", heureux de rendre cet hommage à la perfection du nombre six, puis, dans chaque " ennéade ", il groupa les écrits qui traitaient de questions connexes et il rangea le tout de façon à aller du simple et du facile au plus difficile et au plus important. Il commença par la morale et la cosmologie, qui occupaient le premier volume formé des trois premières ennéades (312 pages de l'édition de Volkmann); — venaient ensuite, avec les ennéades IV et V, les livres relatifs à l'Ame et à l'Intelligence, qui remplissaient le deuxième volume (258 pages); — le troisième et dernier volume renfermait l'Ennéade VI (261 pages) traitant de l'Être, de l'Un et du Bien [2].

On retrouve dans la plus grande partie des *Ennéades* le style de Plotin, tel que Porphyre lui-même l'a caractérisé : substantiel et suggestif, concis et plus généreux d'idées que de mots, plein d'enthousiasme et d'émotion [3]. En éditeur consciencieux,

---

(1) Cette édition est mentionnée dans les scholies des *Ennéades* (IV 4, 29 fin : cf. le t. II, p. 70 de l'éd. H. F. Müller, et *Philologus*, t. 38, 1878, p. 328). — Nous ne savons pas ce que sont devenus les cent livres de scholies légués par Amélius à son fils adoptif (*Vita Plotini*, 3).

(2) *Vita Plotini*, 24 ss. — Sur l'ordre chronologique des livres de Plotin, cf. Th. Gollwitzer, *Blätter für das Gymnasial-Schulwesen hrsg. vom Bayer. Gymnasiallehrerverein*, t. 36 (1900), p. 4 ss.

(3) *Vita Plotini*, 14.

Porphyre se garda de toucher à la pensée et, dans l'expression même, il se borna à faire disparaître ce qu'il y avait d'incorrect ou de négligé. Il déclare expressément qu'une partie de sa tâche a consisté à ponctuer le texte (1). On a bien d'ailleurs, en lisant les *Ennéades*, l'impression d'être en présence d'une reproduction fidèle des leçons du maître et non devant une rédaction faite après coup par un élève préoccupé de donner une forme soignée aux notes dont il disposait. Tantôt Plotin nous entraîne avec lui dans de hautes envolées de lyrisme, et alors la période devient ample et cadencée, tandis que l'idée s'enveloppe d'images et de symboles poétiques; tantôt, au contraire, nous assistons à des défilés de théorèmes et de syllogismes, de questions et de réponses qui, rapides et serrées, se choquent et s'entrecoupent, sans que le logicien songe un seul instant à recourir aux Muses pour atténuer la sécheresse de son argumentation (2). C'est que les *Ennéades* nous donnent un simple compte-rendu des conférences et des dissertations que Plotin composa pour son enseignement. Porphyre a fort bien compris que, en faisant trop consciencieusement œuvre de rédacteur, en s'attachant à donner à toutes les parties des " Neuvaines „ la correction soutenue d'un même style, il aurait diminué la valeur de sa publication. Il procéda dans son travail d'éditeur avec la plus extrême discrétion, et c'est grâce à cela que, en consultant les *Ennéades*, nous entendons encore tant d'échos précieux qui se prolongent jusqu'à nous.

Au texte de certains livres, Porphyre joignit des commentaires, sur les instances de quelques amis qui sollicitaient des éclaircissements. Il munit l'édition de sommaires et d'arguments (3). Enfin, en tête de l'ouvrage, il plaça une notice sur

(1) *Ibid.*, 26 fin. Cf. H. F. Müller, *Philologus*, t. 38, p. 331 s., et Dziatzko, dans Pauly-Wissowa, R E, III, col. 962.

(2) Voir les exemples réunis par E. Norden, *Die antike Kunstprosa* (Teubner, 1898), p. 399 s.

(3) *Vita Plotini*, 26.

la vie de Plotin et sur l'ordre dans lequel il publiait ses écrits; cette notice et le texte même des *Ennéades* nous sont parvenus sans que les copistes les aient séparés [1]. Mais ils ont laissé se perdre les “ commentaires „ ainsi que les “ sommaires „ et les “ arguments „.

La *Vie de Plotin* — qui a été pour nous une source si précieuse de renseignements — permet de dater la publication des *Ennéades*. Porphyre y raconte qu'il eut une fois lui-même la vision du souverain Bien : ce bonheur lui arriva, dit-il, quand il avait atteint sa soixante-huitième année [2]. C'est donc après l'an 298 que Porphyre fit paraître les écrits du fondateur de l'école néo-platonicienne.

Dans l'opuscule qu'il consacre à la biographie de ce penseur, Porphyre n'a pas toujours le ton ni l'esprit que nous voudrions trouver [3]. Plus d'une fois, Plotin y est vu à travers les rêveries et les hallucinations d'imaginations hantées d'un merveilleux un peu naïf, et mainte anecdote met autour du maître un nimbe suspect, que lui-même n'aurait pas laissé se former [4]. Mais en somme, Porphyre, réussit à faire revivre, corps et âme, son héros devant nous; à cet égard, plus d'un moderne lui a rendu justice [5]. Nous pouvons être assurés

---

(1) Beaucoup de manuscrits des *Ennéades* les font précéder de la *Vita Plotini*, qu'ils intitulent : *Πορφυρίου Περὶ Πλωτίνου βίου καὶ τῆς τάξεως τῶν βιβλίων αὐτοῦ*. Nous n'avons plus que les titres des livres (appelés *ἐπιγραφαί*, *Vita Plotini*, 4). — Les sommaires (*κεφάλαια*; cf. H. Mutschmann, *Hermes*, t. 46, 1911, p. 101 ss.) constituaient sans doute de vraies tables des matières, formées des titres des chapitres. Pour certaines sections, le sommaire donnait tout un résumé de l'argumentation. Cf. *Vita Plotini*, 26 et H. F. Müller, *Philologus*, t. 38, 1878, p. 333.

(2) *Vita Plotini*, 23.

(3) Déjà Bernays (*Gesammelte Abhandl.*, II, p. 287) en a fait l'observation. Cf. ci-dessus p. 3 s.

(4) Voir *Vita Plotini*, 10, l'histoire d'Olympius et celle du prêtre égyptien; par contre, *ibid.*, 11, Porphyre explique une sorte de prodige par la perspicacité de Plotin.

(5) Cf. Fr. Leo, *Die griechisch-römische Biographie*, Teubner, 1901, p. 262 s.

que tout autre que Porphyre eût traité beaucoup plus mal le même sujet. De tous les successeurs de Plotin, nul en effet n'était resté aussi près que lui de la pensée du maître, et ce n'est que par exception qu'il retouche les scènes de sa vie pour y exagérer les attitudes de thaumaturge que réclamait le goût du temps. Le plus souvent dans ce qu'il nous rapporte — que ce soit d'après ses souvenirs personnels, ou bien d'après ceux d'Amélius et d'Eustochius – c'est en vérité le geste, l'idée et l'âme même du grand mystique qui reparaissent.

On l'a dit, Porphyre, en composant la *Vie de Plotin*, pratique encore l'art des anciens biographes, et il y a un contraste entre sa façon de présenter les mérites d'un ascète et celle qui caractérisera bientôt les premiers produits de l'hagiographie chrétienne, par exemple la vie d'Antoine l'ermite par Athanase. Porphyre ne songe pas à gagner des âmes simples à sa foi.

Grâce à cet opuscule, on peut observer avec sûreté une des manières d'écrire de notre auteur, car nous sommes certains, cette fois, que le texte est bien de lui. Jamais, Porphyre n'y recherche les effets de la rhétorique. Sa phrase est très simple et libre d'allures. Lucide, elle a, sans effort, du pittoresque et de la chaleur. Elle a aussi à l'occasion une certaine abondance qui la met à distance égale et de la longueur prétentieuse de Jamblique et de la concision de Plotin (1).

En guise d'oraison funèbre, Porphyre reproduit et commente avec complaisance un long oracle d'Apollon qu'il tenait d'Amélius (2). Soumettant ce morceau à une froide analyse, ceux pour qui les mots seuls comptent n'y ont vu qu'un " centon „ fait de formules devenues presque banales dans la poésie mystique des Grecs. Mais si l'on désire tirer du document toutes les lumières qu'il peut donner, il faut tenir

---

(1) Cf. une appréciation curieuse de THEODOR. METOCHIT., PG 144, col. 952 B.

(2) *Vita Plotini*, 22 s.

compte de l'état d'esprit dont l'oracle fut l'émanation et de la piété particulière qu'il a servi à exprimer. Pour ceux qui crurent l'entendre, il y avait, dans les échos mourants des anciennes harmonies et dans les derniers souffles d'une inspiration poétique à la veille de s'éteindre déjà, vraiment encore une révélation des dieux. Rappelons-nous que c'est avec un oracle à peu près pareil à celui-ci que — d'après Eunape [1] — on fit entrevoir à Julien, agonisant au fond des déserts de l'Orient, les splendeurs éthérées de l'Olympe où son âme allait s'envoler pour toujours.

Amélius — dit Porphyre [2] — ayant demandé où était allée l'âme de Plotin, Apollon répondit [3] :

" J'accorde ma lyre et vais faire entendre un hymne immortel,
Voulant le tisser et l'unir — pour un doux ami [4] — à la suave
Voix de ma cithare, qui va pieusement résonner sous mon plectre d'or.
J'invoque aussi les Muses : que leur voix éclate
En un concert retentissant et en des élans mélodieux,
Comme jadis, en l'honneur d'Achille, elles furent appelées à former un chœur
Pour les divines fureurs des Immortels et pour les chants d'Homère.
Allons, chœur sacré des Muses, lançons
D'un seul souffle un chant qui surpasse tous les autres :
Me voici au milieu de vous, moi Phébus à l'abondante chevelure! "

---

(1) Cf. *Excerpta de sententiis* (*Ex Eunapio*, 29 = fragm. 26), p. 82 éd. Boissevain.

(2) *Vita Plotini*, 22.

(3) *L. l.*, vers 1-10.

(4) *ἀμφ' ἀγανοῖο φίλοιο* : cf. l'interprétation de l'oracle donnée par Porphyre lui-même, *ibid.*, 23 : *ἐν δὴ τούτοις εἴρηται μὲν ὅτι ἀγαθὸς γέγονε καὶ ἤπιος καὶ πρᾶός γε μάλιστα καὶ μείλιχος, ἅπερ καὶ ἡμεῖς ὄντως ἔχοντι συνῄδειμεν.*

Puis, s'adressant à Plotin lui-même, le dieu continue (1) :

« Démon, homme hier, mais arrivé maintenant au sort d'un démon,
Sort plus divin, après avoir rompu la chaîne de la nécessité
Humaine et échappé à la tumultueuse agitation des membres du corps ! —
Avec toute la vaillance de ton cœur, vers la plage d'un rivage paisible (2)
Tu nageas à la hâte (3), loin du peuple des impies,
Pour prendre place dans la voie où circule l'âme pure (4),
Là où la splendeur de Dieu rayonne de toute part (5), là où les lois divines

---

(1) *L. l.*, vers 11-32.

(2) *νηχύτου ἀκτῆς* : CREUZER (*Plotini opera*, Oxford, t. I, 1835, p. CXXX) attribue ici au préfixe *νη-* la valeur privative, et le contexte semble lui donner raison.

(3) *νῆχε' ἐπειγόμενος* : cf. HOMÈRE, ε, 399 ; EUSTATHE, *In Odyss.* κ 241, p. 1656 : *ὁ φιλόσοφος Ὀδυσσεύς* ; PLOTIN, *Ennead.*, I, 6, 8 ; PROCLUS, *In Remp.*, I, p. 131, 5 ss. éd. KROLL : ... *λεγέσθω ... ὅτι τὰ τοιαῦτα συμβολικώτερον ἀφερμηνεύειν δέδοκται τοῖς τὴν καλουμένην πλάνην ἐπ' ἄλλας ὑπονοίας μεθιστᾶσι καὶ τοὺς Φαίακας καὶ τὴν παρ' αὐτοῖς εὐδαιμονίαν ἀνωτέρω τῆς θνητῆς φύσεως τάττειν ἀξιοῦσιν* ; PORPHYRE lui-même, *De antro nympharum*, 34 : *οὐ γὰρ ἀπὸ σκοποῦ οἶμαι καὶ τοῖς περὶ Νουμήνιον ἐδόκει Ὀδυσσεὺς εἰκόνα φέρειν Ὁμήρῳ κατὰ τὴν Ὀδύσσειαν τοῦ διὰ τῆς ἐφεξῆς γενέσεως διερχομένου καὶ οὕτως ἀποκαθισταμένου εἰς τοὺς ἔξω παντὸς κλύδωνος καὶ θαλάσσης ἀπείρους* (puis Porphyre cite HOMÈRE, λ 122 s.). *Πόντος δὲ καὶ θάλασσα καὶ κλύδων καὶ παρὰ Πλάτωνι ἡ ὑλικὴ σύστασις.*

(4) *εὐκαμπέα οἴμην* et plus loin (vers 25 de l'oracle) *ὀρθοπόρου ἀνὰ κύκλα καὶ ἄμβροτον οἶμον* : cf. PLATON, *Phaedr.*, 247 C : *στάσας δὲ αὐτὰς (τὰς ψυχὰς) περιάγει ἡ περιφορά, αἱ δὲ θεωροῦσι τὰ ἔξω τοῦ οὐρανοῦ* ; 247 D : *ἐν δὲ τῇ περιόδῳ καθορᾷ μὲν αὐτὴν δικαιοσύνην* etc., et 248 A : *ἡ δὲ τοτὲ μὲν ἦρε, τοτὲ δὲ ἔδυ*, etc. Cf. aussi DAMASCIUS, *De primis principiis*, t. I, p. 264, 24 ss. éd. RUELLE : *διὸ ταύτῃ τὸν νοῦν μιμεῖται ἡ κύκλῳ φορά, ὥς φησι Πλωτῖνος* (*Ennead.*, II, 2, 1 début, etc.), *μᾶλλον δέ, ὡς αὐτὸς ὁ Πλάτων ἐν τῷ τῶν Νόμων* (X, 897 s.), etc.

(5) Cf. l'emploi du mot *περίλαμψις* chez PLOTIN, *Ennead.*, V, 1, 6, p. 168, 19 éd. VOLKMANN, etc.

Règnent en lieu pur, loin de la criminelle injustice.
Autrefois, quand tu bondissais (1) pour échapper aux vagues amères (2)
D'un régime carnivore (3) et aux nauséeux vertiges (4),
Au milieu d'une agitation et d'un tumulte dépassant toute attente,
Maintes fois, du séjour des bienheureux, t'apparut le but comme tout près de toi (5).
Maintes fois, alors que les traits de ta pensée dans des sentiers obliques
Allaient se précipiter par leur propre élan,
Ils furent élevés vers les cercles du vrai chemin et dans la voie éternelle
Par les immortels, qui permirent fréquemment qu'un rayon des lumières

---

(1) *σκαίροντι* : F. Münter (*Antiquarische Abhandlungen*, Copenhague, 1816, p. 254) soupçonne que ce mot pourrait, comme plusieurs autres expressions du poème, faire allusion à des rites pratiqués dans les mystères. L'explication du mot donnée par Porphyre (*Quaest. Homer.*, *Iliad.*, p. 185, 14 s. éd. Schrader : *τὸ δὲ σκαίρειν ἔμμουσον κίνησιν* etc.) n'a guère à intervenir ici. Dans sa paraphrase de l'oracle, Porphyre (*Vita Plotini*, 23) rend ce passage comme suit : *ὅτι τε πάντ' ἐποίει ἀπαλλαγῆναι, « πικρὸν κῦμ' ἐξυπαλύξαι τοῦ αἱμοβότου τῇδε βίου »*.

(2) *πικρὸν κῦμα* : cf. *Ennead.*, II, 3, 17 fin : *ἐξ ὕλης χείρονος οἷον ὑποστάθμης τῶν προηγουμένων πικρᾶς καὶ πικρὰ ποιούσης*.

(3) *αἱμοβότου* : les néo-platoniciens pratiquaient le végétarisme ; cf. ci-dessus p. 40 s., et 98 ss.

(4) « *Persequitur ... vates molestias navigantium in salo* » Creuzer, *l. l.*, p. CXXXI. Il convient de tenir compte aussi de l'emploi du mot *ἰλιγγιάω*, à propos de l'âme, dans le *Phédon*, 79 C.

(5) Ce vers est amplement expliqué par Porphyre lui-même (*ibid.*, 23) : *Οὕτως δὲ μάλιστα τούτῳ τῷ δαιμονίῳ φωτὶ πολλάκις ἀνάγοντι ἑαυτὸν εἰς τὸν πρῶτον καὶ ἐπέκεινα θεὸν ταῖς ἐννοίαις καὶ κατὰ τὰς ἐν τῷ Συμποσίῳ* (210 ss.) *ὑφηγημένας ὁδοὺς τῷ Πλάτωνι ἐφάνη ἐκεῖνος ὁ θεὸς ὁ μήτε μορφὴν μήτε τινὰ ἰδέαν ἔχων, ὑπὲρ δὲ νοῦν καὶ πᾶν τὸ νοητὸν ἱδρυμένος ... ἐφάνη γοῦν τῷ Πλωτίνῳ « σκοπὸς ἐγγύθι ναίων » · τέλος γὰρ αὐτῷ καὶ σκοπὸς ἦν τὸ ἑνωθῆναι καὶ πελάσαι τῷ ἐπὶ πᾶσι θεῷ. Ἔτυχε δὲ τετράκις που ὅτε αὐτῷ συνήμην τοῦ σκοποῦ τούτου ἐνεργείᾳ ἀρρήτῳ καὶ οὐ δυνάμει.*

Fût contemplé par tes yeux dégagés de l'obscurité profonde (1).
C'est que le sommeil, pesant sur tes paupières, ne te saisissait pas entièrement.
Mais certes dissipant loin d'elles la lourde souillure
Du brouillard, te laissant entraîner dans les tourbillons (2), tu as vu de tes yeux
Beaucoup de beautés qui ne se sont guère laissé apercevoir par aucun
Des hommes qui furent des chercheurs de sagesse (3).
Maintenant (4) que tu as démonté ta tente et quitté le tombeau
De ton âme divine, voici que tu entres dans l'assemblée
Heureuse, rafraîchie par de douces brises,

---

(1) Cf Porphyre, *l. l.*, (suite) : *καὶ ὅτι λοξῶς φερόμενον πολλάκις οἱ θεοὶ κατηύθυναν « θαμινὴν φαέων ἀκτῖνα πορόντες », ὡς ἐπισκέψει τῇ παρ' ἐκείνων καὶ ἐπιβλέψει γραφῆναι τὰ γραφέντα, εἴρηται.* Cf. *ibid.*, 13 et 14 début : *ἐν δὲ τῷ γράφειν ... τὰ πολλὰ ἐνθουσιῶν καὶ ἐκπαθῶς φράζων.*

(2) Creuzer (*Plotini opera*, Oxford, 1835, p. cxxxii) croit que ces tourbillons (*ἐν δίνῃσι*) doivent représenter les influences de la matière; mais cf. plus loin, vers 49 (*χοροῦ τ'εὐδινέα κύκλον*) et ci-dessus, p. 123, note 4.

(3) Cf. Porphyre, *l. l.* (suite) : *Ἐκ δὲ τῆς ἀγρύπνου ἔσωθέν τε καὶ ἔξωθεν θέας ἔδρακες, φησίν, « ὅσσοις πολλά τε καὶ χαρίεντα, τά κεν ῥέα οὔτις ἴδοιτο ἀνθρώπων » τῶν φιλοσοφίᾳ προσεχόντων. Ἡ γὰρ δὴ τῶν ἀνθρώπων θεωρία ἀνθρωπίνης μὲν ἂν γένοιτο ἀμείνων· ὡς δὲ πρὸς τὴν θείαν γνῶσιν χαρίεσσα μὲν ἂν εἴη, οὐ μὴν ὥστε τὸ βάθος ἑλεῖν ἂν δυνηθῆναι, ὥσπερ αἱροῦσιν οἱ θεοί. Ταῦτα μὲν οὖν ὅτι ἔτι σῶμα περικείμενος ἐνήργει καὶ τίνων ἐτύγχανε δεδήλωκε.*

(4) Vers 33 ss. : *Νῦν δ' ὅτε δὴ σκῆνος μὲν ἐλύσαο, σῆμα δ' ἔλειψας | ψυχῆς δαιμονίης, μεθ' ὁμήγυριν ἔρχεαι ἤδη | δαιμονίην ἐρατοῖσιν ἀναπνείουσαν ἀήταις* (cf. Pindare, *Olymp.* II, 127 ss., sur l'île des bienheureux), | *ἔνθ' ἔνι μὲν φιλότης, ἔνι δ' ἵμερος* (cf. Ξ 216) *ἁβρὸς ἰδέσθαι, | εὐφροσύνης πλείων καθαρῆς, πληρούμενος αἰὲν | ἀμβροσίων ὀχετῶν* (image employée souvent chez les platoniciens; cf. par exemple Proclus, *In Cratylum*, p. 91, 10 ss. et 101, 20 ss. éd. Pasquali; Wolff, *De or. philos.*, p. 144 etc.) *θεόθεν, ὅθεν ἐστὶν ἐρώτων | πείσματα, καὶ γλυκερὴ πνοίη καὶ νήνεμος αἰθήρ.* — Cf. Platon, *Conviv.*, 197 C ss.

Là où se trouve l'Amitié, et le Désir charmant à voir,
Rempli d'une allégresse pure, sans cesse débordant
De courants d'ambroisie venus du lieu divin où sont
Les lacets des amours et l'air délicieux et le calme éther;
Là où (1), issus de la race d'or du puissant Zeus, séjournent
Minos et Rhadamanthe, les deux frères, et le juste
Éaque, et Platon, force sacrée, et le beau
Pythagore, et tous ceux qui formèrent le chœur d'Éros
Immortel, tous ceux qui obtinrent une communauté de race
Avec les démons bienheureux, là où le cœur dans les fêtes
Et les liesses se réjouit incessamment. O bienheureux, quel grand
Nombre d'épreuves tu as endurées avant qu'auprès des purs démons
Tu ne résides, fortifié par des existences pleines de combats!
Arrêtons le cantique et les belles rondes du chœur,
Muses qui célébrez la fête de Plotin! et moi-même,
Ma cithare d'or a dit tout ce qu'elle devait au bienheureux. „

Minos, Rhadamanthe et Éaque sont les “ juges des âmes „ (2). Mais — Porphyre s'empresse de le faire observer — Plotin n'a point dû attendre leur sentence. S'il est allé les

---

(1) *L. l.*, vers 40 ss. : *Χρυσείης γενεῆς μεγάλου Διὸς ἧχι νέμονται | Μίνως καὶ Ῥαδάμανθυς ἀδελφεοί, ἧχι δίκαιος | Αἰακός, ἧχι Πλάτων, ἱερὴ ἴς* (cf. β 409 etc.), *ἧχί τε καλὸς | Πυθαγόρης, ὅσσοι τε χορὸν στήριξαν Ἔρωτος | ἀθανάτου, ὅσσοι γενεὴν ξυνὴν ἐλάχοντο | δαίμοσιν ὀλβίστοις, ὅθι τοι κέαρ ἐν θαλίῃσιν* (cf. Hésiode, *Opera et dies*, 115) | *αἰὲν ἐυφροσύνῃσιν ἰαίνεται. ἆ μάκαρ, ὅσσους | ὀτλήσας ἀριθμοὺς ἀέθλων μετὰ δαίμονας ἁγνοὺς | πωλέεαι ζαμενῇσι κορυσσάμενος ζωῇσι* (ces derniers vers font allusion à la série des existences pleines de luttes qui ont purifié Plotin peu à peu), etc.

(2) Cf. Porphyre, *ibid.*, 23 (suite de la paraphrase) : *Μετὰ δὲ τὸ λυθῆναι ἐκ τοῦ σώματος ἐλθεῖν μὲν αὐτόν φησιν εἰς τὴν δαιμονίαν ὁμήγυριν, πολιτεύεσθαι δ' ἐκεῖ φιλότητα, ἵμερον, εὐφροσύνην, ἔρωτα ἐξημμένον τοῦ θεοῦ, τετάχθαι δὲ καὶ τοὺς λεγομένους δικαστὰς τῶν ψυχῶν* (cf. Platon, *Gorgias*, 523 s.; *Apolog.*, 41 A, etc.), *παῖδας τοῦ θεοῦ, Μίνω καὶ Ῥαδάμανθυν καὶ Αἰακόν, πρὸς οὓς οὐ δικασθησόμενον οἴχεσθαι, συνεσόμενον δὲ τούτοις οἷς καὶ οἱ ἄλλοι θεοὶ ἄριστοι· σύνεισι δὲ οὗτοι* (*sic codd.*), *Πλάτων,*

rejoindre là-haut, c'est pour vivre et converser avec eux, comme les " dieux très bons ", comme Pythagore, et surtout comme le grand maître de l'hellénisme, l'immortel auteur du *Phédon*, du *Banquet*, et des autres dialogues qui servent à réveiller l'intelligence ici-bas.

Porphyre n'avait pas oublié sans doute les paroles réconfortantes d'Apollon, lorsqu'il se sentit lui-même près d'arriver à sa fin. Suivant une tradition rapportée par Eunape [1], c'est à Rome qu'il vit venir la mort, et nous savons par Suidas [2] que sa vie se " prolongea jusqu'à l'empereur Dioclétien ". Cela veut dire, selon toute apparence, qu'il ne survécut pas à l'abdication du grand réorganisateur de l'empire païen. Nous n'avons aucun moyen de découvrir ce que furent les derniers jours de Porphyre. Avait-il encore auprès de lui quelques disciples? Il paraît probable qu'il était fort délaissé. Les néo-platoniciens émigraient de plus en plus vers les écoles d'Asie, et déjà Jamblique attirait autour de lui en Syrie des élèves nombreux et enthousiasmés.

Πυθαγόρας, ὁπόσοι τε ἄλλοι « χορὸν στήριξαν ἔρωτος ἀθανάτου » · ἐκεῖ δὲ τὴν γένεσιν τοὺς ὀλβίστους δαίμονας ἔχειν βίον τε μετιέναι τὸν ἐν θαλίαις καὶ εὐφροσύναις καταπεπυκνωμένον καὶ τοῦτον διατελεῖν καὶ ὑπὸ θεῶν μακαριζόμενον. Cette interprétation donnée à l'oracle par Porphyre est naturellement celle qui, ici, doit attirer le plus l'attention.

(1) Ci-dessous, appendice III, p. 51* 4.

(2) *Ibid.*, p. 52* 5. Il semble que chez JÉRÔME, *In Ezechiel.* I, *proœm.*, il faut lire « *Porphyrionem* » et non « *Porphyrium* »; ce texte ne nous fournit en tout cas rien de sûr à propos du tombeau de Porphyre (contrairement à l'avis de PARISOT, *l. l.*, p. 38, note 2).

XIV

CONCLUSION

Cent ans avant Porphyre, un autre Tyrien était comme lui parti pour Rome, allant prêcher dans la grande ville un platonisme rempli de concessions à la démonologie et aux superstitions de l'Orient. De même que son compatriote devait le faire plus tard, ce Phénicien hellénisé avait pris à cœur sa mission. Écrivain parfois éloquent, il avait su trouver des expressions heureuses pour défendre le culte des images et le respect des anciennes divinités. Enfin il avait travaillé à répandre, lui aussi, une philosophie toute dirigée vers l'efficacité pratique et dont la vogue lui valut une belle place dans les lettres grecques sous un nom fort peu syrien, celui de " Maxime ". Mais, en dépit d'une parenté si étroite, combien Porphyre diffère en réalité de lui !

Conférencier mondain, Maxime portait la robe du rhéteur et dans ses œuvres — qui remplissent à peine un volume de dimensions modestes — on remarque l'habile et harmonieux agencement des périodes, les trouvailles de mots, bref, la virtuosité d'un styliste de profession en quête d'applaudissements, tout autant, sinon plus, que le monothéisme platonicien dont l'auteur s'inspire, et l'ensemble nous laisse assez froids. Cet élégant ciseleur de phrases, ce brillant orateur de la chaire étalant ses grâces devant des auditoires choisis, nous paraît trop préoccupé du monde et de ses vanités. Au contraire, ce que nous possédons du Tyrien qui nous donna les *Ennéades* porte la marque d'un labeur sérieux, tendu jusqu'à produire la neurasthénie, et presque angoissé.

En effet, depuis l'époque où Maxime était venu chercher le succès à Rome, les temps avaient bien changé. On n'apercevait plus, de tous côtés, que des signes précurseurs d'orages et de bouleversements. Autour de la nef qui portait les destinées de l'hellénisme, la menace de l'avenir grandissait à vue d'œil. L'heure des passe-temps frivoles était passée. Le moment devenait grave, et ce qui fait la grandeur de Porphyre, c'est qu'il le comprit et se mit à la tâche avec un dévoûment absolu. Dans la lutte qu'il entreprit pour son idée, il montra une tenace énergie, une clairvoyance et une foi qui imposent le respect.

Avant tout, pour tenir haut les cœurs dans la manœuvre et les empêcher de faiblir, il importait que les feux d'un port se fissent voir et qu'on eût l'impression de s'avancer vers un abri. A Porphyre revient l'honneur d'avoir découvert aux défenseurs de l'hellénisme les lumières dont ils avaient besoin. Parmi les hommes qu'il rencontra, il y eut en effet un penseur de génie, destiné à devenir un rénovateur de la métaphysique, et Porphyre reconnut dans ses doctrines l'espoir de salut qu'il cherchait.

Ce Tyrien avait de la religiosité. Il était plein de la piété de son temps; mais il ne voulait pas rompre avec la civilisation antique dont elle fut en vérité la dernière émanation. A cette piété, à ce respect des traditions, le mysticisme de Plotin offrait le moyen de s'exalter. Porphyre en usa. Aux âmes éprises d'idéal, il montra que les voies de l'extase sont le chemin du bonheur éternel, et, pour les autres, il fit valoir que les religions nationales renfermaient une part suffisante de vérité avec leurs symboles et leurs traditions appropriées aux mœurs des divers pays. Il recueillit, pour toutes les formes de la prière, les plus belles des définitions qui soient. En se consacrant à un tel travail, ce moderniste du paganisme voulut — et ce fut là le but principal de sa vie — annihiler l'effet de la propagande chrétienne et empêcher un abandon complet du passé. Du même coup, il prit un rôle fort en vue dans une des plus grandes révolutions qui se soient produites au cours de l'histoire de l'esprit humain.

Avec Plotin — il faut le répéter ici pour caractériser l'œuvre de Porphyre — on est au début d'une ère nouvelle. L'observation du monde extérieur, les efforts tentés pour le connaître, l'utiliser ou l'améliorer, vont cesser. On se détournera de la nature, parce que l'on n'y verra plus que changement, c'est-à-dire altération et corruption, matérialité, grossièreté et bassesse. On rentrera en soi-même. Dans le sens intime de la vie et de l'être de l'âme, on se croira en contact avec l'éternel, l'immuable et le divin. Au lieu de faire l'apothéose du monde et de s'unir à Dieu par la surexcitation des sens ou par la contemplation des astres, on poétisera les élans intérieurs, on s'édifiera dans la méditation. L'idée de la beauté du ciel sera comme dépassée et supplantée par celle de l'infini.

Plotin fut un des principaux auteurs de cette révolution. Il lui a donné sa justification théorique. Il a drapé l'ascète dans le manteau de la philosophie platonicienne. Il a exprimé le système nouveau de la valeur des choses au moyen de quelques-unes des images les plus saisissantes qui pussent captiver les esprits.

Génie plein de ferveur et d'enthousiasme, inspirateur inimitable des ardeurs les plus belles du sentiment, Plotin ne se donnait guère la peine d'écrire. Les copies que l'on prenait de ses leçons, avant l'arrivée de Porphyre à Rome, représentaient le chaos d'une masse touffue d'idées, où il n'y avait ni ordre ni clarté. Sans l'élève tyrien qui lui vint des écoles d'Athènes, ce merveilleux directeur de consciences aurait gardé ses trésors de consolations pour une élite peu nombreuse. Il n'aurait laissé à l'histoire, comme Ammonius Sakkas, que le souvenir de son nom, et peut-être sa pensée fût-elle restée sans prolongement aucun. Ce n'est pas Amélius, apparemment, qui l'aurait beaucoup aidé à mettre ses pensées au clair.

Porphyre par contre lui fut, à cet égard, extrêmement précieux. Esprit critique, par ses objections, par ses questions, il l'aidait à voir quelle expression le ferait mieux comprendre, quel développement donnerait à son idée plus de force et de netteté. Philologue et grammairien, Porphyre revisa ses écrits; il entoura leur publication des soins qu'elle réclamait, mais que Plotin eût dédaignés. Certes, sans l'intervention du disciple, le système du maître se serait moins bien présenté. Les *Ennéades* sont le produit d'une collaboration, et le nom de Porphyre pourrait à bon droit figurer en tête de l'ouvrage au-dessous de celui de Plotin.

Le chef de l'école néo-platonicienne n'avait rien d'un vulgarisateur. On ne pouvait aborder sa philosophie qu'après une longue initiation. Il avait besoin d'assistants propres à donner une sorte d'enseignement préparatoire. Dans ce rôle encore, Porphyre excella. Comme nous l'avons vu, il disciplinait les esprits des élèves par l'étude de la logique et de la dialectique, puis par la méditation des grands principes de l'ascétisme. Il se fit le moraliste de la doctrine dont Plotin était le métaphysicien. Sur beaucoup de points, il développa, justifia et éclaircit les idées de son maître; il leur trouva des applications nouvelles. Avec son inlassable activité, son ardeur pour la polémique, son zèle de propagandiste, il contribua beaucoup à la bonne direction et aux premiers succès de l'école, et l'on a pu dire qu'il devint comme l'âme de l'hellénisme et le protagoniste de son parti. C'est lui qui gagna aux idées de Plotin les adhésions les plus marquantes ; il fut le maître de Théodore d'Asiné et celui de Jamblique.

Certes, dans cette collaboration, la part de Porphyre n'est pas faite uniquement d'apports que les générations à venir tiendront pour essentiels. Par lui-même, Porphyre fut moins un mystique qu'un érudit. Il était de ces intelligences moyennes, dont le rôle consiste à donner une forme scolastique à une production spontanée du génie, et il s'attacha spécialement à fournir au néo-platonisme une justification historique dont nous n'avons plus besoin à présent. A tout instant, nous le voyons produire à l'appui de ce qu'il soutient d'interminables défilés de témoignages recueillis dans toutes les régions du monde antique et datant de tous les siècles passés. Pour celui qui veut aujourd'hui s'initier au système de Plotin, cet étalage d'autorités importe assez peu.

Jamblique, Eunape et les écrivains chrétiens à l'envi ont reproché à Porphyre ses nombreuses variations, et nous avons vu en effet qu'il n'y a point lieu d'admirer dans l'ensemble de son œuvre l'unité, la ferme rigueur, l'enchaînement logique que l'on constate dans tout ce que dit ou ce que fit Plotin. Il faut d'ailleurs s'en louer, car c'est en renonçant à ce qu'il avait aimé d'abord qu'il put se dévouer à la grande tâche de son âge mûr et rendre ainsi à la pensée humaine d'inappréciables services. Mais on doit reconnaître franchement que les ouvrages de Porphyre ne sont pas sans incohérences ni disparates.

L'étonnante multiplicité de ses idées et de ses écrits ne peut pas être expliquée uniquement — ni justifiée — par l'activité inlassable d'un esprit universel qui sut se montrer, au service de la cause qu'il défendait, tour à tour philosophe, apologiste, historien, critique, grammairien, mathématicien, et poète même; qui s'intéressa aux littératures les plus diverses; qui fit admirer par ses adversaires la prodigieuse étendue de ses connaissances et nous laissa une œuvre d'une ampleur et d'une variété presque incroyables pour un moderne. Une telle dispersion d'efforts — qui a d'ailleurs ses dangers — fut aussi, chez notre auteur, l'indice d'un défaut. Le travail de Porphyre nous révèle un génie victime de sa curiosité et gâté par trop de souplesse. Ce polygraphe syrien est de ceux chez qui une extrême facilité à s'assimiler les idées d'autrui diminue fort l'originalité. Si l'on voulait le caractériser avec les expressions qui s'emploient pour un écrivain de notre temps, on dirait de lui qu'il avait l'esprit vif et rapide d'un excellent publiciste, une plume alerte, des ciseaux adroits, et qu'il mit ces instruments tour à tour au service de la crédulité et de la superstition des cultes orientaux, de la critique scientifique et littéraire de Longin, enfin de la religiosité de Plotin. Dans tout ce qui nous reste de ses écrits, il n'y a pas une pensée, pas une image dont on puisse affirmer à coup sûr qu'elle est de lui. Non seulement il se contredit à mesure qu'il avança en âge et qu'il découvrit de nouveaux penseurs et de nouveaux milieux, mais, même dans la période la plus belle et la plus féconde de sa vie, quand il eut subi l'ascendant de Plotin, il ne réussit pas à établir, entre les divers compartiments de son intelligence, des communications assez rapides et assez complètes pour supprimer les désaccords et faire régner dans l'ensemble une parfaite harmonie.

En métaphysique et en morale, il fut néo-platonicien; mais, en logique, il donna raison à Aristote, et, quand il commentait Platon, il reprenait et juxtaposait tout ce qu'il y avait d'utilisable pour lui dans l'exégèse traditionnelle, au risque de perdre de vue les idées de Plotin. Devant ses disciples de l'école, il prêcha le culte le plus spiritualisé qui se pût rêver; puis, quand il passait devant les temples et voyait couler le sang des sacrifices, il était repris de respect pour la tradition; il oubliait de recommander une réforme aux prêtres et il murmurait à peine quelques paroles de réprobation, qu'il aurait dû clamer. On le voit hésiter entre des influences opposées. Tantôt, c'est le pur esprit de Plotin qui s'exprime par sa bouche; tantôt, il se laisse entraîner à des compromissions qui feront dégénérer l'école après lui. Il est d'ailleurs très difficile de démêler, dans les fragments de ses œuvres, ce qu'il a simplement cité et ce qu'il a réellement approuvé.

Il y a toutefois un domaine où Porphyre produisit une œuvre vraiment personnelle. C'est celui de la critique. Son traité contre les chrétiens est sans doute la partie la plus originale de ce qu'il a publié. Et cela encore paraît conforme à l'idée que nous devons nous faire de son esprit. Dialecticien subtil autant qu'érudit parfaitement informé, il excelle à découvrir et à faire voir les défauts des autres. Tout à l'attaque et à la défense, il est capable d'assurer la vogue d'une idée, sans pouvoir en tirer une de son propre fonds.

Une personnalité de ce genre ne peut exercer sur le progrès de la pensée une action de premier ordre et, pour détruire l'effet de sa polémique, les écrivains chrétiens tirèrent habilement parti de ses faiblesses. Cependant, grâce à l'immensité de son travail, Porphyre fut de ceux dont les ouvrages — même si l'on fait abstraction de l'édition des *Ennéades* — eurent une influence marquante dans la préparation des temps nouveaux. Si l'on veut s'en rendre compte, il suffit de se remémorer quelques faits, choisis parmi les plus caractéristiques.

D'abord il y a lieu d'établir ici une distinction entre les deux moitiés du monde ancien. En Orient, le triomphe du christianisme ne tarda pas à provoquer, par réaction, une ligue de tous ceux qui se prétendaient partisans de l'ancienne culture. Le néo-platonisme se trouva engagé ainsi dans des alliances désastreuses pour l'esprit philosophique et la pensée libre. L'école se remplit de théurges, de thaumaturges, d'hiérophantes, qui trouvèrent le zèle religieux de Porphyre trop tiède pour consentir à s'inspirer de lui. Durant toute une période de résistance acharnée, ce fut " le divin " Jamblique qui mena le chœur, et Porphyre " l'érudit " fut presque un oublié (1). L'empereur Julien le connaissait à peine; de ce temps-là, Porphyre n'agissait que dans la mesure où Jamblique lui-même utilisa ses écrits. Même quand Proclus, dans l'école d'Athènes, se remit à consulter les ouvrages de Porphyre à côté de ceux de Plotin, les doctrines du philosophe tyrien

(1) On lit un trait instructif à cet égard chez DAVID, *In Porphyrii Isagogen*, éd. A. BUSSE (1904), p. 92, 3 : *περὶ ὧν, φημὶ δὲ τοῦ Πορφυρίου καὶ τοῦ Ἰαμβλίχου, εἶπεν ἡ Πυθία· « ἔνθους ὁ Σύρος, πολυμαθὴς ὁ Φοίνιξ », Φοίνικα πολυμαθῆ λέγουσα τὸν Πορφύριον (ἀπὸ γὰρ Φοινίκης ἦν), ἔνθουν δὲ Σύρον τὸν Ἰάμβλιχον (οὗτος γὰρ Σύρος ἦν)· ἔνθουν δὲ αὐτὸν λέγει, ἐπειδὴ περὶ τὰ θεῖα ἐνησχολεῖτο.* A l'origine, sinon plus tard au sein de l'école d'Alexandrie, le mot dut être pris dans un sens favorable à Jamblique.

n'avaient plus pour cet épigone qu'un intérêt historique. Il les citait un peu par souci d'érudition, comme s'il eût voulu montrer qu'il ne les ignorait pas.

Bientôt cependant on voit s'ouvrir avec la renaissance de l'école d'Alexandrie une ère nouvelle. Vers la fin du Ve siècle, les chaires sont occupées, dans la grande ville universitaire, par des maîtres favorables à la neutralité religieuse en même temps qu'au péripatétisme et à l'étude des sciences exactes. Du même coup la polymathie et la claire logique du philosophe tyrien reprennent la vogue aux dépens de l'exégèse ampoulée et doctrinaire de Jamblique. Ammonius déjà, puis David ainsi qu'Élie commentent l'introduction de Porphyre à l'*Organon*, et probablement toute la partie de son œuvre qui ne choquait pas trop les lecteurs chrétiens fut conservée avec soin. A Athènes même, le païen Simplicius témoigne un grand respect pour Porphyre. Ensuite les Syriens et les Arabes font de lui un des maîtres de leur philosophie. A Constantinople enfin, quand le goût des lettres revit après la tourmente des siècles d'obscurantisme, Porphyre est de ceux qui aident à lire les poètes et les prosateurs de l'antiquité. Parmi les hommages que lui rendent les élèves des Psellus, il en est de touchants, autant par leur naïve gaucherie que par leur sincérité. Le nom de " Porphyre " inspire les versificateurs d'épigrammes. Tantôt, on déclare qu'il rend claires et transparentes les sombres profondeurs de la pensée d'Aristote; tantôt on croit voir sortir de ses discours, comme du coquillage qui produit la pourpre, de quoi donner l'incarnat aux lèvres et un manteau royal aux esprits (1).

En Occident, les écrits de Porphyre eurent un succès plus soutenu. Ici, on ne connut guère les insanités théurgiques qui s'acclimataient dans l'autre partie de l'Empire. Leurs propagateurs trouvaient un terrain moins bien préparé.

---

(1) cf. Léon le philosophe (IX-Xe siècle), *Anthol. Palat.* IX, 214; Boissonade, *Anecd. graeca*, II, p. 473 et Cramer, *Anecd. Paris.*, IV, p. 284.

Certes, il y eut des écrivains latins qui entreprirent pour leur public un travail analogue à celui des néo-platoniciens orientaux, mais ils ne fondèrent pas d'école.

Auprès de Macrobe et de ses émules, la clarté d'esprit et la gravité morale de Porphyre réussirent à faire concurrence à la théologie dogmatique et compliquée de Jamblique. De plus, quand les Marius Victorinus et les Boèce se mirent en quête de commentaires philosophiques à traduire, Porphyre les attira par la facilité de son style et sa simplicité. C'est ainsi qu'il fut un des intermédiaires entre Plotin et saint Augustin, puis entre Plotin et les scolastiques.

Mais ce n'est pas uniquement comme collaborateur de Plotin et comme maître des philosophies médiévales que Porphyre s'est acquis des droits à notre reconnaissance. Il nous a rendu des services d'un autre ordre. Il est un des plus grands parmi les compilateurs à qui nous devons, nous modernes, la conservation de tant de données sur l'antiquité. Une bonne partie des renseignements que nous pouvons trouver dans les scolies d'Homère, dans la série des commentaires néo-platoniciens, puis chez maint érudit byzantin, a été transmise par son intermédiaire. Par exemple, dans les collections récemment parues des fragments des présocratiques et des stoïciens, ou des poèmes orphiques et de bien d'autres œuvres encore, il suffirait de mettre le nom de Porphyre en tête des extraits que nous lui devons en réalité, pour montrer que son lot est des plus considérables. Il convient, à cet égard, de lui faire une place à côté des Pline, des Galien, des Ptolémée, et des autres lettrés de l'époque impériale dont les compositions savantes nous permettent de suppléer en quelque mesure à la perte de beaucoup de documents précieux.

Si Porphyre pouvait revenir parmi les vivants, il ne serait pas peu surpris, sans doute, du sort que le temps a fait à son œuvre.

Certes, l'idée de la prééminence de la vie spirituelle, et la recherche du salut individuel à laquelle il voua une grande part de son labeur, ont opéré des merveilles ici-bas. Pendant de longs siècles, une nombreuse élite de l'humanité s'est détachée du monde et a demandé au silence des cloîtres l'oubli de ce qui tient à la chair. Aujourd'hui même, tout en pratiquant une philosophie qui ne connaît plus rien des sphères et de l'empyrée de la cosmologie antique, enfiévrés que nous sommes par le tumulte d'une civilisation ardente à dérober ses secrets à la nature et à faire la conquête du monde, nous aimons que la préoccupation de la vie intérieure continue à ennoblir l'art, la religion et les diverses créations de l'esprit. Beaucoup considèrent toujours que le progrès matériel a peu d'importance, à moins qu'il ne contribue à satisfaire des désirs supérieurs aux besoins du corps. " Que sert à l'homme de gagner l'univers, s'il vient à perdre son âme? „

Dans les raffinements les plus modernes du sentiment, dans notre recherche d'émotions esthétiques, dans l'affirmation sans cesse renouvelée du fait que l'homme ne vit pas seulement de connaissance, dans le lyrisme qui s'exalte à exprimer des aspirations vagues et des élans douloureux vers un inaccessible mystère, Porphyre reconnaîtrait peut-être l'influence d'un idéal qui était déjà le sien.

Mais tout ce triomphe du spiritualisme et du mysticisme n'est pas allé aux drapeaux et aux chefs sous lesquels l'éditeur des *Ennéades* s'était rangé. C'est au nom du Christ que les doctrines des néo-platoniciens ont régné sur les esprits. Dans les visions de Dante, dans les effusions de la piété du moyen âge, Plotin est oublié, et de nos jours encore, on pourrait compter facilement ceux qui savent quelque peu ce qu'on lui doit.

Porphyre lui-même se reconnaîtrait-il dans l'idée que de longs siècles ont eue de lui? Ce qu'il a fait pour préparer et assurer le succès des *Ennéades* n'est pas connu depuis longtemps. Un siècle et demi après sa mort, tout ce qu'il avait employé de science, de critique et d'esprit à composer ses quinze livres contre les chrétiens, s'envolait dans la fumée des bûchers. De ses vastes commentaires, il restait tout juste ce que les maîtres d'Athènes et d'Alexandrie avaient consenti à utiliser. Puis, jusqu'à la Renaissance, les restes de son œuvre furent à peine consultés, sauf un traité où les moines pouvaient trouver des arguments pour justifier leurs abstinences, et un manuel d'introduction aux *Catégories*, auquel Porphyre n'avait pu attribuer lui-même une portée considérable.

Par contre ce manuel, si étranger d'inspiration aux idées qui prirent le meilleur de ses efforts, suffit pour lui donner un des premiers rôles dans l'histoire de la philosophie. L'*Isagoge* fit de lui un des évocateurs de la pensée libre dans une période où elle sommeillait. Quel étonnement ne serait pas le sien devant l'immense littérature qui s'est accumulée autour d'une simple parenthèse du début de cet opuscule [1]? Il était loin de songer, en écrivant cette phrase incidente, qu'elle serait considérée comme l'énigme laissée par la philosophie antique aux penseurs des temps nouveaux. Certainement aussi, il eût été stupéfait de voir un commentateur d'Aristote démontrer par un syllogisme que les " cinq termes „ auxquels son nom s'est attaché formaient les premiers des échelons par où l'on doit passer pour arriver à la félicité suprême des chrétiens [2]. Qu'eût-il dit enfin, s'il avait pu prévoir qu'un jour une renaissance de cette étude de la nature, qu'il avait cru devoir sacrifier, serait accompagnée et favorisée par un retour au platonisme même, ainsi qu'à l'appareil de magie, d'alchimie et d'astrologie dont ses derniers représentants l'avaient entouré [3]?

---

(1) « *Mox de generibus ac speciebus illud quidem sive subsistunt sive in solis nudisque intellectibus posita sunt, sive subsistentia corporalia sunt an incorporalia, et utrum separata a sensibilibus an in sensibilibus posita et circa ea consistentia, dicere recusabo* » (*Porphyrii introductio a Boethio translata*, éd. A. Busse, CAG IV, 1, Berlin, 1887, p. 25, 10 ss.). — Cf. Überweg-Heinze, *Grundriss der Geschichte der Philosophie, zweiter Teil*, § 21.

(2) Cf. Élie, *In categorias*, éd. A. Busse (1900), p. 132, 5 ss.

(3) Indépendamment des histoires de la philosophie de la Renaissance, cf. J. Burckhardt, *La civilisation en Italie au temps de la Renaissance*

Bref, les destinées de Porphyre ont de quoi dérouter. Parmi les incessants caprices du sort faits pour compliquer la trame des événements, il en est peu qui dépassent en imprévu l'alliance, dans une œuvre commune, de l'esprit analyste et critique de ce savant avec le génie mystique et exalté de Plotin, alliance suivie de vicissitudes singulières qui supprimèrent jusqu'au nom de l'un des deux collaborateurs et dénaturèrent à plaisir le souvenir de l'autre, tout en les faisant travailler au succès des causes qu'ils avaient combattues.

Mais, en réalité, le cas de Porphyre est loin de se trouver isolé. Le temps aime à déplacer et à brouiller ainsi les marques et les noms que nous mettons chacun sur nos idées et à mêler en une confusion déconcertante les traditions et les legs du passé. Puis, de ces duperies, de ces illusions, de ces fantaisies et de ces caprices, d'un gaspillage apparent des talents et des efforts, il fait sortir des bienfaits inattendus. Il perfectionne la société en se jouant des intentions de ceux qui la dirigent. Il nous rappelle à tout instant que l'homme s'agite et que Dieu le mène dans la voie du progrès.

(traduction française de M. Schmitt, Paris, 1885), 4e partie, chapitre II (la science de la nature en Italie), chapitre III (découverte de la beauté de la nature) et 6e partie, chapitre IV (mélange de superstitions antiques et de superstitions modernes), où l'on trouvera de curieuses séries de faits bien groupés.

APPENDICES

Introduction

I

LE TRAITÉ *ΠΕΡΙ ΑΓΑΛΜΑΤΩΝ*

Pour attaquer le culte des images, les chrétiens et les juifs hellénisés eurent à leur disposition une profusion d'arguments élaborés dans le cours d'une polémique déjà fort ancienne. En effet la lignée de ceux qui, avant eux, attaquèrent l'idolâtrie chez les Grecs remonte presque aussi haut que l'histoire. Depuis Xénophane et Héraclite jusqu'à Lucien, la série en est presque ininterrompue. Les idoles eurent naturellement aussi leurs défenseurs. Peu de temps encore avant Porphyre, Dion de Pruse, Apollonius de Tyane et Maxime de Tyr se livrèrent à de beaux développements pour justifier les honneurs rendus aux statues dans les temples. Malheureusement, les morceaux brillants que ces sophistes nous ont laissés comptent à peine quelques pages, et la plupart des apologies que le culte des images inspira sont perdues (1). Du *Περὶ ἀγαλμάτων* de Porphyre même, il nous reste en tout une dizaine d'extraits, dispersés chez quelques auteurs où, jusqu'ici, ils ont été trop peu remarqués. Cependant — vu la vaste érudition dont Porphyre fait preuve dans chacun de ses écrits — la disparition du *Περὶ ἀγαλμάτων* est des plus regrettables. A lui seul, s'il pouvait être reconstitué, ce traité mettrait en pleine lumière le passé du genre auquel il appartient.

---

(1) Voir sur ce sujet J. GEFFCKEN, *Zwei griechische Apologeten*, Teubner, 1907, p. XX ss.

Holstenius est le premier qui ait signalé l'existence des fragments du *Περὶ ἀγαλμάτων* (1). Depuis lors, personne n'a entrepris d'en donner une édition. Récemment, M. F. Börtzler leur a consacré une dissertation qui m'a rendu de grands services (2), mais il s'est borné à décrire sommairement le contenu du traité, à en chercher les sources et à discuter certains points de l'histoire du texte. Tout excellente qu'elle est, sa monographie laisse encore bien des problèmes à résoudre et des questions à reprendre.

D'abord, nos extraits étant dus presque tous au troisième livre de la *Préparation évangélique* d'Eusèbe, nous avons à rechercher ce que valent au juste les citations faites par le polémiste chrétien. On a émis là-dessus les jugements les plus différents. Après des éloges et des dénigrements excessifs, sont venues les appréciations plus équitables de Freudenthal et de Diels (3). Eusèbe — ou le secrétaire qu'il employait — a commis des négligences et même il a manqué complètement d' " acribie „. Il arrive que la citation s'arrête sans que l'on ait jugé utile d'aller jusqu'au bout de la phrase commencée et qu'ainsi le texte soit singulièrement mutilé. D'autre part, le début de l'extrait peut se rattacher au contexte par des raccords de nature à nous tromper (4). Eusèbe a parfois une érudition de deuxième ou de troisième main. Souvent il se méprend sur le sens d'un passage, et l'on ne doit jamais perdre de vue qu'il travaille avec les préoccupations d'un polémiste et non en suivant la méthode d'un historien. Néanmoins on constate qu'en général les reproductions qu'il donne de ses auteurs ne renferment pas d'altérations graves et intentionnelles. Quand il insiste sur la fidélité d'une citation,

---

(1) *De vita et scriptis Porphyrii philosophi*, Cambridge, 1655, p. 53 s.

(2) *Porphyrius' Schrift von den Götterbildern*, Diss., Erlangen, 1903.

(3) Cf. H. Diels, *Doxographi graeci*, Berlin, 1879, p. 5 ss.; J. Freudenthal, *Hellenistische Studien*, Breslau, 1875, p. 3 ss.

(4) Pour des exemples d'altérations de ce genre, cf. J. Bernays, *Theophrastos' Schrift über Frömmigkeit*, p. 173.

il est à présumer qu'il nous présente son auteur dans l'état où il lui était donné à lui-même de le connaître. Jusqu'à quel point la copie mise à sa disposition était-elle exacte et complète ? A cet égard, la valeur de son témoignage dépend des cas, et il nous est rarement donné de pouvoir la déterminer avec certitude (1).

En ce qui concerne Porphyre et le ***Περὶ ἀγαλμάτων*** spécialement, il est un premier point sur lequel il n'y a guère lieu d'hésiter. Bien certainement, Eusèbe consultait le texte même de l'ouvrage et non de simples extraits. Concevrait-on qu'il en fût autrement ? Nous n'avons pas affaire ici à un écrivain séparé de lui par un long intervalle de temps. Porphyre est le contemporain du maître d'Eusèbe, de Pamphile, le prêtre de Césarée dont la bibliothèque servit d'instrument de travail à l'auteur de la *Préparation évangélique* (2). Le disciple de Plotin est le chef de l'école philosophique la plus importante de l'époque. Il est aussi le champion de la théologie hellénique qu'Eusèbe prit à tâche de discréditer (3). Comment les écrits de Porphyre aurait-ils fait défaut à celui qui, au moment où ils se répandaient, avait peut-être le plus de raisons de les connaître et de les étudier ?

Il me paraît également certain qu'Eusèbe, dans ses extraits du ***Περὶ ἀγαλμάτων***, ne se préoccupe pas de nous donner une description complète du système d'interprétation qui y est appliqué, et il est rare qu'il prétende fournir des citations

(1) On trouvera des exemples pris à la *Praepar. evangel.* chez I. A. Heikel, *De Praeparationis evang. Eusebii edendae ratione*, Helsingfors, 1888, p. 64 ss. — Cf. également, pour les extraits renfermés dans l'*Histor. eccles.*, l'introduction à l'édition d'E. Schwartz, Leipzig, Hinrichs, 1909, p. CLIII ss.

(2) Cf. Eusèbe, *Hist. eccles.* VI, 32, 3, et Smith-Wace, *Dictionary of christian biography*, s. v. « Pamphilus », p. 179.

(3) Il composa même, contre Porphyre, un grand ouvrage qui est complètement perdu : cf. E. Schwartz, dans Pauly-Wissowa, RE, VI, col. 1395, 28 ss.

littérales (1). Certes, il semble bien qu'il a reproduit intégralement les amples périodes du début du traité, afin de faire sentir ce qu'il appelle l' " *ἀλαζονεία* „ de cette introduction. Mais ailleurs, il dit plus d'une fois qu'il abrège, et M. Börtzler a eu raison d'insister là-dessus (2). En maint endroit, on devine des lacunes, et la phrase a une sécheresse, une dureté, une allure saccadée qui sans doute n'est pas due à Porphyre lui-même, mais bien à celui qui le transcrit. Malheureusement, nous n'avons aucun passage parallèle qui fournisse ici un instrument de contrôle.

Lydus, il est vrai (3), semble prêter à Porphyre une première interprétation du mythe d'Hestia (= *ἡ νοητὴ ὀντότης*) dont le passage correspondant d'Eusèbe n'a pas gardé trace. Mais ce témoignage, si l'on considère les textes de près, n'est pas de ceux qui imposent la conviction. Les termes que Lydus emploie sont tels que nous ne sommes guère autorisés à introduire la *νοητὴ ὀντότης* dans nos fragments. Il se pourrait que le lecteur de Porphyre qui a trouvé ou cru trouver chez lui cette explication du rôle d'Hestia, ait en vue un écrit autre que le *Περὶ ἀγαλμάτων*, le commentaire du *Cratyle* par exemple (4). Heureusement, d'ailleurs, Lydus donne la reproduction littérale du passage du *Περὶ ἀγαλμάτων* qui pourrait être en cause : cet extrait coïncide tout à fait avec la citation parallèle d'Eusèbe et l'on n'y voit pas la moindre trace d'une *Ἑστία-ἐσσία*, ni d'une *νοητὴ ὀντότης*. De plus, la donnée de Lydus constituerait, au milieu de nos fragments, un élément fort disparate. Il ne se trouve rien d'analogue à cette Hestia " intelligible „ dans les longs et multiples extraits conservés

---

(1) Cf. ci-dessous, appendice I, p. 2*, note.

(2) *L. l.*, p. 12 ss. ; cf. ci-dessous, appendice I, p. 11* notes, et 23* note.

(3) Cf. le texte de LYDUS ci-dessous, appendice I, p. 8* en note.

(4) Cf. ci-dessous, appendice IV, la liste des commentaires de Platon, et PROCLUS, *In Cratylum*, § 138 ss. — BÖRTZLER (*l. l.*, p. 62) admet lui aussi que la tirade relative à la *νοητὴ ὀντότης* doit viser un autre ouvrage que le *Περὶ ἀγαλμάτων*.

chez Eusèbe et empruntés par lui à ce qu'il appelle une " physiologie " (1).

La seconde partie du passage qui vient de nous occuper n'est pas l'unique endroit du *De mensibus* où l'on retrouve les expressions mêmes de notre traité *Sur les images des dieux*. Plusieurs autres développements de Lydus coïncident également, mais sans que Porphyre soit nommé, avec le *Περὶ ἀγαλμάτων* (2). Pour ces divers extraits, M. Börtzler a supposé que Lydus est tributaire de la *Préparation évangélique*. Si, dans deux de ces endroits, Lydus attribue à Plutarque ce que nous lisons chez Porphyre (3), ce ne peut être, d'après M. Börtzler, que le résultat d'une méprise (4), et cette méprise — la mention de Plutarque ne figurant que dans le manuscrit S — ne remonte pas nécessairement jusqu'à Lydus lui-même. Toute cette partie de la thèse de M. Börtzler me paraît acceptable, bien qu'elle ne soit pas prouvée définitivement. Je constate en tout cas que, dans son *De magistratibus* (p. 8, 13 éd. Wünsch), Lydus cite Eusèbe expressément et montre ainsi que l'auteur de la *Préparation évangélique* ne lui est pas étranger. Il nous fournit de la sorte un indice favorable à la combinaison proposée par M. Börtzler.

Par contre, M. Börtzler (*l. l.*, p. 58 s.) a eu tort d'attribuer la même provenance au passage des scolies de Théocrite reproduit ci-dessous p. 15* en note. Ce texte, qui provient du *Περὶ θεῶν* d'Apollodore, est en réalité indépendant et d'Eusèbe et de Porphyre. Je puis me borner à renvoyer pour ce point aux dissertations récentes de MM. E. Hefermehl (5) et C. Reinhardt (6).

---

(1) Cf. ci-dessus, p. 25, note 2, et ci-dessous, p. 149.

(2) Cf. ci-dessous, p. 9* et 12* en note, et Börtzler, *l. l.*, p. 59 ss.

(3) Voir ci-dessous, p. 12* en note, et cf. p. 15* en note.

(4) C. Reinhardt (*De Graecorum theologia capita duo*, Berlin, 1910, p. 95, note 1) émet la même hypothèse que M. Börtzler.

(5) *Studia in Apollodori Περὶ θεῶν fragmenta Genevensia*, Diss., Berlin, 1905, p. 27, note 5.

(6) *L. l.*, p. 94 ss. On sait par Porphyre lui-même qu'il ne voyait aucun mal à commettre ce que nous appellerions des plagiats. Au début de son

Le *Lexique* de Suidas, les scolies de l'Iliade, les *Πάτρια Κωνσταντινουπόλεως* et une compilation anonyme publiée par M. Max Treu (1) renferment quelques descriptions de statues — très voisines parfois de certains passages de Lydus — où on l'a cru reconnaître aussi des fragments du *Περὶ ἀγαλμάτων* (2). M. Börtzler a fort bien vu que c'est une hypothèse des plus risquées (3). Il fait une exception pour le texte parallèle que j'ai reproduit ci-dessous p. 6* en note. Mais même cette réserve me paraît superflue. J'ignore pour ma part si l'une ou l'autre de ces tirades a pu passer par l'intermédiaire d'une des compilations de Porphyre — *Ὁμηρικὰ ζητήματα* ou *Περὶ ἀγαλμάτων* — et il serait prématuré de vouloir actuellement déterminer leur exacte provenance. Le cas de la scolie de Théocrite qui dérive d'Apollodore, et que l'on avait prise pour un extrait de Porphyre, doit nous rendre circonspects en pareille matière.

Stobée fait deux emprunts déclarés au *Περὶ ἀγαλμάτων* (4). Il a puisé à la même source, sans le dire, dans un troisième endroit. Au § 23 du chapitre I du livre premier des *Eclogae* (5), nous trouvons en effet les mêmes trente-deux vers orphiques que Porphyre avait insérés au début de son *Περὶ ἀγαλμάτων*.

---

commentaire des *Harmoniques* de Ptolémée (p. 190 s. éd. Wallis), il déclare qu'il juge inutile de rien changer aux expressions de ses devanciers, quand elles lui semblent bonnes. Démarquer, pour paraître faire œuvre originale, est à ses yeux un passe-temps peu digne d'un homme sérieux. Cf. aussi J. Bernays, *Theophrastos' Schrift über Frömmigkeit*, p. 3.

(1) *Excerpta anonymi Byzantini*, Progr., Ohlau, 1880.

(2) Cf. B. L. Gildersleeve, *De Porphyrii studiis homericis*, Diss., Gœttingue, 1853, p. 17 ss., et L. Traube, *Varia libamenta critica*, Munich, 1883, p. 27 ss.

(3) *L. l.*, p. 66 ss. — Zeller (*Philosophie der Griechen*, III 2, p. 730, note 1) fait observer que beaucoup des éléments du *Περὶ ἀγαλμάτων* se retrouvent dans la *Vita Homeri* attribuée à Plutarque, et que quelques modernes ont prise pour une partie du *Περὶ τῆς Ὁμήρου φιλοσοφίας*. Cf. sur cette question H. Diels, *Doxographi graeci*, p. 98 s., et C. Reinhardt, *l. l.*, p. 5 ss.

(4) Cf. ci-dessous, appendice I, p. 6* et 23* en note.

(5) Cf. *ibid.*, p. 3* en note.

Comme M. Traube l'a supposé (1), c'est à cet ouvrage même que Stobée, peu prodigue d'ailleurs de textes orphiques, doit son extrait. Presque immédiatement après, au § 25, il transcrit sous la rubrique " *Πορφυρίου ἐκ τοῦ Περὶ ἀγαλμάτων* " les premières lignes du commentaire dont Porphyre avait fait suivre les vers d'Orphée. Stobée a donc coupé en deux (2) l'emprunt qu'il faisait à notre opuscule, afin de mettre, suivant son habitude, d'un côté les vers, et de l'autre la prose. Et il n'a pas donné pour un emprunt à Porphyre une tirade qui, en somme, était due à Orphée.

Il n'est guère possible de contester l'authenticité du titre — " *Περὶ ἀγαλμάτων* " — sous lequel Stobée cite deux de ces passages (3). Jamblique, qui a si souvent marché dans les voies de Porphyre, a traité le même sujet dans un écrit intitulé semblablement *Περὶ ἀγαλμάτων* (4), et M. Börtzler a raison de dire qu'Eusèbe, en désignant le livre de Porphyre par l'expression " *φυσιολογία* ", veut en caractériser le contenu, et non en reproduire le vrai titre (5).

Si le titre mentionné par Stobée, mais passé sous silence par Eusèbe, est exact, il est démontré que Stobée n'a pas

---

(1) *Varia libamenta critica*, Munich, 1883, p. 23, note 23; cf. Börtzler, *l. l.*, p. 4.

(2) Cf. H. Diels, *Doxographi graeci*, p. 66.

(3) Ci-dessous, appendice I, p. 6* et 23* en note.

(4) Cf. Photius, *Bibliotheca*, *Cod.* 215, et Börtzler, *l. l.*, p. 58.

(5) Börtzler, *l. l.*, p. 57, note 1, et ci-dessus, p. 25, note 2. Börtzler a raison également de se refuser à suivre Wolff (*De orac. philos.*, p. 32) qui voudrait intituler le traité « *Περὶ τῆς ἐξ ἀγαλμάτων φυσιολογίας* ». Par contre, je ne pense pas, comme Börtzler, que le *Περὶ θείων ὀνομάτων* de Suidas (cf. ci-dessous, appendice III, p. 52* 9) puisse être identifié avec le *Περὶ ἀγαλμάτων*. Ces deux titres paraissent indiquer des sujets différents. — Ce sont les expressions employées par Eusèbe (cf. ci-dessous, appendice I, p. 1* ss., en note) qui ont fait supposer à Petau l'existence d'un traité de Porphyre *Περὶ τῆς ἀλληγορουμένης Ἑλλήνων καὶ Αἰγυπτίων θεολογίας* (cf. Fabricius-Harles, *Bibliotheca graeca*, t. 5, Hambourg, 1796, p. 744).

eu connaissance du *Περὶ ἀγαλμάτων* par l'intermédiaire de la *Préparation évangélique* ([1]), et il devient un témoin indépendant. Malheureusement, il ne nous met pas à même de faire des constatations fort instructives. Nous devons nous borner à noter que, en plus d'un endroit des vers d'Orphée, le *codex* F de Stobée permet de corriger des fautes qui figurent dans tous les manuscrits d'Eusèbe. A qui veut s'en assurer, il suffira de jeter un coup d'œil sur l'apparat critique de notre appendice I, p. 3* ss.

Il est regrettable pour nous que l'étude des sources de Macrobe en soit encore à ses débuts. Bien des parties des *Saturnales*, notamment les chapitres 17 à 23 du premier livre, offrent avec nos fragments des concordances que l'on trouvera relevées dans l'appendice I, p. 9* et 13* ss., en note. Comment ces concordances doivent-elles être expliquées? Pour une partie, assurément, par des emprunts faits en dernière analyse au *Περὶ θεῶν* d'Apollodore. Depuis les recherches de MM. Münzel ([2]) et Reinhardt ([3]), cela ne sera plus mis en doute. Mais si l'on veut déterminer de quelle manière l'érudition d'Apollodore a pu arriver jusqu'aux deux séries de textes parallèles, on se trouve en face de questions actuellement insolubles. Parmi les sources de ces chapitres de Macrobe, faut-il ou non ranger le *Περὶ ἀγαλμάτων* de Porphyre? Faut-il ou non supposer que Porphyre a été utilisé par l'intermédiaire de Jamblique? On aurait besoin de plusieurs pages pour résumer la controverse et ce serait, ici, une digression fort oiseuse. Il suffit de constater que ceux-là mêmes qui considèrent actuellement Porphyre, et non Jamblique, comme étant l'auteur auquel Macrobe, dans les chapitres en question, doit ses extraits d'Apollodore, restent fort

---

([1]) L'hypothèse émise en passant par Börtzler (*l. l.*, p. 58) et d'après laquelle Stobée aurait deviné le titre, me paraît moins soutenable encore que son auteur ne l'a pensé.

([2]) R. Münzel, *De Apollodori Περὶ θεῶν libris*, Diss., Bonn, 1883, p. 14 ss.

([3]) C. Reinhardt, *l. l.*, p. 101 ss.

hésitants quand il s'agit de dire lequel des ouvrages de Porphyre aurait été mis à contribution [1]. Quoi qu'il en soit, il n'y a rien à tirer de Macrobe qui soit de nature à compléter nos fragments.

D'après tout ce que nous venons de voir, il ne semble pas que le *Περὶ ἀγαλμάτων* de Porphyre ait eu une influence très considérable; les écrivains qui en ont conservé des traces ne sont pas nombreux. Une allusion chez saint Augustin [2], peut-être un ou deux emprunts chez Lydus, puis trois extraits dans l'*Anthologie* de Stobée, voilà, en dehors des citations insérées dans la *Préparation évangélique* tout ce que nous avons retrouvé. C'est peu, et nos vingt-trois pages de texte ne doivent pas donner l'impression que nous connaissons fort bien le contenu de l'ouvrage. Certes, l'apologiste chrétien nous permet de nous former une idée du but que Porphyre s'était proposé, de la nature des théories dont il s'inspirait et même jusqu'à un certain point du plan qu'il avait suivi. Mais, ne l'oublions pas, il n'y a que deux ou trois fragments où Eusèbe nous a conservé la lettre même de l'exposé de Porphyre. Celui-ci — on le voit aux citations qu'il a faites d'Apollodore et d'Orphée — n'avait pas craint les longueurs, et sa phrase ne devait point avoir la sécheresse que lui prête si souvent Eusèbe.

Le *Περὶ ἀγαλμάτων* comptait-il plusieurs livres? Jamais Eusèbe ne nous donne lieu de le supposer. Peut-être ne

---

(1) Cf. par exemple C. Reinhardt, *l. l.*, p. 101 ss.

(2) Cf. ci-dessous, appendice I, p. 10* en note. Les textes cités par C. Reinhardt (*l. l.*, p. 113, note 1) sont un peu vagues pour être tout à fait probants. — Il faudrait toute une monographie, si l'on voulait étudier les rapports qui existent entre les citations de Porphyre qu'on lit chez Augustin et chez Eusèbe. Dans la *Lettre à Anébon*, la coïncidence des extraits est frappante et elle mérite un examen approfondi. Je dois réserver cette question pour l'introduction aux fragments de cette curieuse épître. Sur l'intérêt porté par Augustin aux ouvrages d'Eusèbe, cf. par exemple sa lettre 24, 3. — Des allusions du genre de celles que je découvre chez Athanase, *Oratio contra gentes*, 21 (PG 25, col. 41 D : *εἰ ... ὡς γράμματα εἰσιν ὑμῖν ταῦτα* ...; cf. ci-dessous, p. 1*) sont trop sommaires pour prouver que leur auteur ait jamais eu le traité de Porphyre entre les mains.

faut-il rien conclure de son silence. Le *De abstinentia* comprenait quatre livres. Il est cité fréquemment dans la *Préparation évangélique* même. Or, de ces nombreuses citations, deux ou trois seulement sont faites avec l'indication du livre [1]. Quant à Stobée, il fait précéder deux de ses extraits des mots " *ἐκ τοῦ Περὶ ἀγαλμάτων* „. Mais il serait dangereux de vouloir tirer de là un argument décisif [2]. Le *Περὶ Στυγός*, par exemple [3], est mentionné chez le même compilateur tantôt avec le singulier (*ἐκ τοῦ*), tantôt avec le pluriel (*ἐκ τῶν*).

* * *

Alors que l'on connaît si imparfaitement la teneur exacte du *Περὶ ἀγαλμάτων*, il serait merveilleux que la " recherche des sources „ pratiquée avec tant de témérité depuis un quart de siècle n'eût pas erré ici comme ailleurs. Je n'étonnerai personne en disant qu'elle a donné autant de mauvais que de bons résultats, et pour mettre le lecteur à même de rectifier ce que l'on a avancé à ce sujet, je puis me borner à signaler quelques faits trop peu remarqués jusqu'ici.

D'abord, personne n'a tenu compte de ce qu'a de vraiment original le système d'interprétation adopté par Porphyre. Bien entendu, le *Περὶ ἀγαλμάτων* ne fait que continuer le jeu des " allégories physiques „ auquel se complaisait l'ingéniosité des stoïciens. Mais, dans ce genre, il représente une espèce nouvelle. L'auteur du traité s'attache visiblement à montrer que les dieux et leurs attributs figurent le monde astrologique : les neuf sphères, le feu supérieur, les signes du zodiaque, la lune, surtout le soleil, voilà ce que représentent les statues [4]. Kronos, Arès et Aphodrite sont avant tout

---

(1) On pourra s'en assurer facilement grâce à l' « *index scriptorum* » de l'éd. GIFFORD, *s. v.* « Porphyrius ».

(2) Cf. ci-dessous, appendice I, p. 6* et 23* en note. L. TRAUBE (*l. l.*, p. 27) a vu dans la formule *ἐκ τοῦ* la preuve que le *Περὶ ἀγαλμάτων* n'avait qu'un livre.

(3) Cf. STOBÉE, *Ecl.*, I, 3, 56 (*ἐκ τοῦ Περὶ Στυγός*) et I, 49, 50 (*ἐκ τῶν* etc.).

(4) Cf. ci-dessus, p. 21.

pour lui les divinités des planètes, et il leur donne le caractère que leur attribuaient les " Chaldéens „ (1). Un passage sur le Lion domicile du soleil est particulièrement probant (2). Ce système d'interprétation " sidérale „ est emprunté par Porphyre aux mystères orientaux où il était depuis longtemps en usage (3) et, parmi les détails de la symbolique que Porphyre semble faire sienne, il en est plus d'un qui mériterait d'être étudié de près.

Porphyre devait connaître les mystères par ses propres pratiques, mais — je l'ai indiqué déjà — il était un érudit trop consciencieux pour ne pas compulser soigneusement la littérature de son sujet. Sur le mithriacisme, il consulte Eubule (4), et je crois que, pour les mystères des Égyptiens, il recourt surtout à Chérémon (5). Il cite Chérémon dans le *De abstinentia* (6), et la *Lettre à Anébon* indique clairement que cet " hiérogrammate „, pour expliquer les symboles employés par les diverses liturgies de son pays, avait un système semblable à celui que Porphyre lui-même applique en rédigeant le *Περὶ ἀγαλμάτων*. Le contexte fait voir d'ailleurs que Chérémon n'était que l'auteur d'une sorte de compilation dont notre philosophe connaissait ou devinait les sources (7).

Récemment encore, on s'est cru autorisé à faire remonter jusqu'à Apollodore tout ce que renferme le traité *Sur les images des dieux*. Sans doute, cet écrivain est abondamment

(1) Cf. ci-dessous, appendice I, p. 16* ss.

(2) *Ibid.*, p. 13* 9.

(3) Cf. l'interprétation des symboles mithriaques rapportée par F. Cumont, *Textes et monuments figurés relatifs aux mystères de Mithra*, t. I, p. 198 ss. et II, p. 39 ss.

(4) *De abstin.*, IV, 16, et *De antro nymph.*, 6; cf. ci-dessus, p. 43, note 1.

(5) Cf. les excellentes remarques de F. Börtzler, *l. l.*, p. 38 ss.

(6) IV, 6.

(7) Cf. les fragments 31 et 36 ss. de la *Lettre à Anébon*, notamment le début du fragment 37 (chez Parthey, *l. l.*; cf. ci-dessus, p. 81 note 2 et p. 83) : *ἑώρα γὰρ τοὺς ... φαμένους* etc. Sur Chérémon, voir W. Otto, *Priester und Tempel im hellenistischen Ägypten*, Teubner, t. II, 1908, p. 351 s., *s. v.* « Chairemon ».

utilisé dans le *Περὶ ἀγαλμάτων* (1) et même, d'après ce qui a été dit plus haut (p. 147), il est certain qu'en un endroit, Porphyre avait copié textuellement son *Περὶ θεῶν* (2). Mais ce n'est là qu'une des sources du traité. En découvrant récemment dans l'exégèse homérique de Porphyre un long morceau emprunté à un écrit hippocratique, M. Reinhardt (3) a fourni une preuve nouvelle de l'abondance de lectures dont l'élève de Longin aimait à se prévaloir partout.

Quand il compose le *Περὶ ἀγαλμάτων* spécialement, ouvrage destiné à rassurer les païens dans la pratique de leur religion (4), Porphyre ne fait pas œuvre de théoricien. Il n'a pas la prétention de déterminer, parmi les défenses du paganisme, ou en particulier parmi les diverses allégories physiques, laquelle semble la plus vraie. Ses préoccupations sont celles d'un apologiste qui prend ses arguments de toutes mains. Il se plaît à montrer à l'occasion que, pour qui veut trouver une explication rationnelle des symboles du culte, sa " physiologie " est pleine de ressources et que ses interprétations ne manquent ni de souplesse ni de variété. Maintes fois, il offre le choix entre diverses explications (5).

L'analyse des fragments du *Περὶ ἀγαλμάτων* nous a révélé qu'ils sont faits en réalité d'emprunts à divers auteurs. Porphyre a manié, pour justifier le culte des images, à la fois les écrits des Orphiques, ceux de Chérémon et des autres théoriciens des mystères, et peut-être encore les ouvrages de Cornutus et de Nicomaque dont, d'après lui, Origène avait abusé pour expliquer les récits de la Bible (6). Le *Περὶ ἀγαλμάτων* offre ainsi un mélange curieux

(1) Cf. Börtzler, *l. l.*, p. 28 ss.; E. Hefermehl, *Studia in Apollodori Περὶ θεῶν* etc., 1905, p. 1 ss.; C. Reinhardt, *De graecorum theologia capita duo*, p. 83 ss.

(2) Cf. ci-dessous, appendice I, p. 15* 2-6, avec la note.

(3) *L. l.*, p. 32 ss.

(4) Cf. ci-dessus, p. 21.

(5) Cf. ci-dessus, p. 109, note 1.

(6) Voir ci-dessus, p. 13, et cf. par exemple l'appendice I, p. 13*, 3 ss., avec Lydus, *De mensibus*, IV, 67, où Nicomaque est cité.

d'astrologie, de platonisme, d'orphisme, de stoïcisme et de mysticisme. Le tout est utilisé habilement dans un système d'interprétation qu'Eusèbe appelle à bon droit une « *φυσιολογία* ». Enfin l'ouvrage présente de nombreux points de contact avec les *Questions homériques*, et l'on n'y découvre pas trace des idées de Plotin [1].

* * *

Voulant mettre le lecteur à même de contrôler la valeur du texte que j'ai adopté et l'exactitude des conclusions qui viennent d'être exposées brièvement, j'ai été amené à diviser mes notes en trois séries.

D'abord, immédiatement sous le texte, on trouvera : 1° l'indication de l'endroit d'Eusèbe où figure l'extrait; 2° un renvoi sommaire à tous les textes — répétitions d'Eusèbe, autres copies, passages parallèles — qui doivent être utilisés pour confirmer, corriger ou compléter la version transmise par la *Préparation évangélique.*

Sous cette première série d'indications, figure l'énumération des passages parallèles qui, sans contribuer à l'établissement du texte, permettent au lecteur de se faire une opinion sur la nature des sources employées par Porphyre. Le contexte d'Eusèbe et certains de ses développements auraient été trop encombrants pour le premier étage des notes. Il était plus commode de les joindre à la seconde section.

Enfin, au bas des pages, vient l'apparat critique avec quelques références qui s'y rattachent nécessairement.

Vu l'insuffisance des éditions de la *Préparation évangélique*, j'ai été obligé de donner une description des leçons fournies par les bons manuscrits. De la sorte, l'appendice I présentera comme un spécimen d'édition du livre III de la compilation d'Eusèbe.

---

(1) Cf. ci-dessus, p. 24 s. et 32, note 3; *Quaest. Homer.*, *Odyss.*, p. 60, 3 éd. Schrader : *οὕτω πεπληρῶσθαι θείων δυνάμεων Ὅμηρος ἡγεῖται ἅπαντα* ; et Börtzler, *l. l.*, p. 20 ss., où l'on trouvera un bon exposé des principaux arguments que j'aurais à faire valoir.

Voici la liste des sigles que j'ai employés :

A = *Parisinus* 451, de l'an 914.
J = *Marcianus* 341, du XVe siècle.
B = *Parisinus* 465, du XIIIe siècle.
N = *Neapolitanus* II A a 16, XIII/XIVe siècle.
O = *Bononiensis* 3643, du XIIIe siècle.
Tr. = *Eusebii ... de evangelica praeparatione opus a ... Georgio Trapezuntio e graeco in latinum versum* (¹).

Au livre III, et spécialement pour les extraits du *Περὶ ἀγαλμάτων*, le classement proposé jadis par M. Heikel (*De Praeparationis evangelicae Eusebii edendae ratione*, Helsingfors, 1888, p 3) peut être adopté. Je ne dois y faire ici qu'une seule rectification. Contrairement à ce que M. Heikel avait avancé, N doit intervenir; il est certainement indépendant de O. Cf. par exemple p. 9* 4 *ἰὼν* AJN > BO — 9* 10 *γὰρ* AJN > BO, etc. D'après ce que M. E. Schwartz a bien voulu me faire savoir, du moment que je dispose de N, je puis négliger son *gemellus*, le *Parisinus* 467 (= D).

J'adopte donc le stemma suivant :

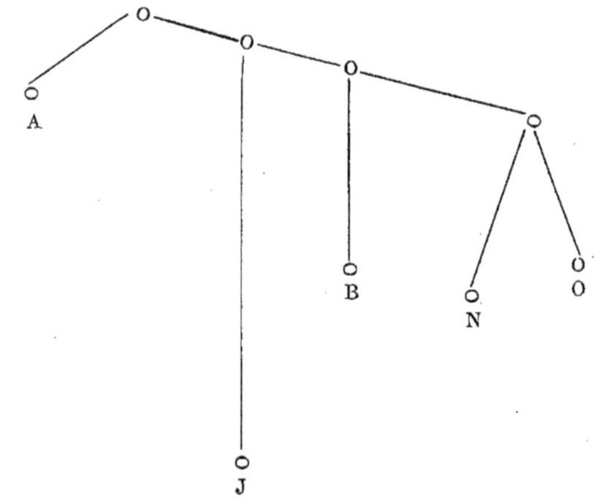

(¹) Sur la valeur de cette traduction, cf. *Revue critique*, 2 juillet 1906, p. 507 ss. J'ai consulté l'édition de Venise, 1491.

Pour AJB et O, j'ai pu — grâce à l'obligeance de M. E. Schwartz — disposer d'excellentes collations faites par M. Heikel. Ça et là, M. Henri Lebègue m'a fourni quelques suppléments d'information sur A ou sur B. M. Domenico Bassi a eu la bonté de me dresser du texte de N une collation extrêmement soignée. Je présente ici à ces savants l'expression de ma vive gratitude pour les services qu'ils m'ont rendus.

L'apparat est composé de façon que l'on puisse conclure " *e silentio* ". Toutefois, j'ai cru pouvoir me dispenser de décrire les grattages et les corrections sans importance des divers manuscrits.

Je n'ai pas témoigné au *codex* A les mêmes égards que M. Gifford. Cet apographe a un texte souvent fautif, et même revisé. Cependant, à cause de son ancienneté, il y a lieu dans les questions d'orthographe de préférer ses leçons à celles des autres copies [1].

D'après tout ce qui a été dit, l'appendice I ne peut prétendre donner autre chose qu'une édition des extraits tels qu'Eusèbe les fournit. Remonter au delà est le plus souvent impossible. Je me suis contenté d'indiquer dans l'apparat les défectuosités de cette tradition. Même les vers orphiques, pour lesquels nous disposons à la fois d'Eusèbe et de Stobée, ne sont pas sans fautes. Écarter celles-ci, c'est-à-dire supposer que la citation figurait sans la moindre incorrection dans le *Περὶ ἀγαλμάτων*, eût été dangereux. Je me suis borné, ici aussi, à faire remarquer les erreurs de transcription.

---

[1] Il n'est pas sans intérêt de reproduire l'appréciation de Wolff (*De or. philos.*, p. 106), dont les éditeurs d'Eusèbe n'ont pas paru jusqu'ici soupçonner l'existence : « *Codicem A, quia antiquissimus est, in textu constituendo imprimis sequor, neque tamen ubique sequi audeo, quia neque tanto melior est reliquis, quanto est vetustior, neque interpolationes absunt. Haud parvi momenti B est.* »

II

LE TRAITÉ DE REGRESSU ANIMAE

M. N. Bouillet a démontré, l'un des premiers, par un ensemble de témoignages formels et de rapprochements de textes probants, que Porphyre eut une part notable dans la formation philosophique de saint Augustin (¹). Le travail que M. Grandgeorge a publié à la fin du siècle dernier sur les rapports de saint Augustin avec le néo-platonisme (²) n'est guère à cet égard que le développement des arguments que Bouillet avait réunis et brièvement indiqués. Mais ici, ma tâche n'est point de déterminer l'importance de Porphyre pour qui veut comprendre les idées de saint Augustin; c'est au contraire de rechercher quelle utilité les écrits du père de l'Église peuvent avoir dans la reconstitution de l'œuvre du disciple de Plotin.

Augustin — c'est un point dont la démonstration ne doit plus être refaite — a connu les écrits de Porphyre par des traductions latines, notamment celles de Marius Victorinus (³).

(¹) *Les Ennéades de Plotin*, traduites par M. N. Bouillet, Paris, Hachette, 3 vol., 1857-1861. Voir les passages indiqués à la table, au mot « Augustin ».

(²) L. Grandgeorge, *Saint Augustin et le néo-platonisme, Bibliothèque de l'école des hautes études. Sciences religieuses*, VIII. Paris, Leroux, 1896.

(³) Cf. Augustin, *Confess.* VII 9 et VIII 2 ; *De civitate dei*, VIII 12 ; Bouillet, *l. l.*, II, p. 555 ss.; Grandgeorge, *l. l.*, p. 35 ss.; outre l'indication relevée par Jülicher, dans Pauly-Wissowa, RE, II, col. 2364, 6 ss.,

Parmi les écrits qu'il a lus, il y en a un que nous possédons en partie — les Ἀφορμαί — et il y en a quatre au moins qui sont perdus : le *Περὶ τῆς ἐκ λογίων φιλοσοφίας*, la *Lettre à Anébon*, le *Περὶ ἀγαλμάτων* et le *De regressu animae*. Je ne dois m'occuper pour le moment que du dernier de ces opuscules et ma tâche sera aisée, parce que, des trois autres, les deux premiers ont été déjà l'objet de reconstructions assez complètes [1], tandis que la part du *Περὶ ἀγαλμάτων* a été déterminée précédemment [2].

Sauf quelques allusions et des répétitions peu importantes, tous les emprunts faits par Augustin au *De regressu* se trouvent dans le livre X de la *Cité de Dieu*. Ils y sont nombreux. Presque tout ce qui vient de Porphyre dans ce livre — excepté le résumé de la *Lettre à Anébon* qui remplit le chapitre XI — peut être attribué sûrement au *De regressu* : l'article " Porphyrius „ de l'*index nominum*, dans l'édition du *Corpus* de Vienne [3], aurait besoin, à cet égard, d'être revisé soigneusement. Wolff lui-même, le consciencieux éditeurs, du *Περὶ τῆς ἐκ λογίων φιλοσοφίας*, a commis plusieurs méprises dont une seulement est relevée dans ses *Corrigenda* [4].

Le lecteur verra facilement que tous les extraits réunis ici sous la rubrique du *De regressu animae* s'enchaînent l'un à l'autre et portent la marque très reconnaissable de leur provenance. Et même, ils donnent une idée assez complète,

---

cf. le jeu de mots sur *theurgi-periurgi*, *De civitate dei*, X 16, p. 426, 22 éd. Dombart, et encore *De doctrina christiana* III, § 7 et II, § 16, PL, t. 34, col. 68 et 42 s. — Sur les rapports d'Augustin avec Marius Victorinus, cf. R. Schmid, *Marius Victorinus*. Diss., Kiel, 1895, p. 68 ss.

(1) Cf. ci-dessus, p. 17 ss. et 80 ss.

(2) Cf. ci-dessus, p. 151.

(3) *De civitate dei*, *rec.* E. Hoffmann, II, 1900, p. 722. — Les passages groupés sous les mots « *praeterea de daemonibus* » auraient dû être placés, les uns, dans la part du *De regressu*, les autres dans le lot de la *Lettre à Anébon* (notamment 480, 12).

(4) L'erreur commise p. 146, 12 est corrigée p. 243 ; mais le passage cité à la page 148, l. 13 ss., appartient également au *De regressu*.

semble-t-il, du système que Porphyre avait développé dans cet ouvrage, et qui a été résumé plus haut p. 88 ss.

Indépendamment d'Augustin, Arnobe est le seul écrivain chez qui l'on découvre peut-être quelque vestige des doctrines du *De regressu*. Seulement il ne semble pas qu'Arnobe ait eu dans les mains ni le texte grec ni une traduction du traité (1). On trouvera p. 29* et 40* les seules données qu'il fournit : elles n'ajoutent rien d'utile aux extraits de la *Cité de Dieu*.

Sous quel titre Porphyre avait-il publié son ouvrage? Nous savons par Lydus que Jamblique — qui fut presque en tout l'émule de Porphyre — composa un traité *Περὶ καθόδου ψυχῆς* (2). Certes, le mot *κάθοδος*, qui s'applique au " retour „ d'un exilé dans sa patrie, pourrait avoir signifié par analogie le " retour „ de l'âme dans le ciel. Mais les textes réunis par Wyttenbach (3), ainsi que le titre du chapitre VIII de la quatrième *Ennéade* (4), donnent lieu de penser que, dans l'école comme dans les mystères, le mot *κάθοδος*, s'opposant à *ἄνοδος*, était employé pour désigner la descente des âmes et l'incarnation (5). Holstenius (6) et Zeller (7) n'ont donc pas si mal deviné en intitulant plutôt l'ouvrage de Porphyre

---

(1) Cf. F. Niggetiet, *De Cornelio Labeone*, Diss., Munster, 1908, p. 50 s. spécialement.

(2) *De mensibus*, IV, 149, p. 167, 23, éd. Wünsch : *ἐν τῷ πρώτῳ τῆς περὶ καθόδου ψυχῆς πραγματείας*.

(3) Cf. le t. II, p. 128 de l'édition d'Eunape de Boissonade, Paris, 1822; Porphyre, *De antro nympharum*, 2, p. 56, 2 éd. Nauck, etc.

(4) *Περὶ τῆς εἰς τὰ σώματα καθόδου τῆς ψυχῆς*; cf. Jamblique, chez Stobée (*Ecl.*, I, 49, 39) : *ἐν ταὐτῷ* (c'est-à-dire dans son *Περὶ ψυχῆς*) · *περὶ διαφορᾶς καθόδου τῶν ψυχῶν*, et *ibid.*, p. 377, 26 s. éd. Wachsmuth.

(5) Certains (Boissonade entre autres; cf. aussi Wolff, *De or. philos.*, p. 28, note 2) ont voulu corriger le texte d'Énée de Gaza, *Theophrast.*, p. 51, 13 ss., de façon à y mettre une allusion à un traité de Porphyre *Περὶ καθόδου ψυχῆς*. J'ai vu les meilleurs manuscrits, et il faut maintenir la leçon *καθόλου* qu'ils donnent tous : *ἐπιγράφει δὲ καθόλου τὸ βιβλίον, ὃ εἰς μέσον προάγει, « τῶν Χαλδαίων τὰ λόγια »*.

(6) *De vita et scriptis Porphyrii*, Cambridge, 1655, p. 46.

(7) *Philosophie der Griechen*, III, 2, p. 709, note 1.

« Περὶ τῆς ἀνόδου τῆς ψυχῆς ». On trouve le mot ἄνοδος employé avec le même sens chez Jamblique (1), et, dans un fragment de Porphyre lui-même (2), on lit : « καὶ ὅτι ὡς παῖδας πατέρων ἀποσπασθέντας εὔχεσθαι προσήκει περὶ της πρὸς τοὺς ἀληθινοὺς ἡμῶν πατέρας, τοὺς θεούς, ἐπανόδου », ce qui suggérerait l'idée d'intituler nos fragments, peut-être, « Περὶ ψυχῆς ἐπανόδου ».

Augustin n'a eu sans doute sous les yeux qu'une traduction latine, qu'il a lui-même résumée librement. Dans ces conditions, il n'y a guère de chance de retrouver le texte grec, sauf çà et là pour quelque terme technique ou pour quelque expression consacrée.

Quant à l'ordre à adopter dans le classement des extraits, je n'ai eu que rarement l'embarras du choix. Saint Augustin insérant ses citations ou ses emprunts dans le cours d'une réfutation qui en donne comme le commentaire continu, il n'était guère possible — sauf pour quelques répétitions et pour quelques fragments où le sens l'exigeait — de s'écarter de l'ordre même qu'il a suivi. Toute autre disposition eût produit de l'obscurité et de la confusion. Tel qu'il est, l'arrangement que j'ai été forcé d'admettre est-il conforme au plan de l'ouvrage de Porphyre? Nous n'avons aucun moyen de nous en assurer. En tout cas, s'il en était ainsi, la dernière citation étant tirée de la fin du livre premier du *De regressu*, l'écrivain latin n'aurait rien pris aux livres suivants.

Nous constatons, grâce à Augustin, que l'ouvrage de Porphyre était d'importance et qu'il comptait deux livres au moins; nous savons, par lui également, que l'auteur s'était répété. Pour le reste, bornons-nous à noter que l'ordre imposé par l'état de la tradition ne nuit en rien à la reconstitution de la pensée maîtresse de l'œuvre. Quand, dans le même livre de la *Cité de Dieu* (chap. XI), Augustin résume la *Lettre à*

(1) Stobée, *Ecl.* I, 49, 67, p. 457, 25 éd. Wachsmuth. Cf. Platon, *Resp.*, VII, 517 B.

(2) Proclus, *In Tim.*, I, p. 208, 12 ss. éd. Diehl.

Anébon — ici nous pouvons le constater —, il ne s'écarte pas de la disposition de l'original, et il en reproduit le sens avec autant de clarté que de fidélité.

Le texte des fragments est emprunté à la troisième édition de Dombart, publiée en 1908 chez Teubner par les soins de M. A. Kalb.

III

EXTRAITS D'EUNAPE, DE SUIDAS ET D'AUTEURS ARABES SUR LA VIE ET LES ŒUVRES DE PORPHYRE

Tous les manuscrits des *Vies* d'Eunape dérivent, directement ou non, du *Laurentianus* 86, 7, manuscrit de parchemin du XIVe siècle. A. Jordan l'avait affirmé voici vingt-cinq ans déjà (1) et M. V. Lundström l'a répété après lui (2). Il me restait quelques doutes sur la valeur du *Vaticanus* 140 (du XIV/XVe siècle) et des *Borbonici* III. B. 32 et III. D. 8 (du XVe siècle). Grâce aux renseignements que m'ont très obligeamment fournis M. E. L. De Stefani sur le manuscrit de Rome, et M. Domenico Bassi sur ceux de Naples, tout doute est écarté. Ces trois manuscrits sont, comme les autres, des dérivés de celui de Florence et ils ne pouvaient me rendre aucun service.

Pour l'article consacré à Porphyre dans le *Lexique* de Suidas, j'ai pu collationner moi-même tous les manuscrits qui ont quelque importance (voir ci-dessous p. 52*), sauf les *Parisini*, dont M. Henri Lebègue a eu la bonté de me faire connaître le texte, et les manuscrits de Rome, dont les leçons m'ont été décrites par M. E. L. De Stefani.

---

(1) *De Eunapii codice Laurentiano*, Progr., Lemgo, 1888.

(2) *Prolegomena in Eunapii vitas, Skrifter utgifna af K. humanistika Vetenskaps-Samfundet i Upsala*, VI 2, 1897, p. 8 ss.

Je n'aurais pu former le recueil des textes arabes relatifs aux écrits perdus de Porphyre sans l'aide d'un orientaliste. Fort heureusement, mon honoré collègue de l'université de Liége, M. V. Chauvin, m'a généreusement prêté le secours de ses lumières, et sa science est d'ailleurs trop universellement connue et appréciée pour que j'aie à insister sur l'importance du service qu'il m'a rendu. Grâce à lui, j'ai pu disposer de tous les renseignements dont j'avais besoin ; il m'a signalé la plupart de mes extraits ; il a traduit en français ceux d'Al-Qifṭī et il a collationné avec l'original les traductions allemandes que j'ai reproduites, bien que — à ses yeux — pour celle d'A. Müller toute vérification fût superflue. On trouvera au bas des pages 55* ss. les notes précieuses que je dois à cette collaboration. Ici, je tiens à remercier l'éminent spécialiste qui a bien voulu m'autoriser à faire paraître sous son patronage une des parties difficiles de mon travail.

Personne ne s'attendra à me voir reproduire dans l'appendice III tous les témoignages relatifs à la vie de Porphyre qui ont été cités plus haut dans les notes des divers chapitres de la biographie. Il me paraît intéressant de signaler ici une scolie écrite dans la marge du *Mediceus* A des *Ennéades* (= *Laurentianus* 87, 3, du XIIIe siècle) en face du chapitre XVII (p. 21, 24 s. éd. VOLKMANN : *Κεόδαμέ τε καὶ Μάλχε*) de la *Vie de Plotin* : *Τὸ δὲ Πορφύριον μετακληθῆναι ἔδοξεν ἢ ἀπὸ τοῦ βασιλέως εἶναι τὴν πορφύραν, ἢ καὶ ἀπὸ τοῦ πορφυρίαν ὀνομάζεσθαι τὴν Τύρου τέχνην.* Cf. ci-dessus, p. 49.

IV

LA LISTE DES ÉCRITS DE PORPHYRE

Une biographie de Porphyre eût été incomplète sans un tableau de l'œuvre immense à laquelle ce travailleur infatigable consacra sa vie. J'ai donc dressé une liste de ses écrits et j'y ai joint quelques indications sommaires sur les endroits où se trouvent les principaux fragments. J'ai marqué d'un astérisque les ouvrages conservés. Ils sont malheureusement, dans la série, fort clairsemés.

La liste étant destinée en partie à renseigner ceux qui découvriront un jour une citation de Porphyre dans quelque inédit, j'avais à la faire très complète. Les titres des ouvrages apocryphes sont entre crochets [ ], et un point d'interrogation désigne ceux dont l'existence ou l'authenticité reste douteuse.

Ce travail était d'autant plus nécessaire que les bibliographies déjà publiées, y compris celle de Fabricius [1], sont défectueuses et dangereuses à manier.

La monographie de Parisot, bien que peu répandue, mérite une mention spéciale [2]. L'auteur a dépouillé consciencieusement une bonne partie des ouvrages où les fragments de Porphyre sont conservés, et il fait une énumération de ses œuvres qui est à certains égards plus complète que celle de Fabricius. Néanmoins son travail est presque inutilisable, tant il renferme de fantaisies et d'inexactitudes. D'abord, la liste de Parisot ne donne pas tout, elle non plus. Parmi les écrits qui s'y trouvent mentionnés, il en est dont aucun

(1) *Bibliotheca graeca*, 3e éd., Hambourg, t. 5 (1796), p. 729 ss.
(2) *De Porphyrio tria tmemata*, Paris, 1845

texte n'atteste l'existence. Un bon nombre des titres que Parisot énumère sont de sa propre invention; enfin il identifie sans raison sérieuse des traités peut-être différents.

A la fin de sa brochure, Parisot publie un *fragmentorum omnium syllabus* (1). Ici encore une fois, omissions et confusions abondent. Mais ce serait perdre son temps que de faire l'énumération des erreurs de cet érudit (2). Sa monographie est restée peu connue, et s'il convient de la citer, c'est pour rendre hommage au labeur considérable qui l'a produite.

La disposition que j'avais à choisir dans l'appendice IV a donné lieu à de longues hésitations. J'ai été amené à mettre à part les ouvrages qui, par leur forme même, appartiennent à la catégorie des commentaires proprement dits : cela ne doit pas faire perdre de vue que beaucoup d'ouvrages, qui ne pouvaient figurer sous la même rubrique, roulent presque en entier cependant sur des questions d'exégèse, platonicienne ou autre (3). Il convenait de séparer la psychologie de la morale, et cependant, presque partout, Porphyre a fait œuvre de moraliste. Bref, aucun ordre ne s'imposait tout à fait. J'ai suivi celui qui m'a paru le plus instructif et le plus conforme à la classification antique, celle que l'on trouve entre autres chez Eunape (ci-dessous p. 50* 10 ss.) et chez Suidas (ci-dessous p. 52* 6 s.).

Pour les écrits relatifs à la rhétorique, M. H. Rabe a bien voulu me fournir quelques indications précieuses. Enfin, M. H. Geist a eu l'extrême obligeance de me prêter sa copie d'un opuscule où il avait cru d'abord découvrir une traduction latine d'un écrit de Porphyre (4). Je n'ai vu, dans le texte, rien qui m'autorisât à faire figurer le morceau dans la liste de l'appendice IV.

---

(1) *L. l.*, p. 186 ss.

(2) Cf. Wolff, *De or. philos.*, p. 7, note 1.

(3) Voir un exemple ci-dessus p. 104, note 2, et sur le *Περὶ τοῦ ἐφ' ἡμῖν*, F. Boll, *Jahrbücher für class. Philologie*, Suppl., t. 21, 1894, p. 115.

(4) Cf. la note parue dans la *Berliner philologische Wochenschrift*, 1913, col. 124.

APPENDICES

Textes

I.

ΠΟΡΦΥΡΙΟΥ

ΠΕΡΙ ΑΓΑΛΜΑΤΩΝ

1. «Φθέγξομαι οἷς θέμις ἐστί, θύρας δ' ἐπίθεσθε, βέβηλοι» σοφίας θεολόγου νοήματα δεικνύς, οἷς τὸν θεὸν καὶ τοῦ θεοῦ τὰς δυνάμεις διὰ εἰκόνων συμφύλων αἰσθήσει ἐμήνυσαν ἄνδρες τὰ ἀφανῆ φανεροῖς ἀποτυπώσαντες πλάσμασι, τοῖς καθάπερ ἐκ βίβλων τῶν ἀγαλμάτων ἀναλέγειν τὰ περὶ θεῶν μεμαθηκόσι γράμματα. Θαυμαστὸν δὲ οὐδὲν ξύλα καὶ λίθους ἡγεῖσθαι τὰ ξόανα τοὺς ἀμαθεστάτους, καθὰ δὴ καὶ τῶν γραμμάτων οἱ ἀνόητοι λίθους μὲν ὁρῶσι τὰς στήλας, ξύλα δὲ τὰς δέλτους, ἐξυφασμένην δὲ πάπυρον τὰς βίβλους.

Fr. 1 : Eusèbe, *Praepar. Evangel.*, III, 7, 1.
L. 1-2 : *Ibid.*, III, 13, 4.

Fr. 1 Eusèbe, III, 6, 7 : *Τοσούτων ἡμῖν ἀποδεδειγμένων εἰς ἔλεγχον τῆς ἀσυστάτου θεολογίας, τῆς τε λεγομένης μυθικωτέρας καὶ τῆς ὑψηλοτέρας δὴ καὶ φυσικωτέρας, ἣν οἱ παλαιοὶ Ἕλληνές τε καὶ Αἰγύπτιοι σεμνύνοντες ἀπεδείχθησαν, ὥρα καὶ τῶν νέων τῶν δὴ καθ' ἡμᾶς αὐτοὺς φιλοσοφεῖν ἐπαγγελλομένων ἐπαθρῆσαι τὰ καλλωπίσματα· οἵδε γὰρ τὰ περὶ νοῦ δημιουργοῦ τῶν ὅλων καὶ τὰ περὶ ἀσωμάτων ἰδεῶν νοερῶν τε καὶ λογικῶν δυνάμεων τοῖς ἀμφὶ τὸν Πλάτωνα μακροῖς ποθ' ὕστερον χρόνοις ἐφευρημένα καὶ λογισμοῖς ὀρθοῖς ἐπινενοημένα συμπλέξαι τῇ τῶν παλαιῶν θεολογίᾳ πεπειραμένοι, μείζονι τύφῳ τὴν περὶ τῶν μύθων ἐπαγγελίαν ἐξῆραν. Ἄκουε δ' οὖν καὶ τῆς τούτων φυσιολογίας, μεθ' οἵας ἐξενήνεκται τῷ Πορφυρίῳ ἀλαζονείας ;* puis, III, 7, 1 sous le titre : *Ὁποίας οἱ νεώτεροι τῶν φιλοσόφων τοῖς περὶ θεῶν μύθοις συνέπλεξαν αἰτιολογίας*, le fragment 1 — L. 1 = *Orphica*, fr. 6, 1, Abel ; cf. Sozomène, VI, 25, 10 ; Kroll, *Orac. Chald.* 59[2] etc. — 1 ss. cf. Ps. Plutarque, *Vita Homeri*, II, 113 ; Hiéroclès, *In aur. carmen*, v. 61-66. — 2 *οἷς καὶ τὸν θεὸν καὶ τοῦ θεοῦ τὰς δυνάμεις... τὰ ἀφανῆ φανεροῖς ἀποτυπώσαντες πλάσμασι* : Porphyre insistait apparemment là dessus ; cf. Eusèbe, *ibid.*, III, 13, 5 : *Ἀλλ' ἐπεὶ πάντα τὸν περὶ τούτων ἀπόρρητον δὴ*

---

2 *σοφίας θεολόγου* = Eusèbe, III, 13, 4] *θεολόγου σοφιας* B | *νοήματα* = Eusèbe, III, 13, 4] *μηνύματα* BNO | 3 *δι' εἰκόνων* BN | *συμφύλων αἰσθήσει*] *συναιστήσει* A | 4 *ὑποτυπώσαντεσ* BNO ; voir ci-dessous p. 2*, l. 8 etc. | 5 *ἀγαλμάτων*] *ἀγγελμάτων* N

2. *Φωτοειδοῦς δὲ ὄντος τοῦ ϑείου καὶ ἐν πυρὸς αἰϑερίου περιχύσει διάγοντος, ἀφανοῦς τε τυγχάνοντος αἰσϑήσει περὶ ϑνητὸν βίον ἀσχόλῳ, διὰ μὲν τῆς διαυγοῦς ὕλης, οἷον κρυστάλλου ἢ Παρίου λίϑου ἢ καὶ ἐλέφαντος, εἰς τὴν τοῦ φωτὸς αὐτοῦ ἔννοιαν ἐνῆγον · διὰ δὲ τῆς τοῦ χρυσοῦ, εἰς τὴν τοῦ πυρὸς διανόησιν καὶ τὸ ἀμίαντον αὐτοῦ, ὅτι χρυσὸς οὐ μιαίνεται. Πολλοὶ δὲ αὖ καὶ μέλανι λίϑῳ τὸ ἀφανὲς αὐτοῦ τῆς οὐσίας ἐδήλωσαν. Καὶ ἀνϑρωποειδεῖς μὲν ἀπετύπουν τοὺς ϑεούς, ὅτι λογικὸν τὸ ϑεῖον, καλοὺς δέ, ὅτι κάλλος ἐν ἐκείνοις ἀκήρατον· διαφόροις δὲ σχήμασι καὶ ἡλικίαις, καϑέδραις τε καὶ στάσεσι καὶ ἀμφιάσεσι, καὶ τοὺς μὲν ἄρρενας, τὰς δὲ ϑηλείας, καὶ παρϑένους καὶ ἐφήβους ἢ γάμου πεῖραν εἰληφότας, εἰς παράστασιν αὐτῶν τῆς διαφορᾶς. Ὅϑεν πᾶν τὸ λευκὸν τοῖς οὐρανίοις ϑεοῖς ἀπένειμαν · σφαῖράν τε καὶ τὰ σφαιρικὰ πάντα, ἰδίως τε κόσμῳ καὶ ἡλίῳ καὶ σελήνῃ, ἔσϑ' ὅπου δὲ καὶ τύχῃ καὶ ἐλπίδι· κύκλον δὲ καὶ τὰ κυκλικὰ αἰῶνι καὶ τῇ κατὰ τὸν*

Fr. 2 : Eusèbe, *ibid.*, 2-4

καὶ μυστικώτερον λόγον εἰς ἀσωμάτους δυνάμεις μεταφορικῶς ἀνῆγον (c'est Porphyre qu'Eusèbe vise ici). *ὥστε δοκεῖν μηκέτ' ἐπὶ τὰ ὁρώμενα μέρη τοῦ κόσμου τὴν θεοποιΐαν αὐτῶν συντείνειν, ἀλλ' ἐπί τινας ἀοράτους καὶ ἀσωμάτους δυνάμεις, σκεψώμεθα εἰ μὴ καὶ οὕτως μίαν χρὴ τὴν θείαν δύναμιν ἀποθαυμάζειν, ἀλλ' οὐ πολλὰς ἡγεῖσθαι; ibid.*, § 8 : *Ὁ δὲ* (*Πορφύριος*) *καὶ τὰς Αἰγυπτιακὰς μυθολογίας* (voir ci-dessous fr. 9 s.) *πάλιν ἐπὶ ἀσωμάτους μεταφέρει δυνάμεις*; même idée *ibid.*, § 9; enfin *ibid.*, § 22 : *Εἰ δὲ μὴ τὰ ὁρώμενα σώματα ἡλίου καὶ σελήνης καὶ ἄστρων μηδὲ τὰ αἰσθητὰ μέρη τοῦ κόσμου φήσουσι θεοποιεῖν, ἀλλὰ τὰς ἐν τούτοις ἀοράτους δυνάμεις αὐτοῦ δὴ τοῦ ἐπὶ πᾶσιν* (*ἕνα γὰρ ὄντα θεὸν παντοίαις δυνάμεσι τὰ πάντα πληροῦν, καὶ διὰ πάντων διήκειν, καὶ τοῖς πᾶσιν ἐπιστατεῖν, ἀσωμάτως καὶ ἀφανῶς ἐν πᾶσιν ὄντα, καὶ διὰ πάντων διήκοντα, καὶ τοῦτον εἰκότως διὰ τῶν δεδηλωμένων σέβειν φασί*) etc.

Fr. 2, immédiatement après le fragment 1, Eusèbe ajoute : *τοιαῦτα δὲ ὡς ἐν προοιμίῳ κατακομπήσας ἄκουε οἷα προϊὼν ἑξῆς γράφει πρὸς λέξιν· Φωτοειδοῦς* etc.; cf. *De or. philos.*, 114 Wolff; Proclus, *In remp.*, II, 246

4 *ἢ καὶ*] *καὶ* JBNO | 5 *αὐτῶν* ABNO | *ἐνῆγε* JBNO | *τῆς τοῦ*] *τοῦ* ////// B | 6 *αὐτῶν* A | 7 *αὐτῶν* A | 8 *ἀνθρωποειδὲσ* A | 9 *τοὺς θεοὺς* > A | *τὸ θεῖον λογικὸν* B | 9-10 *κάλλος ἐν ἐκείνοις*] *κάλλουσ ἐν ἐκείνοισ εἶδοσ* NO | 17 *καὶ* > J | *κατὰ τὸν*] *κατ'* JNO

οὐρανὸν κινήσει, ταῖς τε ἐν αὐτῷ ζώναις καὶ τοῖς κύκλοις· κύκλων δὲ τμήματα τοῖς σχηματισμοῖς τῆς σελήνης· πυραμίδας δὲ καὶ ὀβελίσκους τῇ πυρὸς οὐσίᾳ καὶ διὰ τοῦτο τοῖς Ὀλυμπίοις θεοῖς· ὥσπερ αὖ κῶνον μὲν ἡλίῳ, γῇ δὲ κύλινδρον, σπορᾷ δὲ καὶ γενέσει φάλητα καὶ τὸ τρίγωνον σχῆμα διὰ τὸ μόριον τῆς θηλείας.

3. Ὅρα δὲ τὴν τῶν Ἑλλήνων σοφίαν οὑτωσὶ διασκοπούμενος. Τὸν γὰρ Δία τὸν νοῦν τοῦ κόσμου ὑπολαμβάνοντες, ὃς τὰ ἐν αὐτῷ ἐδημιούργησεν ἔχων τὸν κόσμον, ἐν μὲν ταῖς θεολογίαις ταύτῃ περὶ αὐτοῦ παραδεδώκασιν οἱ τὰ Ὀρφέως εἰπόντες·

Ζεὺς πρῶτος γένετο, Ζεὺς ὕστατος ἀργικέραυνος,
Ζεὺς κεφαλή, Ζεὺς μέσσα, Διὸς δ' ἐκ πάντα τέτυκται.
Ζεὺς ἄρσην γένετο, Ζεὺς ἄμβροτος ἔπλετο νύμφη.
Ζεὺς πυθμὴν γαίης τε καὶ οὐρανοῦ ἀστερόεντος,
Ζεὺς βασιλεύς, Ζεὺς αὐτὸς ἁπάντων ἀρχιγένεθλος.

Fr. 3 : Eusèbe, *ibid.*, III, 9, 1-5 [= *Orphica*, fr. 123 Abel VI Hermann]
L. 12 à 5*, 14 : Stobée, *Ecl.*, I, 1, 23 [manuscrit unique : F]

Fr. 3 Eusèbe, III, 8, 2 : *ταῦτα* (Plutarque, fr. X et Platon, *Lois*, XII, 955 E) *δὲ σαφῆ περιέχειν ἡγοῦμαι τῆς προτεθείσης ἀνατροπὴν φυσιολογίας* (fr. 2)· *ἧς φέρε καὶ τὰ λοιπὰ ἐπιθεωρήσωμεν. Ἐπάκουσον οὖν οἷά φησιν* puis III, 9, 1, sous le titre : *Ἔτι περὶ τῆς ἀλληγορουμένης Ἑλλήνων καὶ Αἰγυπτίων θεολογίας*, le fr. 3 et immédiatement après : *ταῦτά σοι ὁ Πορφύριος* — 9 ss. cf. Proclus, *In Tim.*, I, 313, 17 Diehl — 12 ss.; *Orphica*, fr. 46 Abel

1 *τμήματα*] *σχήματα* A | 4 *τοῖς*] *καὶ τοῖσ* JBNO | *γῇ*] /// A mais en marge *γῇ* A[1] | 5 *σπορᾷ*] *σφόδρα* A | *φιλητὰ* A | *φάλητα καὶ τὸ*] *καὶ φάλητα* B | 7-8 *οὕτωσ ἰδίᾳ σκοπούμενοσ* A corrigé en marge en *οὑτωσὶ διασκοπούμενοσ* A[2] | 8 *ὑπολαμβάνοντα* BNO | 9 *ὃς ... κόσμον*] *quae (mens mundi) in se ipsa mundum continens produxit* Tr.; corriger : *ὃς ἐν αὐτῷ ἔχων τὸν κόσμον ἐδημιούργησεν* ou *ὃς τὰ* <*πάντα*> *ἐν αὐτῷ ἔχων ἐδ. τὸν κόσμον*? | 9 après *μὲν* + *οὖν* B | 12 *γίνετο* B | *ἀρτικέραυνοσ* NO *τερπικέραυνοσ* B | 13 *μέσα* NO Stobée | *τετύχτω* B *τέτεκται* Stobée | 14 *ἄρσην* J | *ἐγένετο* N | *ἄμβροτος* Stobée et *Orphica* fr. 46 Abel] *ἄφθιτοσ* (*ἄφοιτοσ* N, *ἔπλετο ἄφθιτοσ* J) les mss. d'Eusèbe | 15 *πυθμὴν*] *λιμὴν* Stobée | 16 *πάντων* Stobée | *ἀρχιγένεθλος*] *ἀρχήγονοσ ἔθλοσ* A

Ἓν κράτος, εἷς δαίμων γένετο, μέγας ἀρχὸς ἁπάντων,
ἓν δὲ δέμας βασίλειον, ἐν ᾧ τάδε πάντα κυκλεῖται,
πῦρ καὶ ὕδωρ καὶ γαῖα καὶ αἰθήρ, νύξ τε καὶ ἦμαρ,
καὶ Μῆτις πρῶτος γενέτωρ καὶ Ἔρως πολυτερπής·
πάντα γὰρ ἐν Ζηνὸς μεγάλῳ τάδε σώματι κεῖται.

Τοῦ δή τοι κεφαλὴ μὲν ἰδεῖν καὶ καλὰ πρόσωπα
οὐρανὸς αἰγλήεις, ὃν χρύσεαι ἀμφὶς ἔθειραι
ἄστρων μαρμαρέων περικαλλέες ἠερέθονται,
ταύρεα δ' ἀμφοτέρωθε δύο χρύσεια κέρατα,
ἀντολίη τε δύσις τε, θεῶν ὁδοὶ οὐρανιώνων,
ὄμματα δ' ἠέλιός τε καὶ ἀντιόωσα σελήνη.

Νοῦς δέ < οἱ > ἀψευδής, βασιλήϊος, ἄφθιτος αἰθήρ,
ᾧ δὴ πάντα κλύει καὶ φράζεται· οὐδέ τίς ἐστιν

---

3 et 5 à 8 : Eusèbe, *ibid.*, III, 9, 8; cf. *ibid.* III, 10,2
12 à 5*, 2 : *Ibid.*, III, 11, 4
12 et 13 jusqu'à φράζεται : *Ibid.*, III, 9, 9

---

1 cf. Proclus, *In Tim.*, I, 451, 15 Diehl, etc. — 1 et 4 cf. Proclus, *In Alcibiadem*, 376 Cousin [2] — 4 cf. Proclus, *In Tim.*, I, 336, 13 et II, 54, 26 Diehl — 5 cf. Proclus, *In Tim.*, I, 307, 30 Diehl — 6 et 11 cf. Proclus, *In Tim.*, I, 161, 24 Diehl — 12 suiv. cf. Proclus, *In Tim.*, II, 82, 16 Diehl

---

1 ἔγκρατοσ A | 2 δὲ > Stobée | ἐν ᾧ Stobée | τά τε B | πάντω Stobée | 3 καὶ² > NO | 4 πρῶτος γενέτωρ = Proclus, *ll. ll.*] πρωτογενέτωρ A Stobée | 5 μεγάλῳ Ζηνὸς Eusèbe | σώματα Stobée | 6 τοι] τὸ Stobée | κεφαλὴ Proclus et sans doute Porphyre] κεφαλὴν Eusèbe et Stobée | 7 ὃν χρύσεαι] αἱ χρύσειαι A (III, 9, 8) | χρύσιαι αἰμφὶς αἴθαιραι Stobée | 8 περικαλλέες jusqu'à 6* 5 τρόπον > B | περικάλλεσιν A | ἠερέθονται Eusèbe ἠγερέθεντο Stobée | 9 ταύρια Stobée | ἀμφοτέρωθεν Stobée ἀμφοτέρωσε JNO | δύω AN | χρύσεα AJO, mais εα corr. en εια JO | 10 ἀντολίη δὲ Stobée | δύσεισ N | 11 ἠέλιος Stobée | ἀντιόωσσα O ἀνταυγοῦσα Heringa | 12 νοῦς] οὗς Heringa, réfuté par Börtzler, p. 5; cf. Eusèbe, *ibid.*, III, 9, 10 : νοῦν μὲν αὐτοῦ τὸν αἰθέρα ... ἀπεφήνατο et III, 9, 9 : ἐν οἷς ἐπιφέρει τὸν νοῦν τοῦ Διὸς λέγων εἶναι τὸν αἰθέρα καὶ οὐδὲν ἄλλο; III, 10, 2 etc. | δέ οἱ Proclus et sans doute Porphyre] δὲ Stobée et Eusèbe (excepté J qui a δέ γε III 7, 2 et 9, 9) | 13 ᾧ] ὅσ JNO | κλύει Stobée = Proclus] κυκλεῖ Eusèbe (fautes sans intérêt pour nous dans les manuscrits JBNO) | ἐστιν Stobée > Eusèbe

αὐδή, οὐδ' ἐνοπή, οὐδὲ κτύπος, οὐδὲ μὲν ὄσσα
ἣ λήθει Διὸς οὖας ὑπερμενέος Κρονίωνος.
Ὧδε μὲν ἀθανάτην κεφαλὴν ἔχει ἠδὲ νόημα.

Σῶμα δέ οἱ περιφεγγές, ἀπείριτον, ἀστυφέλικτον,
ἄτρομον, ὀβριμόγυιον, ὑπερμενὲς ὧδε τέτυκται·
ὦμοι μὲν καὶ στέρνα καὶ εὐρέα νῶτα θεοῖο
ἀὴρ εὐρυβίης· πτέρυγες δέ οἱ ἐξεφύοντο
τῇς ἐπὶ πάντα ποτᾶθ'· ἱερὴ δέ οἱ ἔπλετο νηδὺς
γαῖά τε παμμήτωρ ὀρέων τ' αἰπεινὰ κάρηνα·
μέσση δὲ ζώνη βαρυηχέος οἶδμα θαλάσσης
καὶ πόντου· πυμάτη δὲ βάσις χθονὸς ἔνδοθε ῥίζαι
τάρταρα τ' εὐρώεντα καὶ ἔσχατα πείρατα γαίης.
Πάντα δ' ἀποκρύψας αὖθις φάος ἐς πολυγηθὲς
μέλλεν ἀπὸ κραδίης προφέρειν πάλι, θέσκελα ῥέζων.

---

6 à 9 : cf. *Ibid.*, III, 10, 2
10 : cf. *Ibid.*, III, 9, 7

4, 6, 7, 10 et 11 cf. PROCLUS, *In Tim.*, II, 45, 7 DIEHL — 13 et suiv. cf. PROCLUS, *In Tim.*, I, 325, 9 et 207, 20 DIEHL; *Orphica*, fr. 46 ABEL; CLÉMENT D'ALEX., *Stromat.*, V, 14; 122, 2

---

1 *οὔτ' ἐνοπὴ οὔτε* EUSÈBE *οὐδ' ἐνοπὴ οὐδ' αὖ* PROCLUS | *οὐδὲ μὲν ὄσσα* EUSÈBE = PROCLUS] *οὐδὲν οὐ μένος* STOBÉE | 2 *ἣ* > STOBÉE | *ἣ λήθη διὼσ* NO *ἢ ληθι διοσ* corrigé en *ἠλίθιοσ* A III, 9, 2 *ἠλίθιοσ* A III, 11, 4 | *οὖας*] *υἷα* JN [et JBNO III, 11, 4] *υἱὸσ* A > O III, 9, 2 | *ὑπερμενέα κρονίωνα* JBN²O III, 11, 4 | *κρονίωνος* > A III, 9, 2 mais rétabli en marge par A² | 3 *ἔχεν* J *ἔχων* A *ἔχειν* STOBÉE | *ἠδὲ νοημα*] *ἠδ' ἐνι· σῆμα* STOBÉE | 4 *σῶμα* = PROCLUS] *σῆμα* STOBÉE | *πυριφεγγές* PROCLUS | 5 *ἄτρομον*] *ὄβριμον* EUSÈBE | *ὀβριμόγυιον*] *ὀμβρίγυιον* STOBÉE | *τέτυκται* NO *τέτυκτο* AJ *τετύχθαι* STOBÉE | 6 *καί*² > N | *θεοῖσ* A | 7 *δὲ οἰεξεφύοντο* STOBÉE | 8 *τῇ* STOBÉE | *ποτᾶται* A STOBÉE | 9 *παμμήτειρα* AJO, mais *ει* sur grattage A *παμμέτειρα* N | 10 *βαρυηχέα*, *α* sur grattage, A *βαθυηχέος* PROCLUS MQ (*βαρυηχέοσ* P) | 11 *ἐνδοθι* N *ἔνδοθι* STOBÉE | *ῥίζαι* EUSÈBE *ῥῆξαι* STOBÉE | 12 *τάρταρα τ'*] *τὰ γὰρ ἄτ'* A | *γαίης*] *ζωῆσ* A | 13 *πάντα δ' ἀποκρύψας*] *πάντα δα* ... (lacune de 4 lettres) *κρύψας* STOBÉE *πάντα τάδε κρύψας* PROCLUS *πάντας γὰρ κρύψας* *Orphica*, fr. 46 | *φάος* > NO | *πολυγήθεο*, *ν* écrit au-dessus de *ο*, A | 14 *ἐξ ἱερῆς κραδίης ἀνενέγκατο μέρμερα ῥέζων* *Orphica*, fr. 46 | *πάλι θέσκελα ῥέζων*] *ἐπαληθὲσ κελαρύζων* A | *πάλι θέσκελα*] *πάλαι θέσκελα* STOBÉE *παλιθέσκελα* PROCLUS 325, 10 (mais *πάλι θέσκελα* 207, 20)

Ζεὺς οὖν ὁ πας κόσμος, ζῷον ἐκ ζῴων, καὶ θεὸς ἐκ θεῶν· Ζεὺς δὲ καθὸ νοῦς ἀφ' οὗ προφέρει πάντα καὶ δημιουργεῖ τοῖς νοήμασι.

Τῶν δὴ θεολόγων τὰ περὶ τοῦ θεοῦ τοῦτον ἐξηγησαμένων τὸν τρόπον, εἰκόνα μὲν τοιαύτην δημιουργεῖν οἵαν ὁ λόγος ἐμήνυσεν, οὔθ' οἷόν τε ἦν, οὔτ' εἴ τις ἐπενόησε, τὸ ζωτικὸν καὶ νοερὸν καὶ προνοητικὸν διὰ τῆς σφαίρας ἐδείκνυεν. Ἀνθρωπόμορφον δὲ τοῦ Διὸς τὸ δείκηλον πεποιήκασιν, ὅτι νοῦς ἦν καθ' ὃν ἐδημιούργει, καὶ λόγοις σπερματικοῖς ἀπετέλει τὰ πάντα. Κάθηται δέ, τὸ ἑδραῖον τῆς δυνάμεως αἰνιττόμενος· γυμνὰ δὲ ἔχει τὰ ἄνω, ὅτι φανὸς ἐν τοῖς νοεροῖς καὶ τοῖς οὐρανίοις τοῦ κόσμου μέρεσίν ἐστι· σκέπεται δὲ αὐτῷ τὰ πρόσθια, ὅτι ἀφανὴς τοῖς κάτω κεκρυμμένοις. Ἔχει δὲ τῇ μὲν λαιᾷ τὸ σκῆπτρον, καθ' ὃ μάλιστα τῶν τοῦ σώματος μερῶν τὸ ἡγεμονικώτατόν τε

---

1 à 3 : Stobée, *Ecl.*, 1, 1, 25 [sous le titre : *Πορφυρίου ἐκ τοῦ περὶ ἀγαλμάτων*; manuscrits : FP]

1 à 3 : Eusèbe, *ibid.*, III, 9, 11 et 13

5 à 10 : Eusèbe, *ibid.*, III, 10, 13

10 à 7*, 4 : Suidas, s. v. *Ζεύς· τούτου τὸ ἄγαλμα ἱστοροῦσι (πλάττουσι Anonym. Treu* et *Patria) καθήμενον, γυμνὰ ἔχον τὰ ἄνω, τὰ δὲ κάτω ἐσκεπασμένα· κρατοῦν τῇ μὲν εὐωνύμῳ σκῆπτρον, τῇ δεξιᾷ δὲ ἀετὸν προτεῖνον. Καὶ τὸ μὲν καθῆσθαι τὸ ἑδραῖον τῆς δυνάμεως αἰνίττεται, τὸ δὲ τὰ ἄνω γυμνὰ ἔχειν, ὅτι φανερὸς τοῖς νοεροῖς καὶ τοῖς οὐρανίοις τοῦ κόσμου μέρεσι. Τὰ δὲ λοιπὰ σκέπεται διότι τοῖς χαμαιζήλοις ὁ θεὸς ἄγνωστος. Τὸ δὲ τῇ λαιᾷ σκῆπτρον κατέχειν σημαίνει τὸ ἐξουσιαστικόν· τὸ δὲ τῇ ἑτέρᾳ προτείνειν ἀετὸν δηλοῖ ὡς τῶν ἀεροφόρων πνευμάτων κρατεῖ, ὡς ὁ ἀετὸς τῶν μεταρσίων ὀρνέων = Schol. in Iliad.*, A 175; *Anonym. Treu*, 6, 8; *Patria Cplt.*, II, 8 [154, 8 Preger]

---

2 cf. Porphyre, *Quaest. Homer.*, *Iliad.*, 68, 23 Schrader ; Cornutus 2 ; Maxim. Tyr. X 8 — 14 ss. cf. Cornutus 9, p. 10, 10 ss. Lang

---

1 *ζῷον*] *ζώων* O | 2 *καθὸ* Eusèbe] *καὶ καθὸ* Stobée *καὶ* < *ὁ θεὸς* > *καθὸ* Wachsmuth | *προφέρει* Eusèbe et Stobée *προφέρεται* Wachsmuth | *καὶ* Eusèbe] *ὅτι* Stobée; cf. Tr. : *Jupiter autem est in quantum intellectus est a quo universa producuntur et quod cuncta creat intelligendo* | 4 *τὰ*] *τὰ δὴ* éd. | *τοῦ θεοῦ* J *θεοῦ* A *τὸν θεὸν* NO | 4-5 *τὸν τρόπον ἐξηγησαμένων* A | 8 *δίκηλον* A *δείκολον* (mais *δήκηλον*, III, 10, 13) J | 11 *δὲ* > J

καὶ νοερώτατον ὑποικουρεῖ σπλάγχνον, ἡ καρδία· βασιλεὺς γὰρ τοῦ κόσμου ὁ δημιουργικὸς νοῦς· προτείνει δὲ τῇ δεξιᾷ ἢ ἀετόν, ὅτι κρατεῖ τῶν ἀεροπόρων θεῶν ὡς τῶν μεταρσίων ὀρνέων ὁ ἀετός, ἢ νίκην, ὅτι νενίκηκεν αὐτὸς πάντα.

4. *Τὴν δὲ Ἥραν σύνοικον τῷ Διὶ πεποιήκασιν, τὴν αἰθέριον καὶ ἀέριον δύναμιν Ἥραν προσειπόντες. Ἔστι γὰρ ὁ αἰθὴρ ἀὴρ ὁ λεπτομερέστατος.*

5. *Καὶ τοῦ μὲν παντὸς ἀέρος ἡ δύναμις Ἥρα τοὔνομα ἀπὸ τοῦ ἀέρος κεκλημένη· τοῦ δὲ ὑπὸ σελήνην φωτιζομένου καὶ σκοτιζομένου ἀέρος ἡ Λητὼ σύμβολον· ληθὼ γὰρ αὐτὴν εἶναι διὰ τὴν κατὰ τὸν ὕπνον ἀναισθησίαν· καὶ ὅτι ψυχαῖς ὑπὸ σελήνην γενομέναις λήθη ξυνομαρτεῖ τοῦ*

L. 2 : Eusèbe, *ibid.*, III, 9, 13 et 13, 11
Fr. 4 : Eusèbe, *ibid.*, III, 11, 1 et 2 ; cf. *ibid.*, III, 13, 11
Fr. 5 : Eusèbe, *ibid.*, III, 11, 5
L. 10 à 12 : *Ibid.*, III, 13, 12

---

1 ss. cf. Porphyre, *Histor. Philos. fr.* 15-18; Plotin, *Enn.* III, 5, 8; Cornutus, 9; autre thèse Porphyre chez Proclus, *In Tim.*, I, 306, 32 ss.; 322, 1-7 et 431, 20 ss.

Fr. 4 Eusèbe, III, 10, 26 : *Πεφώραται δὴ τοῦ φιλοσόφου (Πορφυρίου) τὸ πλάσμα καὶ ἔτι μᾶλλον φωραθήσεται ἐξ ὧν ἐπιφέρει λέγων ὧδε· Τὴν δὲ Ἥραν* etc. Cf. Porphyre, *Quaest. Homer., Iliad.*, 13, 23; 200, 13 ss.; 204, 8-9; 214, 18 ss. et 239-242; Cornutus, 3 etc. [Gruppe, *Griech. Mythol.*, 1125[4]] et une notice de provenance incertaine chez Suidas, s. v *Ἥρα ὁ ἀήρ* = *Anonym. Treu*, 5, 15; *Patria Cplt.*, II, 5 [153, 7 Preger]

Fr. 5 Eusèbe, *l. l.* : *Ὁ δὲ (Πορφύριος) τὴν Ἥραν πάλιν τὴν αἰθέριον καὶ ἀέριον δύναμιν εἶναί φησιν* (fr. 4). *ἔπειτα διαιρῶν ἐπιλέγει· Καὶ τοῦ μὲν* etc. — 10 ss. cf. Lydus, *De mensibus*, 19, 11 Wünsch [= Anastase Sinait. PG 89, 866 C] ... *νύκτα δὲ (τοὺς κοσμογράφους) πάντων μητέρα ὀνομάζειν· ὅθεν καὶ οἱ μυθικοὶ ἀπὸ Λητοῦς τεχθῆναι Ἄρτεμιν ποιοῦσι καὶ Ἀπόλλωνα, καὶ πρώτην Ἄρτεμιν, οἱονεὶ ἀερότεμιν Σελήνην* (voir p. 14*, 14), *μεθ' ἣν τὸν Ἥλιον. εἴη δ' ἂν Λητὼ ἡ νύξ· καὶ γὰρ λήθη κατ' αὐτὴν καὶ ὕπνος ἐπιγίνεται.* Cf. Porphyre, *Quaest. Homer., Iliad.*, 241, 10; Héraclite, *Alleg. Homer.*, 55; Plut., fr. IX, 4 et XXXIV, 85

---

1 *βασιλεὺς* — 2 *νοῦς*] *creativus enim intellectus rex spiritusque vivificans mundi est* Tr.; cf. Eusèbe, *ibid.*, III, 13, 11 : *ἔστω γὰρ ὁ Ζεὺς ... αὐτὸς ὁ ἀνωτάτω νοῦς, ὁ τῶν ὅλων δημιουργικός, ὁ τὰ πάντα ζῳογονῶν*; Porphyre, *Quaest. Hom., Iliad.*, 204, 2; Cornutus, 2; faudrait-il suppléer : *νοῦς <ὁ τὰ πάντα ζῳογονῶν>* ? | 2 *δημιουργὸσ* BNO, mais *δημιουργικὸσ* tous les mss., III, 9, 13 et 13, 11 | 3 *ἢ ἀετὸν* > B | *ἀεροφόρων* A Suidas | 7 *γὰρ*] *γὰρ καὶ* JBNO | *δ*² > JBNO | 12 *γενομέναισ* A = tous les mss., III, 13, 12] *γινομέναισ* JNO *κνομίαισ* B

θείου· διὰ τοῦτο δὲ καὶ μήτηρ Ἀπόλλωνός τε καὶ Ἀρτέμιδος τῶν αἰτίων φωτισμοῦ τῇ νυκτί.

6. *Καὶ τὸ μὲν ἡγεμονικὸν τῆς χθονίας δυνάμεως Ἑστία κέκληται, ἧς ἄγαλμα παρθενικὸν ἐφ' ἑστίας πυρὸς ἱδρυμένον· καθὸ δὲ γόνιμος ἡ δύναμις, σημαίνουσιν αὐτὴν γυναικὸς εἴδει προμάστου. Τὴν δὲ Ῥέαν προσεῖπον τὴν τῆς πετρώδους καὶ ὀρείου γῆς δύναμιν, τὴν δὲ Δήμητραν τὴν τῆς πεδινῆς καὶ γονίμου. Ἡ Δημήτηρ δὲ τὰ μὲν ἄλλα κατὰ τὰ αὐτὰ ἔχει τῇ Ῥέᾳ, διενήνοχε δὲ ὅτι αὐτὴ κυεῖ τὴν Κόρην ἐκ Διός, τουτέστι τὸν κόρον ἐκ τῶν φρυγανωδῶν σπερμάτων. Διὸ καὶ κατέστεπται τὸ βρέτας αὐτῆς τοῖς στάχυσι, μήκωνές τε περὶ αὐτὴν τῆς πολυγονίας σύμβολον.*

L. 1-2 : texte confirmé, *ibid.*, III, 11, 6
Fr. 6 : Eusèbe, *ibid.*, III, 11, 7
L. 3 à 6 : Lydus, *De mensibus*, IV, 94
3 : Théodoret, *Graec. affect. cur.*, III, 45 [d'après Eusèbe]
6-8 et 9-11 : Eusèbe, *ibid.*, III, 13, 13 et 21 [= Théodoret, *ibid.*] et 11, 8

Fr. 6 Eusèbe, *l. l.* (après le fr. 5) : *Πάλιν δὲ προϊὼν ἑξῆς λέγει· Καὶ τὸ μὲν* etc.; cf. Cornutus, 28, p. 52 s. et 56 — l. 3-6 Lydus, *De mensibus*, IV, 94 [138, 18, Wünsch] : *Ὅτι οἱ μὲν φυσικοὶ τὴν Ἑστίαν βούλονται τὴν γῆν εἶναι ἀπὸ τοῦ ἑστάναι, οἱ δὲ θεολόγοι ταύτην εἶναι βούλονται τὴν λεγομένην ὀντότητα· καὶ μαρτὺς ὁ ἐν τῷ Κρατύλῳ* (401 c) *Σωκράτης, λέγων Ἑστίαν εἶναι τὴν πηγαίαν οὐσίαν καὶ πᾶσι τοῦ εἶναι αἰτίαν, ἱδρυμένην ἐν τῷ πατρί· ὁ δὲ Πορφύριος μετὰ τὴν νοητὴν Ἑστίαν ἤτοι ὀντότητα βούλεται καὶ τὴν ἔφορον τῆς γῆς* (*χθόνα δὲ αὐτὴν καλοῦσι*) *ὁμωνύμως ἐκείνης Ἑστίαν εἶναι. Λέγει δὲ οὕτω· « Καὶ τὸ μὲν ἡγεμονικὸν* etc. jusqu'à 6 *προμάστου.* » *οἱ δὲ Ῥωμαίων ἱεροφάνται οὐδὲν ἕτερον βούλονται εἶναι αὐτὴν ἢ μόνην τὴν γῆν* (*μονὴν τῆς γῆς* Cumont). Cf. Porphyre, *De abstin.*, II, 32 [= Théophraste]; Plotin, *Enn.* IV, 4, 27; Proclus, *In Tim.*, III, 140, 8; Héraclite, *Alleg. Homer.*, 36; Roscher, *Lexikon*, I, 2645 — 7 *ὀρείου* : cf. Cornutus 6, p. 5, 19

---

1 *διὰ*] *καὶ διὰ* N | *δὲ* > NO | 3 *χθονίας*] *θείας* Lydus | 4 *ἀφ' ἑστίας* NO | 4-5 *πυρὸς ἱδρυμένον*] *ἵδρυται* Lydus | après *ἱδρυμένον*, il y aurait une lacune suivant Börtzler, p. 16 | 6 *πρὸ μαστοῦ* BNO | *ῥέας* BO | 8 *πεδεινῆς* B | *ἡ* > JBNO | 9 *δὲ* > N | 10 *αὐτὴ* ABNO *ἡ αὐτὴ* J *αὕτη* Gifford; cf. Eusèbe, III, 11, 8 : (*τὴν Ῥέαν*) *τὴν αὐτὴν εἶναί φησι τῇ Δήμητρι πλὴν ὅτι διενήνοχε καθό, φησίν, ἡ Δημήτηρ ἐκ Διὸς κυεῖ τὴν Κόρην, ὥσπερ οὖν ἡ πεδιὰς γῆ τὸν κόρον ἐκ τῶν φρυγανωδῶν σπερμάτων* | *κύει* N | *χρόνον* N | 12 *αὐτοῖς* B | *στάχυισι* B | *μήκων* A corr. en *μήκωνες* A²

7. Ἐπεὶ δὲ καὶ τῶν εἰς γῆν βαλλομένων σπερμάτων ἦν τις δύναμις, ἣν ἥλιος περὶ τὸ κάτω ἡμισφαίριον ἰὼν ἕλκει κατὰ τὰς χειμερίους τροπάς, Κόρη μὲν ἡ δύναμις ἡ σπερματοῦχος, Πλούτων δὲ ὁ ὑπὸ γῆν ἰὼν ἥλιος καὶ τὸν ἀφανῆ περινοστῶν κόσμον κατὰ τὰς χειμερίους τροπάς. Ὃς ἁρπάζειν λέγεται τὴν Κόρην, ἣν ποθεῖ ἡ Δημήτηρ κρυπτομένην ὑπὸ γῆν.

Τῶν δὲ ἀκροδρύων καὶ ὅλως τῶν φυτευτικῶν ἡ δύναμις Διόνυσος ὀνομάζεται.

Ὅρα δὲ καὶ τούτων τὰς εἰκόνας. Σύμβολα γὰρ ἡ Κόρη φέρει τὰς προβολὰς τῶν κατὰ τοὺς καρποὺς ὑπὲρ τὴν γῆν ἐκφύσεων· ὁ δὲ Διόνυσος κοινὰ μὲν πρὸς τὴν Κόρην ἔχει τὰ κέρατα, ἔστι δὲ θηλύμορφος, μηνύων τὴν περὶ τὴν γένεσιν τῶν ἀκροδρύων ἀρρενόθηλυν δύναμιν. Πλούτων δὲ ὁ Κόρης ἅρπαξ κυνῆν μὲν ἔχει τοῦ ἀφανοῦς πόλου σύμβολον, τὸ δὲ σκῆπτρον τὸ κολοβὸν σημεῖον τῆς τῶν κάτω βασιλείας. Ὁ δὲ κύων αὐτοῦ δηλοῖ τὴν κύησιν τῶν καρπῶν εἰς τρία διῃρημένην, εἰς τὴν καταβολὴν καὶ τὴν ὑποδοχὴν καὶ τὴν ἀνάδοσιν· οὐ γὰρ παρὰ τὸ τὰς κῆρας ἔχειν βοράν, ὃ δηλοῖ τὰς ψυχάς, κέκληται κύων, ἀλλὰ παρὰ τὸ κυεῖν, ᾗ χορηγὸς ὁ Πλούτων, ὅταν ἁρπάσῃ τὴν Κόρην.

Fr. 7 : Eusèbe, *ibid.*, III, 11, 9-16
L. 1 à 7 : Lydus, *De mensibus*, IV, 137
3-4 et 8-9 : Eusèbe, *ibid.*, III, 13, 21 [= Théodoret, *ibid.*] et 11, 17

Fr. 7 Eusèbe, *l. l.* : *Τούτοις* (fr. 6) *ἑξῆς ἐπισυνάπτει λέγων· Ἐπεὶ δὲ* etc. cf. Cornutus 28, p. 54, 12 — 3-4 cf. *De antro Nymph.*, p. 66, 16 Nauck — 4 cf. Macrobe, *Sat.*, I, 18, 20 — 13 cf. Cornutus, p. 59, 12 s. — 15 cf. Roscher, *Lexikon*, I, 1779 — 17 ss. cf. Plutarque, *De Iside et Osir.*, 44 ; une autre interprétation p. 14*, 11 s. ; *De Or. philos.*, 150 Wolff ; voir aussi Proclus, *In Remp.*, II, 180

---

1 *ἐπὶ* ms A de Lydus | *καὶ* > Lydus | 2 *ἣν*] *περ* A corr. en *ἥνπερ* A² | *ὁ ἥλιος* Lydus | *περὶ*] *ποτὲ* B | 3 *χειμερίουσ* A Lydus *χειμάρρουσ* J *χειμερινὰσ* BNO | 4 *ἰὼν* > BO Lydus | *καὶ τὸν* — 5 *τροπάς* > Lydus | 6 *ποθεῖ*] *ζητεῖ* Lydus | 7 *γῆς* Lydus | 10 *γὰρ* > BO | 11 *τῆσ προβολῆσ* mss.; corr. Heikel, p. 92 | 12 *ἐκχύσεων* BNO | 15 *ἅρπασ* B | *κυνῆν*] *κοινὸν* A *κύνα* N *κύων κύνα* BO | *πόλου*] *εἰσ πολλοὺσ* A | 18 *καὶ*[1] et *καὶ*[2]] *εἰσ* BNO | 19 *ἔχειν πρὸσ βορὰν* J | 20 *κύειν* N | *ᾗ* Vigier] *ἡ* mss.; *καὶ χορηγὸς ἢ χορηγὸς* Toup et Börtzler

Ἄττις δὲ καὶ Ἄδωνις τῇ τῶν καρπῶν εἰσιν ἀναλογίᾳ προσήκοντες. Ἀλλ' ὁ μὲν Ἄττις τῶν κατὰ τὸ ἔαρ προφαινομένων ἀνθέων, καὶ πρὶν τελεσιογονῆσαι διαρρεόντων· ὅθεν καὶ τὴν τῶν αἰδοίων ἀποκοπὴν αὐτῷ προσανέθεσαν, μὴ φθασάντων ἐλθεῖν τῶν καρπῶν εἰς τὴν σπερματικὴν τελείωσιν· ὁ δὲ Ἄδωνις τῆς τῶν τελείων καρπῶν ἐκτομῆς σύμβολον.

Ὁ δὲ Σειληνὸς σύμβολον τῆς πνευματικῆς κινήσεως, οὐκ ὀλίγα συμβαλλομένης τῷ παντί. Σύμβολα δέ ἐστι τὸ μὲν φάλανθον καὶ στιλπνὸν κατὰ τὴν κεφαλὴν τῆς οὐρανίου περιφορᾶς, ἡ δὲ περικειμένη κόμη τοῖς κάτω μέρεσιν αὐτοῦ, ὑπόδειγμα τῆς προσγείου περὶ τὸν ἀέρα παχύτητος.

Ἐπεὶ δὲ καὶ τῆς μαντικῆς δυνάμεώς τις μέτοχος ἦν δύναμις, Θέμις μὲν κέκληται ἡ δύναμις, τῷ τὰ τεθειμένα καὶ ἑκάστῳ κείμενα λέγειν.

Διὰ δὴ πάντων τούτων ἡ περίγειος δύναμις ἐξηγήσεως τυχοῦσα, θρησκεύεται· ὡς μὲν παρθένος καὶ Ἑστία, ἡ κεντροφόρος· ὡς δὲ τοκάς, ἡ τροφός· ὡς δὲ Ῥέα, ἡ πετροποιὸς καὶ ὄρειος· ὡς δὲ Δημήτηρ, ἡ χλοηφόρος· ὡς δὲ Θέμις, ἡ χρησμῳδός· τοῦ εἰς αὐτὴν κατιόντος σπερματικοῦ

1-3, 6-7 et 11*, 3 : Eusèbe, *ibid.*, III, 13, 14
8 à 12 : *Ibid.*, III, 11, 19 [cf. 11*, 9-10]

2-6 Augustin, *De civit. dei*, VII, 25 : *Propter vernalem quippe faciem terrae quae ceteris est temporibus pulchrior, Porphyrius, philosophus nobilis, Attin flores significare perhibuit, et ideo abscisum, quia flos decidit ante fructum.* Cf. Julien, *Orat.* V, 161 C : Ὑπὲρ δὲ ὧν (la légende d'Attis? cf. ci-dessus l'introduction au Περὶ ἀγαλμάτων) εἰπεῖν ἐπῆλθέ μοι παρ' αὐτὸν ἄρτι τὸν τῆς ἁγιστείας καιρόν, ἀκούω μὲν ἔγωγε καὶ Πορφυρίῳ τινὰ πεφιλοσοφῆσθαι περὶ αὐτῶν, οὐ μὴν οἶδά γε (οὐ γὰρ ἐνέτυχον) εἰ καὶ συνενεχθῆναί που συμβαίη τῷ λόγῳ — 2-3 cf. Hippolyte, *Philos.*, V, 8, p. 162 Schneidewin — 8-12 cf. Cornutus, 27 [sur Pan]

---

1 ἄδονισ B | ἀναλογία εἰσὶν NO | εἰσὶν] εἶεν J | 3 ἀνθέων mss. (ἀνθῶν AJ seuls III, 13, 14) | τελεσιογενῆσαι (mais τελεσιογονῆσαι III, 13, 14) A | 4 ἔνθεν A | 6 ἐκτομῆσ καρπῶν BO | καρπῶν > N | 8 σιληνὸσ A σειληνὴσ J | σύμβολον] συμβαλλόμενοσ A | 10 φίλανθον mss. φάλανθον Gaisford et Börtzler, p. 7, *caput candore fulgens* Tr. | 13 καὶ > N | τις] ητισ A | 16 περίγειος] περὶ γῆν JBNO | 18 ὡς δὲ — τροφός > A | ὡς δὲ Ῥέα — 19 χλοηφόρος > N | πετοποιὸσ B

λόγου εἰς τὸν Πρίαπον ἐκτετυπωμένου· οὗ τὸ μὲν περὶ τοὺς ξηροὺς καρποὺς Κόρη, τὸ δὲ κατὰ τοὺς ὑγροὺς καὶ τὰ ἀκρόδρυα Διόνυσος καλεῖται· τῆς μὲν Κόρης ὑπὸ Πλούτωνος τοῦ ὑπὸ γῆν ἰόντος ἡλίου ἁρπαζομένης κατὰ τὸν σπόρον, τοῦ δὲ Διονύσου κατὰ τὰ πάθη τῆς δυνάμεως ὑπὸ γῆν μὲν νεωτέρας καὶ καλλιγόνης βλαστάνειν ἀρχομένου, ἐπιμάχου δὲ τῆς κατὰ τὴν ἄνθην δυνάμεως σύμβολον τὸν Ἄττιν ἐχούσης, τῆς δὲ κατὰ τὴν τελεσιουργίαν ἐκτομῆς, τὸν Ἄδωνιν· καὶ τῆς μὲν πνευματικῆς διὰ πάντων δυνάμεως εἰς Σειληνὸν ἀναπλαττομένης, τῆς δὲ εἰς ἔκστασιν ἀπ' αὐτῶν παραγωγῆς εἰς Βάκχην· ὥσπερ αὖ τῆς εἰς τὰ ἀφροδίσια ἐρεθιζούσης ὁρμῆς διὰ τῶν Σατύρων. Διὰ δὴ τούτων τῶν συμβόλων ἡ περίγειος ἐκκαλύπτεται δύναμις.

8. *Τὴν δὲ ὑδροποιὸν ὅλην δύναμιν Ὠκεανὸν προσεῖπον, τὸ σύμβολον αὐτῆς Τηθὺν ὀνομάσαντες. Τῆς δὲ ὅλης ἡ μὲν τῶν ποτίμων πεποιημένη, Ἀχελῷος αὐτοῖς κέκληται,*

L. 9 à 12 : *Ibid.*, III, 11, 19-20
Fr. 8 : *Ibid.*, III, 11, 22-44

13 après l'extrait, Eusèbe ajoute : *τοσαῦτα μὲν οὖν καὶ τάδε, ἃ καὶ ἀναγκαίως ἐπιτεμόμενος παρατέθειμαι, εἰς τὸ μὴ ἀγνοεῖν ἡμᾶς τὰ σεμνὰ τῶν φιλοσόφων*
Fr. 8 Eusèbe, III, 11, 21 : *Καὶ τί δεῖ κατὰ μέρος ἕκαστον ἀπελέγχειν, ἐπιδραμεῖν δέον ὡς ἂν μηδὲν ἡμᾶς τῶν ἀπορρήτων λανθάνῃ, καὶ τὴν τῶν ἑξῆς ἐπιτεμέσθαι φυσιολογίαν, ἣν ἐκτέθειται ὁ δηλωθεὶς συγγραφεύς, τόνδε ἐπεξιὼν τὸν τρόπον· Τὴν δὲ ὑδροποιὸν* etc. — 14 ss. cf. Porphyre, *Quaest. Homer.*, *Iliad.*, 197, 7 ss. ; Eustathe, *Iliad.*, B 821, p. 353, 15 ; etc.

1 *πρίηπον* A *πρίαμον* BNO ; la mention de Priape a sans doute été omise ci-dessus par Eusèbe ; cf. Börtzler, 17 et 20 ; Cornutus, p. 50, 15 ss. ; *Schol. Theocrit. idyll.*, I, 21-26 | 2 τὸ] *τὰ* A | 3 *Κόρης* — 13 *δύναμις* > B | 5 *κατὰ* > JNO | 6 *γῆσ* JNO | *καλλιγόνου* O *καλλιγονήσαντοσ* A ; passage altéré, lacunes difficiles à déterminer | 9 suppléer *διὰ πάντων* < *διηκούσης* > ? cf. III, 11, 19 : *τὸν δὲ Σειληνὸν ἀκούων τὴν πνευματικὴν εἶναι κίνησιν καὶ τὴν διήκουσαν διὰ πάντων δύναμιν* | 10 *σιληνὸν* A | *ἔκστασιν* Heikel] *ἔκτασιν* mss. : Eusèbe a dû lire *ἔκτασιν* ; cf. III, 11, 20 : *αἱ δὲ Βάκχαι (ἐδήλουν) τὰς εἰς ἔκτασιν (ἔκστασιν* A) *τῶν περὶ ταῦτα (τὰ ἀφροδίσια) συμβαινούσας παραγωγάς*, contre-sens perfide ; cf. Cornutus, p. 59, 6 et Porphyre, *Epist. ad Anebon.*, 22 ; etc. | 11 *βάκχον* J | 14 *ὅλην* > NO | 15 *ἡ* > A | 16 *πεποιημένα η αχελωσ αὐτοῖσ* A | *αὐτῆσ* J

ἡ δὲ τῶν θαλασσίων Ποσειδῶν, πάλιν τῆς θαλασσοποιοῦ, καθὸ γεννητική, Ἀμφιτρίτης οὔσης. Καὶ αἱ μὲν τῶν γλυκέων ὑδάτων μερικαὶ δυνάμεις Νύμφαι, αἱ δὲ τῶν θαλασσίων Νηρηΐδες κέκληνται.

Τοῦ δ' αὖ πυρὸς τὴν δύναμιν προσειπόντες Ἥφαιστον, ἀνθρωποειδὲς μὲν αὐτοῦ τὸ ἄγαλμα πεποιήκασι · πῖλον δὲ περιέθεσαν κυάνεον τῆς οὐρανίου σύμβολον περιφορᾶς, ἔνθα τοῦ πυρὸς τὸ ἀρχοειδές τε καὶ ἀκραιφνέστατον · τὸ δὲ εἰς γῆν κατενεχθὲν ἐξ οὐρανοῦ πῦρ ἀτονώτερον, δεόμενόν τε στηρίγματος καὶ βάσεως τῆς ἐφ' ὕλης · διὸ χωλεύει, ὕλης δεόμενον εἰς ὑπέρεισμα.

Καὶ ἡλίου δὲ τὴν τοιάνδε δύναμιν ὑπολαβόντες, Ἀπόλλωνα προσεῖπον ἀπὸ τῆς τῶν ἀκτίνων αὐτοῦ πάλσεως. Ἐννέα δὲ ἐπᾴδουσαι αὐτῷ Μοῦσαι, ἥ τε ὑποσελήνιος σφαῖρα καὶ ἑπτὰ τῶν πλανητῶν καὶ μία τῆς ἀπλανοῦς. Περιέθεσαν δὲ αὐτῷ τὴν δάφνην · τοῦτο μὲν ὅτι πυρὸς πλῆρες τὸ φυτὸν καὶ διὰ τοῦτο ἀπεχθὲς δαίμοσι · τοῦτο

5 à 8 : Lydus, *De mensibus*, IV, 86 [135, 20 Wünsch]

16 à 13*, 2 : *Ibid.*, IV, 4 [68, 4-11 Wünsch] = *Geoponica*, XI, 2, 4-5 : *Τὴν δάφνην δὲ οἱ παλαιοὶ τῷ Ἀπόλλωνι καθιεροῦσιν, ὅτι πυρὸς πλῆρες τὸ φυτὸν (+ ὥς φησιν ὁ Πλούταρχος S) καὶ ὁ Ἀπόλλων πῦρ· ὁ ἥλιος γάρ ἐστιν· ὅθεν καὶ ἀπεχθάνεται δαίμοσι τοῦτο τὸ φυτὸν καὶ ἔνθεν ἂν εἴη δάφνη, ἐκποδὼν δαίμονες· κἂν ταῖς μαντείαις καίοντες ταύτην οἱ ἄνθρωποι παράστασιν προφητείας δοκοῦσιν εὑρηκέναι*

1 et 5 cf. Porphyre, *Quaest. Homer.*, *Iliad.*, 13, 23; 204, 2 s. et 241, 5 s.; Proclus, *In Tim.*, I, 147, 7 — 2 ss. cf. Eustathe, p. 622, 30; Cornutus, p. 44, 5 — 5-8 cf. Lydus, *l. l.* : *ὁ δὲ Χαιρωνεύς φησιν ὅτι τοῦ πυρὸς τὴν δύναμιν προσειπόντες Ἥφαιστον* etc. jusqu'à 8 *ἀκραιφνέστατον*, d'après le ms. S, à qui Börtzler, p. 61, attribue la mention, fautive selon lui, de Plutarque — 9-11 cf. Eustathe, *Il.*, *A* 569; 151, 32 et *Σ* 394; 1149, 53; Cornutus, 19; Héraclite, *Allegor. Homer.*, 26; Numénius chez Lydus, *De mens.*, p. 135, 13; Plutarque, *De facie in orbe lunae*, 5, 3 — 12-13 cf. *Quaest. Homer.*, *Iliad.*, 14, 10; 224, 15 et 241, 5 ss.; Cornutus, 32; Héraclite, *Allegor. Homer.*, 6-7 etc. — 14-15 cf. Porphyre, *Vit. Pyth.*, 31 et chez Macrobe, *Somn. Scip.*, II, 3; Proclus, *In Tim.*, II, 208, 9 ss.; Amélius chez Lydus, *De mens.*, IV, 85; Plutarque, *Quaest. Conv.*, IX, 14, 6 ss. — 16 ss. cf. Cornutus, p. 68, 11 ss.

4 *νηρυίδεσ* BO | 5 *Ἥφαιστον*] *δύναμιν* N | 8 *πυρὸσ* A Lydus] *πυρόσ ἐστι* JBNO | 10 *τῆσ ἐφ' ὕλη* (*sic*) *καὶ βάσεωσ* transp. BNO | *διὸ*] *διὸ καὶ* B | 13 *παύσεωσ* A; cf. Macrobe, *Sat.* I, 17, 7 | 15 *σφέρα* B *σφαίδρα* O | *αἱ ἑπτὰ* J | *τῶν* > A | *καὶ μία*] *μία καὶ μία ἡ* A

δὲ ὅτι λάλον καιόμενον, εἰς παράστασιν τοῦ προφητεύειν τὸν θεόν.

Καθὸ δὲ ἀπαλεξίκακός ἐστι τῶν ἐπιγείων ὁ ἥλιος, Ἡρακλέα αὐτὸν προσεῖπον ἐκ τοῦ κλᾶσθαι πρὸς τὸν ἀέρα, ἀπ' ἀνατολῆς εἰς δύσιν ἰόντα. Δώδεκα δ' ἄθλους ἐκμοχθεῖν ἐμυθολόγησαν, τῆς κατὰ τὸν οὐρανὸν διαιρέσεως τῶν ζῳδίων τὸ σύμβολον ἐπιφημίσαντες. Ῥόπαλον δὲ αὐτῷ καὶ λεοντῆν περιέθεσαν, τὸ μὲν τῆς ἀνωμαλίας μήνυμα, τὸ δὲ τῆς κατὰ τὸ ζῴδιον ἐμφανιστικὸν ἰσχύος.

Τῆς δὲ σωστικῆς αὐτοῦ δυνάμεως Ἀσκληπιὸς τὸ σύμβολον· ᾧ τὸ μὲν βάκτρον δεδώκασι, τῆς τῶν καμνόντων ὑπερείσεως καὶ ἀναστάσεως, ὁ δὲ ὄφις περισπειρᾶται, τῆς περὶ τὸ σῶμα καὶ τὴν ψυχὴν σωτηρίας φέρων σημεῖον, πνευματικώτατον γὰρ τὸ ζῷόν ἐστι καὶ τὴν ἀσθένειαν τοῦ σώματος ἀποδύεται· δοκεῖ δὲ καὶ ἰατρικώτατον εἶναι. Τῆς γὰρ ὀξυδορκίας εὗρε τὸ φάρμακον καὶ μυθεύεται τῆς ἀναβιώσεως εἰδέναι τινὰ βοτάνην.

Τῆς δ' αὖ χορευτικῆς τε καὶ ἐγκυκλίου κινήσεως, καθ' ἣν τοὺς καρποὺς πεπαίνει, ἡ πυρὸς δύναμις Διόνυσος κέκληται, ἑτέρως < ἢ > ἡ τῶν ὑγροποιῶν καρπῶν δύναμις, ἢ παρὰ τὸ δινεῖν, ἢ διανύειν τὸν ἥλιον τὴν κατὰ τὸν

5-7 : Eusèbe, *ibid.*, III, 13, 17

3 ss. cf. Lydus, *De Mens.*, IV, 67 ; *Hymn. orph.* XII, 12 Abel — 10 ss. cf. Cornutus, 33 ; autre interprétation Porphyre, chez Proclus, *In Tim.*, I, 159, 26 — 11-12 cf. Lydus, *De Mensibus*, IV, 45 [101, 15 ss. Wünsch] — 14 cf. Jamblique chez Lydus, *ibid.*, IV, 6 ; Macrobe, *Sat.*, I, 20, 1 s. — 21 cf. Macrobe, *ibid.*, I, 18, 12-14

1 *δάλον* A | 4 *προσεῖπον αὐτὸν* transp. BNO | *πρὸς*] *αὐτὸν πρὸσ* J | 5 *δ'* > J | 6 *ἐμυθοποίησαν* JBNO | *διαιρέσεως* > NO | 7 *ἐπιφημίσαντες* > A | 9 *ἐμφανιστικῆσ* BNO | 12 *ἀναστάσεως*] *ἀναπαύσεωσ ἕνεκα* BNO | *περισπειρᾶται* Wyttenbach] *περισπείρεται* mss., *involvitur* Tr. | 13 *φέρον* A | après *σημεῖον*, JBNO et A (mais A en marge) ajoutent : *καὶ μὴν ὑφιστάντεσ ὑμῖν* (*ἡμῖν* JNO) *τὸν κόσμον οἱ φυσικοὶ τὰ περὶ γῆν* (*τὴν γῆν* JN) *ἰλυσπώμενα* (*εἰλυσπώμενα* A) *τῶν ζώων τῆσ παχυτάτησ* (*παχυτῆτοσ* J *παχύτητοσ* N) *καὶ γεώδουσ ἠτιάσαντο οὐσίασ*; Tr. traduit cette note marginale, comme si elle faisait partie du texte | 16 *ὀξυδερκίασ* BN | 17 *εἰδέναι*] *εἶναι* A | 20 <*ἢ*> Gifford ; cf. ci-dessus p. 11*, 2 | *ἡ* > B | 21 *δινεῖν*] *περιδινεῖν* JBNO ; cf. Macrobe *l. l.* | *τὴν*] *τὰ* B | *κατὰ τὸν*] *κατ'* BNO

οὐρανὸν περιφοράν. Ἡ δὲ περὶ τὰς ὥρας τοῦ κόσμου περιπολεῖ καὶ χρόνων ἐστὶ ποιητικὸς καὶ καιρῶν ὁ ἥλιος, Ὧρος κατὰ τοῦτο κέκληται. Τῆς δ' αὖ γεωργικῆς αὐτοῦ δυνάμεως καθ' ἣν αἱ δόσεις τοῦ πλούτου, σύμβολον ὁ Πλούτων. Ὁμοίως μέντοι καὶ φθαρτικὴν ἔχει δύναμιν, διὸ τῷ Πλούτωνι συνοικίζουσι τὸν Σάραπιν· τοῦ μὲν δεδυκότος ὑπὸ γῆν φωτὸς τὸν πορφυροῦν χιτῶνα ποιούμενοι σύμβολον, τὸ δὲ ἠκρωτηριασμένον σκῆπτρον τῆς κάτω δυνάμεως, τό τε σχῆμα τῆς χειρὸς τοῦ μεταχωρεῖν εἰς τὸ ἀφανές.

Ὁ δὲ Κέρβερος τρικέφαλος μέν, ὅτι τρεῖς αἱ ἄνω χῶραι ἡλίου, ἀνατολή, μεσημβρία, δύσις.

Τὴν δὲ σελήνην παρὰ τὸ σέλας ὑπολαβόντες, Ἄρτεμιν προσηγόρευσαν, οἷον ἀερότεμιν. Λοχεία τε ἡ Ἄρτεμις, καίπερ οὖσα παρθένος, ὅτι ἡ τῆς νουμηνίας δύναμις προσθετικὴ εἰς τὸ τίκτειν. Ὅπερ δὲ Ἀπόλλων ἐν ἡλίῳ, τοῦτο Ἀθηνᾶ ἐν σελήνῃ· ἔστι γὰρ τῆς φρονήσεως σύμβολον, Ἀθρηνᾶ τις οὖσα. Ἑκάτη δὲ ἡ σελήνη πάλιν, τῆς περὶ

13-14 : Théodoret, *Graec. affect. cur.*, III, 45 [d'après Eusèbe]
13, 17-18 et 15*, 11 s. : Eusèbe, *ibid.*, III, 13, 21

1-3 cf. Julien, *Orat.*, IV, 148 D et 147 D ; Eustathe, p. 1662, 56, etc. — 6 cf. *De Or. Philos.*, 147 s. Wolff ; Plutarque, *De Iside et Osir.*, 27 ss. — 7 s. cf. Amelung, *Rev. Archéol.*, 1903, II, p. 177 ss. — 11 s. cf. ci-dessus, p. 9*, 17 ss. — 13-14 cf. ci-dessus p. 7*, 10 ss. notes ; Porphyre, *Quaest. Homer.*, *Iliad.* 242, 12 ss. ; Macrobe, *Sat.*, VII, 16, 27 ; I, 15, 20 ; etc. — 15 s. cf. *Catal. codd. astrol. gr.* I, 137, 8 ss. — 17 cf. Porphyre, *ibid.*, 241 et 242 [autrement 13, 23] ; *Quaest. Odyss.*, 128, 5 ; *De antro Nymph.*, p. 78, 14 Nauck ; chez Proclus, *In Tim.*, I, 159, 26 s. ; 165, 16 s., et chez Macrobe, *Sat.* I, 17, 70 ; Augustin, *De civ. Dei*, VII, 16 [Roscher, *Lexikon*, II, 3188 s.] — 18 cf. Lydus, *De mens.*, III, 13 : *Τρίμορφος μὲν γὰρ ἡ τῆς Ἑκάτης, ἤτοι τῆς Σελήνης, δύναμις· ὃ γὰρ Ἀπόλλων ἐν ἡλίῳ, τοῦτο Ἑκάτη ἐν σελήνῃ*

---

1 *ἤδε* A | *κόσμου*] *χρόνου* BN | 3 *Τῆς δ' αὖ* — 10 *ἀφανές* > B | 5 *καὶ*] *καὶ τὴν* JBO | 6 *τὸν* > NO | 7 *ποιουμένου* A | 8 *τὸ*] *τοῦ* A | 11 *αἱ ἄνω*] *αἰώνων* A | 13 *σέβασ* J *σέλασ* + *ἔχειν* BNO | 14 après *ἀερότεμιν* + *οὖσαν* BNO | *λοχία* J | 17 *ἔστι*] *ἑστία* A | 18 *ἀθρηνὰ* B (et JO *e sil.*) *ἀθηνᾶ* AN ; cf. Cornutus, p. 36, 3 ; Héraclite, *Alleg. Homer.*, 19 ; Eustathe, 83, 32 s., etc. ; *Etym. M.*, 24, 44 : *Ἀθηνᾶ οἱονεὶ ἀθρηνὰ τις οὖσα*

αὐτὴν μετασχηματίσεως καὶ κατὰ τοὺς σχηματισμοὺς δυνάμεως. Διὸ τρίμορφος ἡ δύναμις, τῆς μὲν νουμηνίας φέρουσα τὴν λευχείμονα καὶ χρυσοσάνδαλον καὶ τὰς λαμπάδας ἡμμένας· ὁ δὲ κάλαθος, ὃν ἐπὶ τοῖς μετεώροις φέρει, τῆς τῶν καρπῶν κατεργασίας, οὓς ἀνατρέφει κατὰ τὴν τοῦ φωτὸς παραύξησιν· τῆς δ' αὖ πανσελήνου ἡ χαλκοσάνδαλος σύμβολον. ***Ἢ*** *καὶ ἐκ μὲν τοῦ κλάδου τῆς δάφνης λάβοι ἄν τις αὐτῆς τὸ ἔμπυρον· ἐκ δὲ τοῦ μήκωνος τὸ γόνιμον καὶ τὸ πλῆθος τῶν εἰσοικιζομένων εἰς αὐτὴν ψυχῶν, ὥσπερ εἰς πόλιν, ὅτι πόλεως ὁ μήκων σύμβολον.*

Καὶ Εἰλείθυια *δὲ ἡ αὐτή, τῆς γεννητικῆς δυνάμεως σύμβολον.* ***Τόξα*** *δὲ φέρει καθάπερ ἡ Ἄρτεμις, διὰ τὴν τῶν ὠδίνων ὀξύτητα.*

---

1 ss. cf. *De or. philos.*, l'index de WOLFF au mot « *Hecate* »; CORNUTUS, 34, p. 72, 7 ss. — 2-6 cf. SCHOLIES DE THÉOCRITE, *Idyll.* II, 12 : *Ἑκάτη χθονία καὶ σελήνη ἡ αὐτή ἐστι· χθονία μὲν ὡς γινομένη ὑπὸ τὸ ἡμισφαίριον, σελήνη δὲ ὡς τὸ ὑπεράνω λάμπουσα. Ὅθεν καὶ οἱ παλαιοὶ τρίμορφον ἔγραφον, χρυσεοσάνδαλον καὶ λευχείμονα καὶ μήκωνας ταῖς χερσὶν ἔχουσαν καὶ λαμπάδας ἡμμένας. Καί ἐστι τὸ λευκὸν καὶ τὸ χρύσεον σημεῖον τῆς τοῦ φωτὸς παραυξήσεως καὶ αἱ ἡμμέναι λαμπάδες· ὁ δὲ κάλαθος, ὃν ἐπὶ τοῖς μετεώροις φέρει, τῆς τῶν καρπῶν κατεργασίας, οὓς ἀνατρέφει κατὰ τὴν τοῦ φωτὸς παραύξησιν.* — 3 ss. cf. BOUCHÉ-LECLERCQ, *Astrologie grecque*, p. 313 ss. — 5 ss. cf. ROSCHER, *Lexikon*, II, 3152 [citant notamment le *De antro Nymph.*, 18 et MACROBE, *Somn. Scip.*, I, 11, 7]; voir surtout PORPHYRE, *Isagog. in Tetrab.*, p. 182 en bas et EUSTATHE, *Il.* Σ 484, p. 1155, 26 ss.; ANASTASE SINAIT. PG 89, 903 s.; BOLL, *Studien über Ptolemaeus*, 135; CHRYSIPPE, fr. *Phys.* 680 VON ARNIM — 8-10 cf. PORPHYRE, *De antro Nymph.*, 29, chez PROCLUS, *In Tim.*, I, 147, 6 ss. et 165, 16 ss., chez STOBÉE, *Ecl.*, I, 49, 61, p. 1054 et chez SERVIUS, *In Aen.*, V, 735; ROSCHER, *Lexikon*, II, 3186 ss. — 11 ss. cf. *De or. philos.*, 151 WOLFF; EUSTATHE, *Il.*, Λ 271, p. 843, 60; *Hymn. orph.*, II ABEL; CORNUTUS, 34, p. 73, 7 ss. [GRUPPE, *Griech. Mythol.*, 1272[6]]; LYDUS, *De mens.*, IV, 148 : *Εἰλείθυια < δέ ἐστιν ἡ τ > ῶν τικτουσῶν ἔφορος ..., ὥς φησι Πλούτ < αρχος >.*

---

1 s. (et 3 avec *φέρουσα*) suppléez comme toujours le mot *σύμβολον* | 1 *καὶ* > B | 5 *κυρπῶν* J | 8 *αὐτοῖσ* J | *μύκωνοσ* J | 9 *οἰκιζομένων* A | 11 *καὶ εἰλείθυια δὲ — σύμβολον* BNO > AJ; cf. EUSÈBE, III, 13, 21 : *σελήνη ... πάλιν ... Εἰλείθυια* | 12 *τόξον* J | *ἡ* > J | 13 *ὀδύνων* N *ὠδυνῶν* A

Πάλιν δ' αὖ αἱ Μοῖραι ἐπὶ τὰς δυνάμεις αὐτῆς ἀναφέρονται, ἡ μὲν Κλωθὼ ἐπὶ τὴν γεννητικήν, Λάχεσις δὲ ἐπὶ τὴν θρεπτικήν, Ἄτροπος δὲ ἡ κατὰ τὸ ἀπαραίτητον τοῦ θεοῦ.

Συνοικίζουσι δὲ αὐτῇ καὶ τὴν τῶν καρπῶν γεννητικὴν δύναμιν, ἥπερ ἐστὶ Δημήτηρ, δύναμιν ἐμποιοῦσαν αὐτῇ· καὶ ἔστι συνεκτικὴ τῆς Κόρης ἡ σελήνη. Προσοικίζουσι δὲ καὶ τὸν Διόνυσον διά τε τὴν τῶν κεράτων ἔκφυσιν καὶ διὰ τὸν τῶν νεφῶν τόπον τὸν ὑποκείμενον τοῖς κάτω μέρεσι.

Τὴν δὲ τοῦ Κρόνου δύναμιν νωχελῆ καὶ βραδεῖαν καὶ ψυχρὰν κατεῖδον· διὸ τὴν τοῦ χρόνου δύναμιν αὐτῷ προσανέθεσαν, ἀποτυποῦσί τε αὐτὸν ἑστῶτα, πολιόν, πρὸς ἔμφασιν τοῦ γηράσκειν τὸν χρόνον.

Τῶν δὲ καιρῶν σύμβολα οἱ Κούρητες, τὸν χρόνον βουκολοῦντες, ὅτι διὰ τῶν καιρῶν ὁ χρόνος παροδεύει.

Τῶν δὲ Ὡρῶν αἱ μὲν ὀλυμπιάδες εἰσὶ τοῦ ἡλίου, αἳ καὶ ἀνοίγουσι τὰς κατὰ τὸν ἀέρα πύλας· αἱ δὲ ἐπιχθόνιοι, τῆς

---

1 ss. voir une autre interprétation *De or. philos.*, par ex. p. 177, l. 8 Wolff — 3 cf. Cornutus, p. 13, 9 ss. — 7 s. cf. Roscher, *Lexikon*, II, 3189, 11 — 10 ss. Kronos, Arès, Aphrodite caractérisés d'après la doctrine astrologique des types planétaires : cf. Bouché-Leclercq, *Astrologie grecque*, p. 93 ss.; *Catal. codd. astr. gr.*, I, 134 ss.; VII, 214 ss.; Vettius Valens, I, 1, etc.; spécialement Proclus, *In Tim.*, I, 147 et 148; Macrobe, *Somn. Scip.*, 1, 19, 18 ss.; de même, ci-dessus p. 13*, 9, l'interprétation de Porphyre s'appuyait sur la doctrine astrologique des domiciles planétaires [le Lion, domicile du soleil, donne à l'astre sa plus grande force; cf. Bouché-Leclercq, *ibid.*, p. 185 ss.; Porphyre, *Isagog. in Tetrab.*, 186 en haut; *De antro Nymph.*, 22, p. 71, 11; Macrobe, *Sat.*, I, 21, 16 s.; Élien, *De nat. animal.*, XII, 7] — 10 cf. Cornutus, p. 7; Cumont, *Mon. Myst. Mithra*, 1, 77[8] [Gruppe, *Griech. Mythol.*, 1104[2]] — 16 s. *Iliad.*, E 749; cf. *De antro Nymph.*, 27; Eustathe, *Il.* E 749, p. 604, 23

---

2 *Κλωθὼ*] *εἰληθὼ* O | *λάχεσσα* NO *λάχε..α* B | *ἐπὶ*[2]] *κατὰ* JBNO | 3 [*ἡ*] Heikel, p. 93 | 3-4 *τῆς θεοῦ*? ou bien *τοῦ θείου*? | 6 *ἥπερ — δύναμιν* > A | *ἥπερ*] *ὅπερ* O | *ἐμποιοῦσαν*] *ἔμπουσσαν, ουσσαν* sur grattage, A | 7 *προσοικειοῦσι* BN *προσοικειοῦσιν* O *accomodant* Tr.; voir Porphyre *Quaest. Homer.*, *Iliad.*, 241,10; mais cf. *συνοικίζουσι* l. 5 | 9 *τὸν τόπον τῶν νεφῶν* transp. JBNO | 10-11 *ψυχρὰν καὶ βραδεῖαν* transp. BNO | 13 *ἔμφυσιν* B | 14 *σύμβολον* NO | *κουρῆτεσ* BO | 16 *ὁρῶν* N | *αἳ* > A | 17 *τῆς* > A

Δήμητρος· καὶ τὸν κάλαθον ἔχουσι τὸν μὲν τῶν ἀνθέων, σύμβολον τοῦ ἔαρος· τὸν δὲ τῶν σταχύων, τοῦ θέρους.

Τοῦ δὲ Ἄρεος τὴν δύναμιν καταλαβόντες διάπυρον, πολέμων ποιητικὴν καὶ αἱματουργόν, βλάπτειν τε καὶ ὠφελεῖν δυναμένην ἐποίησαν.

Τὸν δὲ τῆς Ἀφροδίτης ἀστέρα τηρήσαντες γενεσιουργόν, ἐπιθυμίας τε καὶ γονῆς αἴτιον, γυναῖκα μὲν ἀνέπλασαν διὰ τὴν γένεσιν, ὡραίαν δὲ ὅτι καὶ

Ἕσπερος, ὃς κάλλιστος ἐν οὐρανῷ ἵσταται ἀστήρ.

Καὶ Ἔρωτα μὲν παρέστησαν διὰ τὴν ἐπιθυμίαν· σκέπειν δὲ μαστοὺς καὶ τὸ μόριον, ὅτι γονῆς αἰτία ἡ δύναμις καὶ ἐκθρέψεως· εἶναι δὲ ἀπὸ θαλάττης, στοιχείου διύγρου καὶ θερμοῦ καὶ πολλὰ κινουμένου καὶ διὰ τὴν συγκίνησιν ἀφριῶντος, τὸ σπερματικὸν αἰνιττόμενοι.

Τοῦ δὲ λόγου τοῦ πάντων ποιητικοῦ τε καὶ ἑρμηνευτικοῦ ὁ Ἑρμῆς παραστατικός. Ὁ δὲ ἐντεταμένος Ἑρμῆς δηλοῖ τὴν εὐτονίαν· δείκνυσι δὲ καὶ τὸν σπερματικὸν λόγον τὸν διήκοντα διὰ πάντων.

Λοιπὸν δὲ σύνθετος λόγος ὁ μὲν ἐν ἡλίῳ Ἑρμῆς, Ἑκάτη δὲ ὁ ἐν σελήνῃ, Ἑρμόπαν δὲ ὁ ἐν τῷ παντί. Κατὰ πάντων

L. 15 : Eusèbe, *ibid.*, III, 14, 10

---

6 s. cf. Porphyre, *Quaest. Homer.*, *Iliad.*, 241, 9 — 9 *Iliad.*, X, 318; cf. Porphyre, *Quaest. Homer.*, *Iliad.*, 258, 24 — 12-14 cf. Cornutus, 24, p. 44 s. — 15 ss. cf. Porphyre, *Quaest. Homer.*, *Iliad.*, 241 ss., et *Odyss.*, 38, 10 ss.; Cornutus, 16; Héraclite, *Alleg. Homer.*, 28; etc., etc. — 19 s. cf. Porphyre chez Proclus, *In Tim.*, I, 165, 22

---

1 *καὶ κάλαθον* edd. | *ἀνθῶν* A, voir ci-dessus p. 10*, 3 | 2 *ἔαροσ, εα* sur grattage, AJ | *τὸν δὲ τῶν*] *τῶν δὲ* B et, sur un grattage de 9 lettres, A | 3 *δὲ* > B | *ἄρεωσ* A | 6 *ἀφροδίτου* J | *τηρήσαντες*] *θεωρήσαντεσ* JBNO | 9 *ὅς*] *ὁ* A | 10 *σκέπει* JBNO | 11 *μασθοὺσ* BNO | 11-12 *καὶ ἐκθρέψεως ἡ δύναμις* transp. J | 12 *εἶναι*] *ἔστι* mss.; *esse perhibetur* Tr.; j'ai corrigé; cf. l. 14 *αἰνιττόμενοι* | *θαλάσσησ* BNO | *στοιχείου* > A | *δι'ὑγροῦ* A | 13 *καὶ*[1] > ABNO | *σύγκρισιν* NO | 14 *αἰνιττόμενοσ* A | 15 *τε* > NO | 16 *Ὁ δὲ* > N | 17 *λόγον*] *διόνυσον* J | 19-20 *Ἑκάτη δὲ ὁ ἐν σελήνῃ*] *ὁ δὲ* (*δ'* N) *ἐν σελήνῃ ἑκάτη* (*ἕκτη* B) BNO

γὰρ ὁ ποιητικὸς καὶ σπερματικός. Σύνθετος δὲ καὶ οἷον μιξέλλην καὶ παρ' Αἰγυπτίοις ὁ Ἑρμάνουβις.

Ἐπεὶ δὲ καὶ τῆς ἐρώσης ἦν δυνάμεως ὁ λόγος, ταύτης ὁ Ἔρως παραστατικός· διὸ παῖς μὲν τοῦ Ἑρμοῦ ὁ Ἔρως, νήπιος δὲ διὰ τὰς αἰφνιδίους περὶ τὰς ἐπιθυμίας ἐμπτώσεις αὐτοῦ.

Τοῦ δὲ παντὸς τὸν Πᾶνα σύμβολον ἔθεντο· τὰ μὲν κέρατα δόντες σύμβολα ἡλίου καὶ σελήνης· τὴν δὲ νεβρίδα τῶν κατ' οὐρανὸν ἀστέρων, ἢ τῆς τοῦ παντὸς ποικιλίας.

10. Τὸν δημιουργόν, ὃν Κνὴφ οἱ Αἰγύπτιοι προσαγορεύουσιν, ἀνθρωποειδῆ, τὴν δὲ χροιὰν ἐκ κυανοῦ μέλανος ἔχοντα, κρατοῦντα ζώνην καὶ σκῆπτρον, ἐπὶ δὲ τῆς κεφαλῆς πτερὸν βασίλειον περικείμενον, ὅτι λόγος δυσεύρετος καὶ ἐγκεκρυμμένος καὶ οὐ φανός, καὶ ὅτι ζωοποιός, καὶ ὅτι βασιλεύς, καὶ ὅτι νοερῶς κινεῖται· διὸ ἡ τοῦ πτεροῦ φύσις ἐν τῇ κεφαλῇ κεῖται. Τὸν δὲ θεὸν τοῦτον ἐκ τοῦ στόματος προϊέσθαί φασιν ὠόν, ἐξ οὗ γεννᾶσθαι θεὸν ὃν αὐτοὶ προσαγορεύουσι Φθᾶ, οἱ δὲ Ἕλληνες Ἥφαιστον· ἑρμηνεύουσιν δὲ τὸ ὠὸν τὸν κόσμον. Ἀφιέρωται δὲ τῷ θεῷ τούτῳ πρόβατον διὰ τὸ τοὺς παλαιοὺς γαλακτοποτεῖν.

Fr. 10 : Eusèbe, *ibid.*, III, 11, 45 - 13, 2

3 ss. cf. Lydus, *De mens.*, p. 117, 2-3 — 7 ss. cf. Servius, *In Bucol.*, II, 31 [III, 1, p, 23, 15 et III, 2, p. 204, 11 Thilo]; Scholies de Théocrite, *Idyll.*, I, 3; Cornutus, 27

Fr. 10 Eusèbe, *l. l.*, immédiatement après le fr. 9 : *Καὶ τὰ μὲν Ἑλληνικὰ τοιαῦτα, τὰ δὲ τῶν Αἰγυπτίων πάλιν τοιαῦτά φησιν ἔχειν σύμβολα· Τὸν δημιουργὸν* etc. — 10 ss. cf. Porphyre, *Epist. ad Anebon.*, 35; [Jamblique] *De mysteriis*, 8, 3; Suidas, *s. v.* *Πρίαπος* = *Anonym. Treu*, 7, 1; *Patria Cplt.*, II, 12 [156, 9 Preger] — 14 cf. Plutarque, *De Iside et Osir.*, 9 — 18 cf. Roscher, *Lexikon*, au mot « Phtha »

1 *ποιητικὸσ καὶ σπερματικὸσ* BNO *σπερματικὸσ καὶ ποιητικὸσ* J *σπερματικὸσ* A = *seminalis* Tr. | 2 *ἑρμανάνουβισ* NO | 3 *Ἐπεὶ δὲ*] *ἐπειδὴ* AJNO | 4 *ὁ παραστατικὸσ* J | 5 *ἐπιθυμίας* > J | 8 *δόντες σύμβολα*] *σύμβολα λέγοντεσ* A | *νεβρίδα δὲ* transp. B | 9 *ἄστρων* B | 11 <*ποιοῦσιν*> *ἀνθρωποειδῆ* Heikel, 93 = *faciunt* Tr.; <*ἀπετύπουν*> ou bien <*ἐδήλωσαν*> Börtzler, 17, n. 2 | 11 après *ἐκ* + *καλοῦσι* raturé B | 13 *λόγος*] *λόγοσ καὶ* BNO | 14 *κεκρυμμένοσ* BNO | 15 *νοερῶς*] *μετεώρωσ* A, *intelligibili motu* Tr. | 17 *φασιν*] *φησὶν* J | *ὠιὸν φασὶν* transp. A | 18 *Φθᾶ*] *θᾶ* B | *Ἥφαιστον* > A | 19 *ἑρμηνεύειν* JBNO | *δὲ* > A | 20 *παλαιοὺς*] *πόλλουσ* NO

Αὐτοῦ δὲ τοῦ κόσμου τὸ δείκηλον τοιόνδε ἀνέπλασαν· ἀνθρωποειδές ἐστιν ἄγαλμα, τοὺς μὲν πόδας συμβεβηκότας ἔχον, ἄνωθεν δὲ μέχρι ποδῶν ποικίλον ἱμάτιον περιβεβλημένον· ἐπὶ δὲ τῆς κεφαλῆς σφαῖραν ἔχει χρυσῆν, διὰ τὸ μὴ μεταβαίνειν, καὶ διὰ τὴν τῶν ἄστρων ποικίλην φύσιν, καὶ ὅτι σφαιροειδὴς ὁ κόσμος.

Ἥλιον δὲ σημαίνουσι ποτὲ μὲν δι' ἀνθρώπου ἐπιβεβηκότος πλοῖον, τοῦ πλοίου ἐπὶ κροκοδείλου κειμένου. Δηλοῖ δὲ τὸ μὲν πλοῖον τὴν ἐν ὑγρῷ κίνησιν· ὁ δὲ κροκόδειλος πότιμον ὕδωρ, ἐν ᾧ φέρεται ὁ ἥλιος. Ἐσημαίνετο τοίνυν ὁ ηλιος δι' ἀέρος ὑγροῦ καὶ γλυκέος τὴν περιπόλησιν ποιεῖσθαι.

Τῆς δὲ οὐρανίας γῆς καὶ τῆς χθονίας τὴν δύναμιν Ἶσιν προσεῖπον διὰ τὴν ἰσότητα, ἀφ' ἧς τὸ δίκαιον· οὐρανίαν δὲ τὴν σελήνην, χθονίαν δὲ τὴν καρποφόρον ἐν ᾗ κατοικοῦμεν, λέγουσι.

Τὸ δὲ αὐτὸ δύναται Δημήτηρ παρ' Ἕλλησι καὶ Ἶσις παρ' Αἰγυπτίοις· καὶ πάλιν Κόρη παρ' Ἕλλησι καὶ

---

1 ss. cf. PLUTARQUE, *De Iside et Osir.*, 9 sur Ammon (*τὸν πρῶτον θεόν, ὃν τῷ παντὶ τὸν αὐτὸν νομίζουσιν*) — 7-12 cf. CLÉMENT D'ALEX. *Stromat.*, V, 41, 2-3; PORPHYRE, *De antro Nymph.*, 10, p. 63, 13 ss. — 7-8 cf. [JAMBLIQUE], *De mysteriis*, VII, 2 [252, 10 PARTHEY]; CHÉRÉMON chez PORPHYRE, *Epist. ad Anebon.*, 31 ss.; PLUTARQUE, *De Iside et Osir.*, 34 — 9-10 cf. ÉLIEN, *De nat. animal.*, X, 24 — 13 ss. cf. ROSCHER, *Lexikon*, II, 459 ss. et PROCLUS, *In Tim.*, III, 140, 6 ss.; voir ce que PORPHYRE dit de tout ceci, *Epist. ad Anebon.*, 37 s. — 14-15 cf. PORPHYRE chez PROCLUS, *In Tim.*, I, 147, 8; de plus *ibid.*, II, 48, 17 et 282, 11; *Orphica*, fr. 81 ABEL; MACROBE, *Somn. Scip.*, I, 11, 7 et 19, 10; DIELS, *Doxogr. graeci*, 361: etc.

---

1 *δίκηλον* A *δείκολον* J | 2 *συμβεβληκότασ* JO | 5 *φύσιν*] *θέσιν* BNO | 7 *δι' ἀνθρώπου*] *διανύων* J | 8 *πλοῖον* mss., *πλοίου* *édd.* | *τοῦ πλοίου*] *ποτὲ δὲ* POTTER, d'après CLÉMENT, *l. l.* : *Αἰγυπτίων οἱ μὲν ἐπὶ πλοίου, οἱ δὲ ἐπὶ κροκοδείλου τὸν ἥλιον σημαίνουσι*; BÖRTZLER, p. 12, suppose à bon droit une lacune | 9 *μὲν* > BNO | 10 *ἐσημαίνετο* VIGIER] *ἐσήμαινε* mss.; cf. : *σημαίνουσι δὲ ὅτι ἥλιος δι' ἀέρος γλυκεροῦ καὶ ὑγροῦ τὴν πορείαν ποιούμενος γεννᾷ τὸν χρόνον* CLÉMENT, *l. l.* | 14 *προσειπόντεσ* corr. en *προσεῖπον* A | 15 *δὲ*[1]] *δὲ καὶ* AJNO | *τὴν*[2]] *γῆν* A | *καρποφόρησιν* BNO

Διόνυσος, καὶ Ἶσις καὶ Ὄσιρις παρ᾽ Αἰγυπτίοις. Αὕτη δὲ τρέφουσα καὶ αἴρουσα τὰ ἐπὶ γῆς· ὁ δὲ Ὄσιρις παρ᾽ Αἰγυπτίοις τὴν κάρπιμον παρίστησι δύναμιν, ἣν θρήνοις ἀπομειλίσσονται εἰς γῆν ἀφανιζομένην ἐν τῷ σπόρῳ, καὶ ὑφ᾽ ἡμῶν καταναλισκομένην εἰς τροφάς.

Λαμβάνεται δὲ καὶ ἀντὶ τῆς ποταμίας τοῦ Νείλου δυνάμεως. Ἀλλ᾽ ὅταν μὲν τὴν χθονίαν γῆν σημαίνωσιν, Ὄσιρις ἡ κάρπιμος λαμβάνεται δύναμις· ὅταν δὲ τὴν οὐρανίαν, Ὄσιρίς ἐστιν ὁ Νεῖλος, ὃν ἐξ οὐρανοῦ καταφέρεσθαι οἴονται. Πενθοῦσι δὲ καὶ τοῦτον, ἀπομειλισσόμενοι τὴν δύναμιν λήγουσαν καὶ ἀναλισκομένην. Ἡ δὲ ἐν τοῖς μύθοις μισγομένη τῷ Ὀσίριδι Ἶσις ἡ Αἰγυπτία ἐστὶ γῆ· διόπερ ἰσοῦται καὶ κυεῖ καὶ ποιεῖ τοὺς καρπούς· διὸ ἀνὴρ τῆς Ἴσιδος Ὄσιρις καὶ ἀδελφὸς καὶ υἱὸς παραδέδοται.

Κατὰ δὲ τὴν Ἐλεφαντίνην πόλιν τετίμηται ἄγαλμα, πεπλασμένον μέν, ἀλλ᾽ ἀνδρείκελον καὶ καθήμενον, κυανοῦν τε τὴν χρόαν, κεφαλὴν δὲ κριοῦ κεκτημένον καὶ βασίλειον, κέρατα τράγεια ἔχον, οἷς ἔπεστι κύκλος δισκοειδής. Κάθηται δὲ παρακειμένου κεραμέου ἀγγείου,

2 ss. cf. Cornutus, p. 54, 16 ss.; Plutarque, *De Iside et Osir.*, 33 ss.; sur Osiris-Dionysos, autre interprétation Porphyre, *Epist ad Anebon.*, 31 ss. et chez Proclus, *In Tim.*, I, 77, 15 ss. — 6 ss. cf. Plutarque, *De Iside et Osir.*, 32 et 43; Porphyre, *Quaest. Homer.*, *Iliad.*, 213, 6 ss. et *Odyss.*, 46, 19 ss., et *De or. philos.*, 124 Wolff; autre tradition Porphyre chez Proclus, *In Tim.*, I, 119. 16 ss. — 16 *Κατὰ δὲ*... début du ch. 12 d'Eusèbe, intitulé : *Περὶ τοῦ κατὰ τὴν Ἐλεφαντίνην ἀγάλματος* — 16 ss. « ein Bild des Chnum » Drexler, dans Roscher, *Lexikon*, II, 1254, 23; cf. Otto, *Priester und Tempel im Hellenist. Aegypten, Register* III, au mot « Chnubo in Elephantine »

2 *αἴρουσα* Vigier] *αἱροῦσα* AJNO *αἱροῦσι* B; *Ἶσις* = *ἡ ἱεῖσα*? cf. *Ἶσις* — *ἵεσθαι* Plutarque, *De Iside et Osir.*, 60 et 43 (p. 516, 14 Bernardakis), etc. | 4 *ἀπομειλίσσεσθαι* A, *placant* Tr. | 5 *εἰσ τὰσ τροφὰσ* BNO | 6 *ποταμείασ* B | 8 *δύναμις*] *γῆ* J | 13 *κύει* N | 16 *Κατὰ*] *ἡ κατὰ* B | 17 *ἀλλὰ ἀνδρίκελον*, *ι* corr. en *ει*, A | *καὶ καθήμενον*] *κελον* J | 18 *χροιὰν* JBNO, voir p. 17*, 17 et ci-dessous p. 21*, 8 | *κρύου* B | 20 *κεραμέου* > B

ἐφ' οὗ ἄνθρωπον ἀναπλάσσει. Δηλοῖ δὲ ἀπὸ μὲν τοῦ κριοῦ πρόσωπον ἔχειν καὶ αἰγὸς κέρατα τὴν ἐν κριῷ σύνοδον ἡλίου καὶ σελήνης· τὸ δὲ ἐκ κυάνου χρῶμα, ὅτι ὑδραγωγὸς ἐν συνόδῳ ἡ σελήνη.

Τὸ δὲ δεύτερον φῶς τῆς σελήνης ἐν Ἀπόλλωνος πόλει καθιέρωται· ἔστι δὲ τούτου σύμβολον ἱερακοπρόσωπος ἄνθρωπος, ζιβύνῃ χειρούμενος Τυφῶνα ἱπποποτάμῳ εἰκασμένον. Λευκὸν δὲ τῇ χρόᾳ τὸ ἄγαλμα, τῆς μὲν λευκότητος τὸ φωτίζεσθαι τὴν σελήνην παραστησάσης, τοῦ δὲ ἱερακείου προσώπου τὸ ἀφ' ἡλίου φωτίζεσθαι καὶ πνεῦμα λαμβάνειν· τὸν γὰρ ἱέρακα ἡλίῳ ἀφιεροῦσι, φωτὸς δὲ καὶ πνεύματος ἱέραξ αὐτοῖς σύμβολον διά τε τὴν ὀξυκινησίαν καὶ τὸ πρὸς ὕψος ἀνατρέχειν, ἔνθα τὸ φῶς. Ὁ δὲ ἱπποπόταμος τὸν δυτικὸν δηλοῖ πόλον παρὰ τὸ καταπίνειν εἰς ἑαυτὸν τοὺς περιπολοῦντας. Θεὸς δὲ τιμᾶται ἐν τῇ πόλει ταύτῃ ὁ Ὧρος.

Ἡ δὲ τῆς Εἰλειθυίας πόλις τὸ τρίτον φῶς θεραπεύει. Τὸ δὲ ξόανον τετύπωται εἰς γῦπα πετομένην, ἧς τὸ πτέρωμα ἐκ σπουδαίων συνέστηκε λίθων. Σημαίνει δὲ τὸ

1-4 cf. Bouché-Leclercq, *Astrologie grecque*, p. 535 (« Quand le Soleil est en ὕψωμα dans le Bélier, il exalte les vertus de toutes les planètes »); Porphyre, *Isagog. in Tetrab.*, p. 186 (Περὶ ὑψωμάτων) et p. 183, l. 17 ss.; *Catal. codd. astrol. graec.*, I, 134, 12 ss.; sur la couleur « bleuâtre » de la lune, cf. Bouché-Leclercq, *ibid.*, p. 314 — 7 ss. cf. Plutarque, *De Iside et Osir.*, 50 ss. — 8 cf. *ibid.*, 22 (p. 493, 1-2 Bernardakis) — 11-12 cf. Eustathe, *Il.* A 206, p. 87, 6; Porphyre, *De abstin.*, IV, 9, p. 243, 1 ss.; Horapollon, I, 6; Élien, *De nat. animal.*, X, 14, etc. — 14 cf. Porphyre, *De antro Nymph.*, 29, p. 76, 12 (δαίμοσι... τὰ δυτικά) — 15-16 cf. Otto, *ibid.*, au mot « Horus-Edfu »; Plutarque, *De Iside et Osir.*, 55, etc. — 17 ss. cf. Roscher, *Lexikon*, au mot « Necheb »

---

1 ἀφ'οὗ O | ἀναπλάσσειν JBNO | ἀπὸ] τὸ Börtzler, 18, n. 1; il faut sans doute construire δηλοῖ ἀπὸ τοῦ ἔχειν, toutefois cf. ci-dessous l. 3 | 2 αἰγὸς] τράγεια A, comme p. 20*, 19 | 3 ἡλίου] ἡλίου καὶ J | après σελήνης, Börtzler p. 19 suppose une lacune, à tort; la tête de bélier avec le disque représente à la fois le soleil-Ammon (cf. Macrobe, *Sat.*, I, 21, 18-19) et le lieu de son exaltation, tandis que les cornes désignent la lune | κυανοῦ N | 5 Τὸ δὲ δεύτερον — 19 λίθων > B | 5 devant πόλει + μὲν NO | 7 διβύνη A | 9 τὸ > A | παραστήσασ, le dernier α sur grattage, A | 10 ἱερακίου A | 13-14 ἱππόταμοσ N πο ajouté au-dessus de la ligne N² | 14 δυτικὸν] ἱππικὸν A | 17 εἰληθυίασ A

μὲν γυποειδὲς αὐτῆς τὴν γεννητικὴν πνευμάτων σελήνην. Ἐκ γὰρ τοῦ πνεύματος οἴονται συλλαμβάνειν τὴν γῦπα, θηλείας πάσας ἀποφαινόμενοι.

Ἐν δὲ τοῖς κατ' Ἐλευσῖνα μυστηρίοις ὁ μὲν ἱεροφάντης εἰς εἰκόνα τοῦ δημιουργοῦ ἐνσκευάζεται, δᾳδοῦχος δὲ εἰς τὴν ἡλίου, καὶ ὁ μὲν ἐπὶ βωμῷ εἰς τὴν σελήνης, ὁ δὲ ἱεροκῆρυξ Ἑρμοῦ.

Καὶ ἄνθρωπος δὲ παρ' Αἰγυπτίοις ἐν τοῖς ἱεροῖς παρείληπται. Ἄναβις γάρ ἐστι κώμη Αἰγύπτου, ἐν ῇ θεραπεύεται ἄνθρωπος, καὶ θύεται τούτῳ, καὶ ἐπὶ τῶν βωμῶν τὰ ἱερεῖα κάεται· ὁ δὲ μετ' ὀλίγον φάγοι ἂν τὰ ὡς ἀνθρώπῳ αὐτῷ παρεσκευασμένα.

Ὅτι δὲ οὐδὲ τὰ ζῷα θεοὺς ἡγοῦνται, εἰκόνας δὲ ἐποιοῦντο καὶ σύμβολα ταῦτα θεῶν, δηλοῖ τὸ πολλαχοῦ βοῦς ἀναχθέντας θεοῖς ἐν ταῖς ἱερομηνίαις καὶ ταῖς πρὸς τοὺς θεοὺς θρησκείαις βουθυτεῖν. Ἡλίῳ μὲν γὰρ καὶ σελήνῃ βοῦς ἀνιέρωσαν.

---

1 cf. par ex. *Catalog. codd. astrol. gr.*, I, 137, 2 s. — 2-3 cf. Élien, *De nat. animal.*, II, 46; Plutarque, *Quaest. Roman.*, 93 — 4 ss. cf. Schreiber, XL *Philol. Versamml.*, Görlitz, p. 310 ss. — 6 s. cf. Porphyre chez Proclus, *In Tim.*, I, 165, 16-23 — 9-12: tirade figurant à peu près textuellement dans le *De abstin.*, IV, 9 p. 242 [13-17 Nauck [2]]

---

2 *οἴονται*] *οἷόν τε* A | *τὴν* J *τὸν* ABNO | 3 *ἀποφηνάμενοι* A | Eusèbe a sauté la suite de l'interprétation annoncée p. 21* l. 19 s. : *σημαίνει δὲ τὸ μὲν* etc. | 5 *ἀνασκευάζεται* B | 6 *τὴν'*] *τοῦ* B | *σελήνης* Gifford = *lunae* Tr., *σελήνην* mss. | 8 s. « Die natürliche Erklärung (dieser Verehrung) ist ausgefallen » Börtzler, 13; voir ci-dessus l'introduction au *Περὶ ἀγαλμάτων* | 9 *ἄναμισ* JBNO Tr. *ἀναμὶξ* A, *κατὰ Ἄναβιν κώμην De abst.* | *γάρ*] *δὲ* J | 11 *ἱερεῖα* AJ et *De abst.* *ερεῖα* B *ἱερὰ* NO | *κάεται* JNO et *De abst.* *καίεται* AB | 11-12 *φάγοι ἂν τὰ ἴδια* (*ἰδίᾳ?* Nauck) *αὐτῷ ὡς ἀνθρώπῳ παρεσκευασμένα De abst.* | 12 *ὡσ* A et *De abst.*] *ὡσ ἂν* JBNO | 13 *δὲ*[1] > B | *οὐδὲ*] *οὐ* JNO | *ἡγοῦντο* JBO | 15 *ἱερομηνείαισ* B | *τοὺς* > BNO

Ἀλλ' ὅ γε ἡλίῳ ἀνακείμενος ἐν Ἡλίου πόλει καλούμενος Μνεῦις βοῶν ἐστι μέγιστος, σφόδρα μέλας, μάλιστα ὅτι καὶ ὁ ἥλιος ὁ πολὺς μελαίνει τὰ ἀνθρώπεια σώματα. Ἔχει δὲ τὴν οὐρὰν παρὰ τοὺς ἄλλους βοῦς καὶ τὸ πᾶν σῶμα ἀνάτριχον, καθάπερ ὁ ἥλιος τὸν ἐναντίον τῷ πόλῳ ποιεῖται δρόμον· τούς τε ὄρχεις μεγίστους, ἐπειδήπερ ὁ περὶ τὰ ἀφροδίσια ἵμερος γίνεται ὑπὸ θερμότητος, ὅ τε ἥλιος σπερμαίνειν λέγεται τὴν φύσιν.

Σελήνῃ δὲ ταῦρον ἀνέθεσαν, ὃν Ἆπιν ἐπονομάζουσι, μέλανα μὲν καὶ αὐτὸν ὑπὲρ τοὺς ἄλλους, φέροντα δὲ σημεῖα ἡλίου καὶ σελήνης, ὅτι καὶ τῆς σελήνης τὸ φῶς ἐξ ἡλίου· ἡλίου δὲ σημεῖον τὸ μέλαν τοῦ σώματος καὶ ὁ ὑπὸ τῇ γλώττῃ κάνθαρος, σελήνης δὲ σύμβολον τό τε διχότομον καὶ ἀμφίκυρτον.

---

1 s. et 9 : Théodoret, *Graec. affect. cur.*, III, 46 [d'après Eusèbe]
5-6 : Stobée, *Ecl.*, I, 25, 2 [sous le titre : *Πορφυρίου ἐκ τοῦ Περὶ ἀγαλμάτων*]

---

1 ss. et 9 ss. : cf. Élien, *De nat. anim.*, XI, 10 et 11 [= note de certains mss. de Suidas, au mot *Μέμφις*] — 1 ss. cf. Macrobe, *Sat.*, I, 21, 20-21; Plutarque, *De Iside et Osir.*, 33 — 5-6 cf. Porphyre, *Quaest. Homer.*, *Odyss.*, 102, 11 — 8 cf. Porphyre, *Isagog. in Tetrab.*, 181 en bas et 182 — 9 ss. cf. Hérodote, III, 28; Pline, *Nat. hist.*, VIII, 184; Ammien Marcell., XXII, 14, 7; Plutarque, *De Iside et Osir.*, 43 [p. 516, 5 ss. Bernardakis] — 12 s. cf. Porphyre, *De abstin.*, IV, 9 [p. 243, 9 ss. Nauck [2]]; Apion chez Pline, *Nat. hist.*, XXX, 99
14 après l'extrait, Eusèbe ajoute III, 13, 3 : *ταῦτά μοι ἐκ τῆς τοῦ προειρημένου ἀνδρὸς γραφῆς ἐπιτετμήσθω, ὡς ἂν μηδὲν ἡμᾶς λάθῃ τῶν ἀπορρήτων τῆς Ἑλληνικῆς ὁμοῦ καὶ Αἰγυπτιακῆς θεολογίας*

---

2 *μνεῦσισ* A | 5 *καθάπερ καὶ ὁ ἥλιος τὸν ἐναντίον τῷ πόλῳ ποιεῖται δρόμον· ὥσπερ δοκεῖ τὸν οὐρανὸν ὁ ἥλιος εἰς τἀναντία περιφέρειν, αὐτὸς ἀπὸ δυσμῶν ἐπὶ τὰς ἀνατολὰς φερόμενος* Stobée, *l. l.*; mais Börtzler (p. 9) a fait remarquer que les mots *ὥσπερ δοκεῖ* etc. jusqu'à *φερόμενος* sont empruntés à Plutarque, *De Iside et Osir.*, 74 [traité que Stobée cite, *ibid.*, II, 1, 13]; cet extrait de Plutarque est destiné à faire le pendant de celui de Porphyre *περὶ ἡλίου κινήσεως* | *τὸν ἐναντίον* > A | *ἐναντίον* en marge O | 6 *μέγιστον* NO | 10 *ὑπὲρ*] *καὶ ὑπὲρ* B | 12 *ὁ* > NO | 12-13 *ὑπὸ τὴν γλῶτταν* A, cf. Hérodote, III, 28 : *ἐπὶ* (*ὑπὸ* Jablonsky) *δὲ τῇ γλώσσῃ κάνθαρον*

II

PORPHYRII

De regressu animae

1 [Augustin, *De civitate dei* X 32, t. I, p. 455, 29 éd.[3] Dombart]. Et utique **se a Chaldaeis oracula divina sumpsisse,** quorum adsiduam commemorationem facit, tacere non potuit (Porphyrius).

2 [*Ibid.* X 9 : De inlicitis artibus erga daemonum cultum, in quibus Porphyrius Platonicus quaedam probando, quaedam quasi inprobando versatur]. Haec et alia multa huiusce modi, quae omnia commemorare nimis longum est, fiebant ad commendandum unius Dei veri cultum et multorum falsorumque prohibendum. Fiebant autem simplici fide atque fiducia pietatis, non **incantationibus et carminibus** nefariae curiositatis **arte compositis, quam vel magian vel detestabiliore nomine goetian vel honorabiliore theurgian vocant, qui quasi conantur ista discernere et inlicitis artibus deditos alios damnabiles, quos et maleficos vulgus appellat (hos enim ad goetian pertinere dicunt), alios autem laudabiles videri volunt, quibus theurgian deputant;** cum sint utrique ritibus fallacibus daemonum obstricti sub nominibus **angelorum.**

Nam et Porphyrius **quandam quasi purgationem animae per theurgian,** cunctanter tamen et pudibunda quodammodo disputatione **promittit; reversionem vero ad Deum hanc artem praestare cuiquam negat;** ut videas eum inter vitium sacrilegae curiositatis et philosophiae professionem sententiis alternantibus fluctuare. Nunc enim **hanc artem tamquam fallacem et in ipsa**

---

1 ss. voir le contexte ci-dessous p. 42*, 15 ss.; Kroll, *Orac. chald.*, p. 6. — 23 ss. cf. ci-dessous p. 32*, 21 ss.

actione periculosam et legibus prohibitam cavendam monet; nunc autem velut eius laudatoribus cedens **utilem** dicit **esse mundandae parti animae, non quidem intellectuali, qua rerum intellegibilium percipitur veritas, nullas habentium similitudines corporum; sed spiritali, qua corporalium rerum capiuntur imagines. Hanc enim** dicit **per quasdam consecrationes theurgicas, quas teletas** vocant, **idoneam fieri atque aptam susceptioni spirituum et angelorum et ad videndos deos. Ex quibus tamen theurgicis teletis fatetur intellectuali animae nihil purgationis accedere, quod eam faciat idoneam ad videndum Deum suum et perspicienda ea quae vere sunt.** Ex quo intellegi potest, qualium deorum vel qualem visionem fieri dicat theurgicis consecrationibus, in qua non ea videntur quae vere sunt. **Denique animam rationalem sive,** quod magis amat dicere, **intellectualem, in sua posse** dicit **evadere, etiamsi quod eius spiritale est nulla theurgica fuerit arte purgatum; porro autem a theurgo spiritalem purgari hactenus, ut non ex hoc ad inmortalitatem**

---

3 ss. cf. ci-dessous p. 31* ss. et AUGUSTIN, *ibid.*, p. 459, 1 : *Ut enim non alia purgatio ei parti quaereretur, quam vocat intellectualem Porphyrius, alia ei, quam vocat spiritalem, aliaque ipsi corpori...;* PORPHYRE chez STOBÉE, *Ecl.* I 454, 11 ss. WACHSMUTH; *Ἀφορμαί* 29; HIEROCLÈS, *In aur. carmen* XXVI — 4 *intellectuali* = *νοερᾷ* — 6 « *sed spiritali* (*πνευματικός*) » ZELLER, *Philos. der Griechen*, III 2, p. 733 note 1; cf. PORPHYRE chez PROCLUS, *In Tim.* 41 CD — 7 ss. cf. AUGUSTIN, *De Trinitate*, IV, 10 [PL 32; 897, 10] : (*Diabolus*) *pollicens etiam purgationem animae per eas quas teletas appellant, transfigurando se in angelum lucis* (II Cor. 11, 14) *per multiformem machinationem in signis et prodigiis mendacii. Facile est enim spiritibus nequissimis per aerea corpora facere multa quae mirentur animae terrenis corporibus aggravatae.* — 9 *ad videndos deos* : cf. KROLL, *Orac. chald.*, p. 56 — 17 DUBNER a corrigé *sua* en *superna*; cf. AUGUSTIN, *Sermo* CCXL [PL 38; 1132, 33] : *Eas vero animas (dixerunt philosophi) quae bene vixerunt, cum exierint de corporibus, ire ad superna caelorum, requiescere ibi in stellis et luminibus istis conspicuis, vel quibuscumque caelestibus abditisque secretis*; mais cf. ci-dessus l. 12 : *ad videndum Deum suum.*

aeternitatemque perveniat. Quamquam itaque discernat a daemonibus angelos, aeria loca esse daemonum, aetheria vel empyria disserens angelorum, et admoneat utendum alicuius daemonis amicitia, quo subvectante vel paululum a terra possit elevari quisque post mortem, aliam vero viam esse perhibeat ad angelorum superna consortia : cavendam tamen daemonum societatem expressa quodam modo confessione testatur, ubi dicit animam post mortem luendo poenas cultum daemonum a quibus circumveniebatur horrescere; ipsamque theurgian, quam velut conciliatricem angelorum deorumque commendat, apud tales agere potestates negare non potuit, quae vel ipsae invideant purgationi animae, vel artibus serviant invidorum, querelam de hac re Chaldaei nescio cuius expromens : " Conqueritur, inquit, vir in Chaldaea bonus, purgandae animae magno in molimine frustratos sibi esse successus, cum vir ad eadem potens tactus invidia adiuratas sacris precibus potentias alligasset, ne postulata concederent. Ergo et ligavit ille, inquit, et iste non solvit. „ Quo indicio dixit apparere theurgian

---

1 ss. cf. *Ep. ad Aneb.* 8-10 : *Τί τὸ διακρῖνόν ἐστι τοὺς δαίμονας ἀπό τε τῶν ἐμφανῶν καὶ τῶν ἀφανῶν θεῶν... Τί τὸ γνώρισμα θεοῦ παρουσίας ἢ ἀρχαγγέλου ἢ δαίμονος...*; *De Abstin.* II, 37 ss.; PORPHYRE chez PROCLUS, *In Tim.*, I, 76 ss.; 152, 15 ss.; 171, 17 ss., etc.; F. CUMONT, *Relig. Orient.*, 2e éd., p. 226 ss. et 388 ss. — 2 cf. KROLL, *Orac. chald.*, p. 44 s. et 53; AUGUSTIN, *ibid.*, X, 21. — 4 ss. cf. ARNOBE, *Adv. nat.*, II, 62 : *quod magi spondent, commendaticias habere se preces quibus emollitae nescio quae potestates vias faciles praebeant ad caelum contendentibus subvolare;* et II, 13 : *quid illi sibi volunt secretarum artium ritus, quibus adfamini nescio quas potestates, ut sint vobis placidae neque ad sedes remeantibus patrias obstacula impeditionis opponant?* — 9 ss. cf. KROLL, *ibid.*, p. 58, l. 6 ss. — 15 *Chaldaei nescio cuius* = JULIEN, le commentateur des oracles chaldaïques; cf. notamment LOBECK, *Aglaophamus*, p. 99 ss. — 16 *bonus* cf. ci-dessous p. 30*, 24 : *benignus ille Chaldaeus* — 18 cf. fr. suivants, et AUGUSTIN, *ibid.*, 437, 28 : *subditus Porphyrius invidis potestatibus* etc. — 21 *non solvit* = *οὐκ ἔλυσε*; cf. KROLL, *l. l.* p. 56.

esse tam boni conficiendi quam mali et apud deos et apud homines disciplinam; pati etiam deos et ad illas perturbationes passionesque deduci, quas communiter daemonibus et hominibus Apuleius adtribuit, deos tamen ab eis aetheriae sedis altitudine separans et Platonis asserens in illa discretione sententiam. [*Chap.* 10 : DE THEURGIA, QUAE FALSAM PURGATIONEM ANIMIS DAEMONUM INVOCATIONE PROMITTIT] Ecce nunc alius Platonicus, quem doctiorem ferunt, Porphyrius, **per** nescio quam **theurgicam disciplinam etiam ipsos deos obstrictos passionibus et perturbationibus** dicit, quoniam sacris precibus adiurari tenerique potuerunt, ne praestarent animae purgationem, et ita terreri ab eo, qui imperabat malum, ut ab alio, qui poscebat bonum, per eandem artem theurgicam solvi illo timore non possent et ad dandum beneficium liberari. Quis non videat haec omnia fallacium daemonum esse commenta, nisi eorum miserrimus servus et a gratia veri liberatoris alienus? Nam si haec apud deos agerentur bonos, plus ibi utique valeret beneficus purgator animae quam malevolus impeditor. Aut si diis iustis homo, pro quo agebatur, purgatione videbatur indignus, non utique ab invido territi nec, sicut ipse dicit, **per metum valentioris numinis inpediti,** sed iudicio libero id negare debuerunt. Mirum est autem quod benignus ille Chaldaeus, qui theurgicis sacris animam purgare cupiebat, non invenit aliquem superiorem deum, qui vel plus terreret atque ad bene faciendum cogeret territos deos, vel ab eis terrentem compesceret, ut libere bene facerent; si tamen theurgo bono sacra defuerunt, quibus ipsos deos, quos invocabat animae purgatores, prius ab illa timoris peste purgaret. Quid enim causae est cur deus potentior

---

1 *deos* : cf. ce qui est dit des anges ci-dessous fr. 6, notamment p. 33*, 20 ss. et 34*, 9 ss.; cf. aussi A. HARNACK, T. U. XXXVII, 4, p. 86, 11 ss. et p. 125 — 4 *Apuleius*, dans le *De deo Socratis*, 5 ss., cité par AUGUSTIN précédemment (*ibid.* VIII, 16; cf. aussi X, 27, ci-dessous p. 34*, 14 ss.).

adhiberi possit a quo terreantur, nec possit a quo purgentur? An invenitur deus qui exaudiat invidum et timorem diis incutiat ne bene faciant; nec invenitur deus qui exaudiat benevolum et timorem diis auferat ut bene faciant? O theurgia praeclara, o animae praedicanda purgatio, ubi plus imperat inmunda invidentia, quam inpetrat pura beneficentia! Immo vero malignorum spirituum cavenda et detestanda fallacia, et salutaris audienda doctrina. Quod enim qui has sordidas purgationes sacrilegis ritibus operantur **quasdam mirabiliter pulchras,** sicut iste commemorat, **vel angelorum imagines vel deorum tamquam purgato spiritu vident** (si tamen vel tale aliquid vident), illud est quod apostolus [II *Cor.* 11, 14] dicit : " Quoniam Satanas transfigurat se velut angelum lucis. „ Eius enim sunt illa phantasmata...

3 [*Ibid.* X 27, p. 445, 11]. **Theurgi vero illi** vel potius daemones **deorum speciem figurasque fingentes** inquinant potius quam **purgant humanum spiritum** falsitate phantasmatum et deceptoria vanarum ludificatione formarum. Quo modo enim purgent hominis spiritum, qui inmundum habent proprium? Alioquin nullo modo **carminibus invidi hominis ligarentur** ipsumque inane beneficium, quod praestaturi videbantur, aut metu premerent, aut simili invidentia denegarent. Sufficit quod **purgatione theurgica neque intellectualem animam,** hoc est mentem

---

11 *sicut iste commemorat* : cf. ci-dessus p. 28*, 7 ss. — 17 ss. cf. Porphyre, *Πῶς ἐμψυχοῦται τὰ ἔμβρυα* VI, 1 : *εἰ μὲν ἃ φανταζόμεθα εἰς τὰ αὐτῶν σώματα οἷοί τε ἦμεν ἀπομόργνυσθαι, καθ' ὃ ἤδη λόγος κρατεῖ τοὺς δαίμονας τὰ εἴδη τῶν φαντασμάτων εἰς τὸ συνὸν ἢ παρακείμενον αὐτοῖς ἀερῶδες πνεῦμα διαδεικνύναι, χρῴζοντας μὲν οὐδαμῶς, ἀρρήτῳ δὲ τρόπῳ τὰς ἐμφάσεις τῆς φαντασίας ὥσπερ ἐν κατόπτρῳ τῷ περὶ αὐτοὺς ἀέρι διαδεικνύντας, ἐνεδέχετο εἰκάζειν τὴν φαντασίαν τῆς ἐνούσης ψυχῆς ἐν τῷ σπέρματι καθ' ἑαυτὴν διατυποῦν τὸ σῶμα*; voir les autres textes de Porphyre cités par Kalbfleisch, *ibid.*, p. 16 s.; Proclus, *In Tim.*, I, 395, 29 ss.; *Ep. ad Aneb.*, 26 [= Augustin, *De civit. Dei*, X, 11, p. 419, 12] — 17 quelques manuscrits écrivent : *species.*

nostram, dicis **posse purgari, et ipsam spiritalem,** id est nostrae animae partem mente inferiorem, **quam tali arte purgari posse asseris, inmortalem tamen aeternamque non posse hac arte fieri confiteris.**

4 [*Ibid.* p. 443, 31]. Tu autem hoc didicisti non a Platone, sed a Chaldaeis magistris... ut possent dii vestri theurgis pronuntiare divina : quibus divinis te tamen per intellectualem vitam facis altiorem, ut tibi videlicet tamquam philosopho theurgicae artis purgationes nequaquam necessariae videantur; sed aliis eas tamen inportas, ut hanc veluti mercedem reddas magistris tuis, quod eos, qui philosophari non possunt, ad ista seducis, quae tibi tamquam superiorum capaci esse inutilia confiteris; ut videlicet quicumque a philosophiae virtute remoti sunt, quae ardua nimis atque paucorum est, te auctore theurgos homines, a quibus non quidem in anima intellectuali, verum saltem in anima spiritali purgentur, inquirant, et quoniam istorum, quos philosophari piget, incomparabiliter maior est multitudo, plures ad secretos et inlicitos magistros tuos, quam ad scholas Platonicas venire cogantur. Hoc enim tibi inmundissimi daemones, **deos aetherios** se esse fingentes, quorum praedicator et angelus factus es, **promiserunt, quod in anima spiritali theurgica arte purgati ad Patrem quidem non redeunt, sed super aerias plagas inter deos aetherios habitabunt.**

5 [*Ibid.* X 21, p. 435, 6]. Ex qua opinione Porphyrius, quamvis non ex sua sententia, sed **ex aliorum,** dicit **bonum deum vel genium non venire in hominem,**

---

5 s. *hoc... a Chaldaeis magistris* : voir le contexte ci-dessous p. 34*, 14-26 — 25 la citation de PORPHYRE qui figure un peu plus loin [AUGUSTIN, *Ibid.*, 444, 31-32] se rapporte au *De or. philos.* (p. 180 ss. WOLFF) — 26 ss. Cf. *De or. philos.*, 147, 11 WOLFF : *ὅθεν καὶ παρ' Αἰγυπτίοις καὶ παρὰ Φοίνιξι καὶ ὅλως παρὰ τοῖς τὰ θεῖα σοφοῖς ἱμάντες ἐν τοῖς ἱεροῖς ἐπιρρήσσονται καὶ ζῶα προσουδίζεται... ἵνα τούτων* (*τῶν δαιμόνων*)

nisi malus fuerit ante placatus; tamquam fortiora sint apud eos numina mala quam bona, quando quidem mala inpediunt adiutoria bonorum, nisi eis placata dent locum, malisque nolentibus bona prodesse non possunt; nocere autem mala possunt, non sibi valentibus resistere bonis.

6 [*Ibid.* X 26]. Nescio quomodo, quantum mihi videtur, amicis suis theurgis erubescebat Porphyrius. Nam ista utcumque sapiebat, sed contra multorum deorum cultum non libere defendebat. Et **angelos** quippe **alios esse** dixit, **qui deorsum descendentes hominibus theurgicis divina pronuntient; alios autem, qui in terris ea, quae Patris sunt, et altitudinem eius profunditatemque declarent.** Num igitur hos angelos, quorum ministerium est declarare voluntatem Patris, credendum est velle nos subdi nisi ei, cuius nobis adnuntiant voluntatem? Unde optime admonet etiam ipse Platonicus **imitandos eos potius quam invocandos...** [p. 443, 1] Quid adhuc trepidas, o philosophe, adversus potestates et veris virtutibus et veri Dei muneribus invidas habere liberam vocem? Iam distinxisti angelos, qui **Patris adnuntiant voluntatem,** ab eis angelis, qui ad theurgos homines nescio qua deducti arte **descendunt.** Quid adhuc eos honoras, ut dicas **pronuntiare divina**? Quae tandem divina **pronuntiant,** qui non **voluntatem Patris** adnuntiant?

ἀπελθόντων παρουσία τοῦ θεοῦ γένηται : mais le contexte d'Augustin prouve que, dans l'extrait ci-dessus, c'est le *De regressu animae* qui est visé, et non le *De or. philos.*, comme Wolff l'a pensé. Le fouet qui chasse les démons, se retrouve chez Proclus, *Hymne* I *εἰς Ἥλιον* 27 : *δειμαίνουσι δὲ σεῖο θοῆς μάστιγος ἀπειλὴν | δαίμονες ἀνθρώπων δηλήμονες, ἀγριόθυμοι, | ψυχαῖς ἡμετέραις ὀνεραῖς κακὰ πορσύνοντες* (ici bien entendu il s'agit du fouet que porte le soleil sur ses représentations figurées) — 9 ss. cf. Porphyre chez Proclus, *In Tim.* I, 152, 13 ss. — 11 ss. cf. Kroll, *Orac. chald.* p. 45 — 12 s. cf. le *πατρικὸς βυθός* des *Oracles chaldaïques*, Kroll, *l. l.*, p. 18 et 73, etc. — 16 s. cf. Porphyre, *De abstin.* II 34 ss.; *Ad Marcellam* 16 ss., etc.

Nempe illi sunt, quos sacris precibus invidus alligavit, ne praestarent animae purgationem, nec a bono, ut dicis, purgare cupiente ab illis vinculis solvi et suae potestati reddi potuerunt. Adhuc dubitas haec maligna esse daemonia, vel te fingis fortasse nescire, dum non vis theurgos offendere, a quibus curiositate deceptus ista perniciosa et insana pro magno beneficio didicisti? Audes istam invidam non potentiam, sed pestilentiam, et non dicam dominam, sed, quod tu fateris, ancillam potius invidorum **isto aëre transcenso levare in caelum et inter deos vestros etiam sidereos conlocare,** vel ipsa quoque sidera his opprobriis infamare? [*Chap.* 27 : DE IMPIETATE PORPHYRII, QUA ETIAM APULEI TRANSCENDIT ERROREM]. Quanto humanius et tolerabilius consectaneus tuus Platonicus Apuleius erravit, qui tantummodo daemones a luna et infra ordinatos agitari morbis passionum mentisque turbelis, honorans eos quidem, sed volens nolensque confessus est; deos tamen caeli superiores ad aetheria spatia pertinentes, sive visibiles, quos conspicuos lucere cernebat, solem ac lunam et cetera ibidem lumina, sive invisibiles, quos putabat, ab omni labe istarum perturbationum quanta potuit disputatione secrevit! Tu autem hoc didicisti non a Platone, sed a Chaldaeis magistris, ut in **aetherias vel empyrias mundi sublimitates et firmamenta caelestia** extolleres vitia humana, ut possent dii vestri theurgis **pronuntiare divina;** quibus divinis te tamen per intellectualem vitam facis altiorem.

7 [*Ibid.* X 27, p. 445, 26]. Quid prodest quia **negare non potuisti errare homines theurgica disciplina et quam plurimos fallere per caecam insipientemque sententiam atque esse certissimum errorem agendo et**

---

2 *ut dicis* : voir ci-dessus p. 29*, 15 ss. — 15 *Apuleius* : cf. ci-dessus p. 30*, 4, note — 24 s. cf. KROLL, *l. l.*, p. 45 — 25 « *firmamenta caelestia* (στερεώματα) » KROLL, *l. l.*, p. 6 — 27 voir la suite ci-dessus p. 32*, 8 ss.

supplicando ad principes angelosque decurrere, et rursum, quasi ne operam perdidisse videaris ista discendo, mittis homines ad theurgos, ut per eos anima spiritalis purgetur illorum, qui non secundum intellectualem animam vivunt? [*Chap.* 28 : Quibus persuasionibus Porphyrius obcaecatus non potuerit veram sapientiam, quod est Christus, agnoscere]. Mittis ergo homines in errorem certissimum, neque hoc tantum malum te pudet, cum virtutis et sapientiae profitearis amatorem ; quam si vere ac fideliter amasses, Christum Dei virtutem et Dei sapientiam cognovisses nec ab eius saluberrima humilitate tumore inflatus vanae scientiae resiluisses. Confiteris tamen **etiam spiritalem animam sine theurgicis artibus et sine teletis,** quibus frustra discendis elaborasti, **posse continentiae virtute purgari.** Aliquando etiam dicis, quod **teletae non post mortem elevant animam,** ut iam nec eidem ipsi, quam spiritalem vocas, aliquid post huius vitae finem prodesse videantur; **et tamen versas haec multis modis et repetis,** ad nihil aliud, quantum existimo, nisi ut talium quoque rerum quasi peritus appareas et placeas inlicitarum artium curiosis, vel ad eas facias ipse curiosos. Sed bene, quod **metuendam** dicis **hanc artem vel legum periculis vel ipsius actionis.** Atque utinam hoc saltem abs te miseri audiant et inde, ne illic absorbeantur, abscedant aut eo penitus non accedant. **Ignorantiam certe et propter eam multa vitia per nullas teletas purgari** dicis, **sed per solum** *πατρικὸν νοῦν*, id est paternam mentem sive intellectum, qui **paternae est conscius voluntatis.** Hunc autem Christum

---

1 *principes* = ἄρχοντας; cf. *Ep. ad Aneb.* 10 etc.; ailleurs Augustin appelle « *principes tenebrarum* » les ἄρχοντες des Manichéens (cf. F. Cumont, *Recherches sur le Manichéisme*, I, p. 36, note 2; 41, note 2; 44, note 2, etc.) — 22 cf. ci-dessus p. 27*, 27 s. — 29 ss. cf. *ibid.*, 438, 1 ss. et ci-dessous p. 37*, 27 ss.; il se peut qu'Augustin ait en vue ici, non point certaines assertions formulées dans le *De regressu animae*, mais l'attitude adoptée par Porphyre dans le *Traité contre les Chrétiens*.

esse non credis : contemnis enim eum propter corpus ex femina acceptum et propter crucis opprobrium, excelsam videlicet sapientiam spretis atque abiectis infimis idoneus de superioribus carpere.

8 [*Ibid.* X 23]. Dicit etiam Porphyrius **divinis oraculis fuisse responsum nos non purgari lunae teletis atque solis,** ut hinc ostenderetur nullorum deorum teletis hominem posse purgari. Cuius enim teletae purgant, si lunae solisque non purgant, quos inter caelestes deos praecipuos habent? Denique **eodem** dicit **oraculo expressum principia posse purgare,** ne forte, cum dictum esset non purgare teletas solis et lunae, alicuius alterius dei de turba valere ad purgandum teletae crederentur. **Quae autem dicat esse principia** tamquam Platonicus, **novimus. Dicit enim Deum Patrem et Deum Filium, quem graece appellat paternum intellectum vel paternam mentem;** de Spiritu autem sancto aut nihil aut non aperte aliquid dicit; quamvis **quem alium dicat horum medium, non intellego.** Si enim tertiam, sicut

---

5 *divinis oraculis* : ces oracles combattaient une doctrine enseignée par d'autres mystères, à savoir que l'âme entière était purifiée par la lune et le soleil et obtenait ainsi l'immortalité. Cette doctrine est voisine de celle qu'a connue Démétrius de Tarse et peut-être avant lui Posidonius (cf. F. Cumont, *La théologie solaire du paganisme romain, Mém. présentés par divers savants à l'Acad. des Inscript.* XII, 2, Paris, 1909, p. 475 et 464, note 3); c'est celle à laquelle fait allusion Commodien (VIII, 12) et qu'on retrouve plus tard encore dans le Manichéisme. C'étaient là des croyances enseignées dans les cultes sidéraux de Syrie et de Mésopotamie. — 11 « *principia* (τὰς ἀρχὰς) » Kroll, *Orac. chald.* p. 6 — 16-17 i. e. *πατρικὸν νοῦν* (cf. ci-dessus p. 35* 27 s.); « at *πατρικὸς νοῦς* non Platonicorum est proprius, sed Chaldaeorum » Kroll, *l. l.* — 18 ss. : les *Oracles chaldaïques* ne connaissaient qu'une dyade (voir Kroll, *l. l.*, p. 14 et 6); cf. Arnobe, *Adv. nat.*, II 25 : *haecine est anima docta illa quam dicitis, immortalis perfecta divina, post deum principem rerum et post mentes geminas* (sic P) *locum optinens quartum et affluens ex crateribus viris* [sur ces *crateres*, cf. Kroll, *l. l.*, 26, 1]; cf. aussi Damascius, I 288, 12 ss. éd. Ruelle.

Plotinus, ubi de tribus principalibus substantiis disputat, animae naturam etiam iste vellet intellegi, non utique diceret **horum medium**, id est **Patris et Filii medium.** Postponit quippe Plotinus animae naturam paterno intellectui; iste autem cum dicit **medium**, non postponit, sed interponit.

9 [*Ibid.* X 29, p. 447, 25]. Praedicas **Patrem et eius Filium, quem vocas paternum intellectum seu mentem, et horum medium,** quem putamus te dicere Spiritum sanctum, **et more vestro appellas tres deos...**

10 [*Ibid.* X 29, p. 448, 6]. Confiteris tamen gratiam, quando quidem **ad Deum per virtutem intellegentiae pervenire paucis dicis esse concessum.** Non enim dicis : « paucis placuit », vel : « pauci voluerunt »; sed cum dicis : « **esse concessum** », procul dubio Dei gratiam, non hominis sufficientiam confiteris. Uteris etiam hoc verbo apertius, ubi **Platonis sententiam sequens** nec ipse dubitas **in hac vita hominem nullo modo ad perfectionem sapientiae pervenire, secundum intellectum tamen viventibus omne quod deest providentia Dei et gratia post hanc vitam posse compleri.** [*Ibid.* 449, 6] Vos certe **tantum tribuitis animae intellectuali,** quae anima utique humana est, **ut eam consubstantialem paternae illi menti, quem Dei Filium confitemini, fieri posse dicatis.** Quid ergo incredibile est, si aliqua una intellectualis anima modo quodam ineffabili et singulari pro multorum salute suscepta est? [*Ibid.* 449, 18] An forte vos offendit inusitatus corporis partus ex virgine? Neque hoc debet offendere, immo potius ad pietatem suscipiendam debet adducere, quod mirabilis mirabiliter natus est. An vero quod ipsum corpus morte depositum et in melius resurrectione mutatum iam incorruptibile neque mortale

---

1 et 4 *Ennéades* V, 1 — 17 *Platonis* : cf. *Phédon* 66 ss. — 19-20 cf. ZELLER, *Philos. der Griechen*, III, 2, p. 716 note 1 — 27 ss. cf. ci-dessus p. 35*, 29 ss.

in superna subvexit, hoc fortasse credere recusatis intuentes Porphyrium in his ipsis libris, ex quibus multa posui, quos **de regressu animae** scripsit, tam crebro praecipere **omne corpus esse fugiendum, ut anima possit beata permanere cum Deo?**

11, 1 [*Ibid.* X 30 : QUANTA PLATONICI DOGMATIS PORPHYRIUS REFUTAVERIT ET DISSENTIENDO CORREXERIT]. Si post Platonem aliquid emendare existimatur indignum, cur ipse Porphyrius nonnulla et non parva emendavit? Nam Platonem animas hominum post mortem revolvi usque ad corpora bestiarum scripsisse certissimum est. Hanc sententiam Porphyrii doctor tenuit et Plotinus; Porphyrio tamen iure displicuit. **In hominum sane non sua quae dimiserant, sed alia nova corpora redire humanas animas** arbitratus est. Puduit scilicet illud credere, **ne mater fortasse filium in mulam revoluta vectaret;** et non puduit hoc credere, ubi revoluta mater in puellam filio forsitan nuberet... quanto, inquam, honestius creditur reverti animas semel ad corpora propria quam reverti totiens ad diversa! Verumtamen, ut

4 cf. *ibidem*, 450, 21 : *quid est quod, ut beati simus, omne corpus fugiendum esse opinamini;* et XXII 26 : *sed Porphyrius ait, inquiunt, ut beata sit anima, corpus esse omne fugiendum.* Cf. aussi *Retractat.* I, 4, 7 : *illam Porphyrii falsi pholosophi... sententiam, qua dixit omne corpus esse fugiendum; Sermo* CCXLII ch. 6 et 7 [PL 38; 1137, 11] : *sed corpus est omne fugiendum. Magnus eorum philosophus, posterius Porphyrius fidei christianae acerrimus inimicus, qui iam christianis temporibus fuit, sed tamen ab ipsis deliramentis erubescendo, a christianis ex aliqua parte correptus, dixit, scripsit : corpus est omne fugiendum. « Omne » dixit, quasi omne corpus vinculum aerumnosum sit animae. Et prorsus si corpus qualecumque est fugiendum, non est ut laudes ei corpus* etc. — 10 cf. PLATON, *Phèdre* 249; *Phédon* 81 E s.; *Timée* 42 C; *Rép.* X 618 ss. et les fr. des commentaires de PORPHYRE sur ces passages [il serait trop long et oiseux de les reproduire ici; je suis obligé de réserver ces indications pour le recueil des fragments] — 12 *Ennéades* III, 4, 2; sur cette question, en attendant le recueil complet des fragments de PORPHYRE, voir ZELLER, *Philos. der Griechen*, III, 2, p. 713, note 4.

dixi, ex magna parte correctus est in hac opinione Porphyrius, ut saltem **in solos homines humanas animas praecipitari posse** sentiret, **beluinos autem carceres evertere minime dubitaret**. Dicit etiam **ad hoc Deum animam mundo dedisse, ut materiae cognoscens mala ad Patrem recurreret nec aliquando iam talium polluta contagione teneretur.** Ubi etsi aliquid inconvenienter sapit (magis enim data est corpori, ut bona faceret; non enim mala disceret, si non faceret), in eo tamen aliorum Platonicorum opinionem et non in re parva emendavit, quod **mundatam ab omnibus malis animam et cum Patre constitutam numquam iam mala mundi huius passuram esse** confessus est. Qua sententia profecto abstulit, quod esse Platonicum maxime perhibetur, ut mortuos ex vivis, ita vivos ex mortuis semper fieri; falsumque esse ostendit, quod Platonice videtur dixisse Vergilius, in campos Elysios purgatas animas missas (quo nomine tamquam per fabulam videntur significari gaudia beatorum) **ad fluvium Letheum evocari, hoc est ad oblivionem praeteritorum :**

Scilicet inmemores supera ut convexa revisant
Rursus et incipiant in corpora velle reverti.
[*Aen.* VI 750-751].

Merito **displicuit hoc** Porphyrio, quoniam re vera credere stultum est ex illa vita, quae beatissima esse non poterit nisi de sua fuerit aeternitate certissima,

---

2-3 cf. Kroll, *Orac. chald.* p. 62 — 6 « *nec aliquando iam* = μηδ᾽ ἔτι » Zeller, *l. l.*, III, 2, p. 715, note 2 — 12 s. cf. *ibid.*, 454, 12 : *deinde beatitudo quoque eius post experimentum malorum firmior et sine fine mansura ...*; cf. aussi *ibid.* XI, 4 (fin) : *porro si ex tempore creatam, sed nullo ulterius tempore perituram, tamquam numerum, habere initium, sed non habere finem fatentur, et ideo semel expertam miserias, si ab eis fuerit liberata, numquam miseram postea futuram...* — 14 s. cf. *Phédon* 70 C ss. — 19 s. cf. le fr. du *Περὶ Στυγός* cité par Zeller, *l. l.*, III, 2, p. 715, note 2.

desiderare animas corruptibilium corporum labem et inde ad ista remeare, tamquam hoc agat summa purgatio, ut inquinatio requiratur. Si enim quod perfecte mundantur hoc efficit, ut omnium obliviscantur malorum, malorum autem oblivio facit corporum desiderium, ubi rursus implicentur malis : profecto erit infelicitatis causa summa felicitas et stultitiae causa perfectio sapientiae et inmunditiae causa summa mundatio. Nec veritate ibi beata erit anima, quamdiucumque erit, ubi oportet fallatur, ut beata sit. Non enim beata erit nisi secura; ut autem secura sit, falso putabit semper se beatam fore, quoniam aliquando erit et misera. Cui ergo gaudendi causa falsitas erit, quo modo de veritate gaudebit? Vidit hoc Porphyrius **purgatamque animam ob hoc reverti** dixit **ad Patrem, ne aliquando iam malorum polluta contagione teneatur.** Falso igitur a quibusdam est Platonicis creditus quasi necessarius orbis ille ab eisdem abeundi et ad eadem revertendi. Quod etiamsi verum esset, quid hoc scire prodesset, nisi forte inde se nobis auderent praeferre Platonici, quia id nos in hac vita iam nesciremus, quod ipsi in alia meliore vita purgatissimi et sapientissimi fuerant nescituri et falsum credendo beati futuri? Quod si absurdissimum et stultissimum est dicere, Porphyrii profecto est praeferenda sententia his, qui animarum circulos alternante semper beatitate et miseria suspicati sunt. Quod si ita est, ecce Platonicus in melius a Platone dissentit; ecce vidit, quod ille non vidit, nec post talem ac tantum magistrum refugit correctionem, sed homini praeposuit veritatem.

---

3 ss. cf. Augustin, *Sermo* CCXLI, ch. 6 — 14 ss. cf. Arnobe, *Adv. gentes*, II, 62 : *neque illud obrepat aut spe vobis aeria blandiatur, quod ab sciolis nonnullis et plurimum sibi adrogantibus dicitur, deo esse se gnatos nec fati obnoxios legibus, si vitam restrictius egerint, aulam sibi eius patere, ac post hominis functionem prohibente se nullo tamquam in sedem referri patritam*; cf. aussi le *De mysteriis* VIII, 6 s.

II, 2 [*Ibid.* XII 27, p. 554, 9]. Unde quoniam Porphyrius **propter animae purgationem** dicit **corpus omne fugiendum** simulque cum suo Platone aliisque Platonicis sentit **eos, qui inmoderate atque inhoneste vixerint, propter luendas poenas ad corpora redire mortalia,** Plato quidem etiam bestiarum, Porphyrius **tantummodo ad hominum,** sequitur...

II, 3 [*Ibid.* XXII 12, p. 590, 2]. Utrum ergo illi redeat homini cuius caro prius fuit, an illi potius cuius postea facta est, ad hoc percontantur, ut fidem resurrectionis inludant ac sic animae humanae aut alternantes, sicut Plato, veras infelicitates falsasque promittant beatitudines aut **post multas itidem per diversa corpora revolutiones aliquando tamen eam,** sicut Porphyrius, **finire miserias et ad eas numquam redire** fateantur; non tamen corpus habendo inmortale, sed **corpus omne fugiendo.**

II, 4 [*Ibid.* XII 21 p. 546, 9]. Si enim de istis circuitibus et sine cessatione alternantibus itionibus et reditionibus animarum Porphyrius Platonicus **suorum opinionem sequi noluit** ... et, quod in libro decimo [*ci-dessus* p. 39*, 4 ss.] commemoravi, dicere maluit **animam propter cognoscenda mala traditam mundo, ut ab eis liberata atque purgata, cum ad Patrem redierit, nihil ulterius tale patiatur** : quanto magis nos...

II, 5 [*Ibid.* XIII 19, p. 582, 24]. De quo Platonico dogmate iam in libris superioribus diximus Christiano tempori erubuisse Porphyrium **et non solum ab animis humanis removisse corpora bestiarum, verum etiam sapientium animas ita voluisse** de **corporeis nexibus** liberari, **ut corpus omne fugientes beatae apud Patrem sine fine teneantur.** Itaque ne a Christo vinci videretur vitam sanctis pollicente perpetuam, etiam ipse **purgatas animas sine ullo ad miserias pristinas reditu in aeterna felicitate** constituit; et ut Christo adversaretur, **resurrectionem incorruptibilium corporum negans** non solum sine terrenis, sed **sine ullis omnino corporibus eas** adseruit **in sempiternum esse victuras.**

11, 6 [*Ibid.* XXII 27, p. 620, 20]. Porphyrius autem dixit **animam purgatissimam, cum redierit ad Patrem, ad haec mala mundi numquam esse redituram.**

12 [*Ibid.* X 32, p. 455, 3]. Cum autem dicit Porphyrius **in primo** iuxta finem **de regressu animae libro nondum receptum in unam quandam sectam, quod universalem contineat viam animae liberandae, vel a philosophia verissima aliqua vel ab Indorum moribus ac disciplina, aut inductione Chaldaeorum aut alia qualibet via, nondumque in suam notitiam eandem viam historiali cognitione perlatam** : procul dubio confitetur esse aliquam, sed nondum in suam venisse notitiam. [*Ibid.* 455, 15] Cum autem dicit **vel a philosophia verissima aliqua nondum in suam notitiam pervenisse sectam, quae universalem contineat viam animae liberandae**... [*Ibid.* 455, 24] Cum autem addit et dicit : « **Vel ab Indorum moribus ac disciplina, vel ab inductione Chaldaeorum vel alia qualibet via** », manifestissima voce testatur neque illis quae ab Indis neque illis quae

---

8 ss. cf. Porphyre, *Ep. ad Aneb.* 46 : *Ἐρωτῶ δὲ μήποτε ἄλλη τις λανθάνῃ οὖσα ἡ πρὸς εὐδαιμονίαν ὁδὸς ἀφισταμένη τῶν θεῶν ... Θέλω οὖν παρ' ὑμῶν τὴν εἰς εὐδαιμονίαν ὁδὸν ἐπιδεῖξαί μοι, καὶ ἐν τίνι κεῖται ἡ αὐτῆς οὐσία* [= Augustin, *De civit. Dei* X, 11, p. 421, 16 : *denique prope ad epistulae finem petit se ab eo doceri, quae sit ad beatitudinem via ex Aegyptia sapientia*]. — 8 *universalem* : cf. ci-dessous p. 43*, 11 ss, et Augustin, *ibid.*, 455, 22 : *quae alia via est universalis animae liberandae, nisi qua universae animae liberantur ac per hoc sine illa nulla anima liberatur?* et 456, 4 : *quaenam ista est universalis via, nisi quae non suae cuique genti propria, sed universis gentibus quae communis esset divinitus inpertita est?* Cf. encore *ibid.* 454, 33 ss.; 456, 27 ss. et 457, 7 s. — 10 *Indorum* : cf. l'extrait du *Περὶ Στυγός* cité par Stobée. *Ecl.* I 3, 56 [I, 66, 26 ss. Wachsmuth] et le *De abstin.* IV, 17 — 11 *inductione* : cf. l'*ἀναγωγή* des *Oracles chaldaïques*, Kroll, *l. l.*, p. 17 et 59 etc. — 12 s. [cf. ci-dessus l. 7 ss. et p. 43*, 5 s., 9 s. et 21 s.] : les mêmes expressions de Porphyre sont encore reproduites par Augustin, *ibid.*, p. 456, 14 ss. et 33 s.

a Chaldaeis didicerat hanc universalem viam liberandae animae contineri; et utique **se a Chaldaeis oracula divina sumpsisse,** quorum adsiduam commemorationem facit, tacere non potuit. Quam vult ergo intellegi **animae liberandae universalem viam nondum receptam vel ex aliqua verissima philosophia** vel ex earum gentium doctrinis, quae magnae velut in divinis rebus habebantur, quia plus apud eas curiositas valuit quorumque angelorum cognoscendorum et colendorum, **nondumque in suam notitiam historiali cognitione perlatam?** [*Ibid.* 458, 32] Haec via totum hominem mundat et inmortalitati mortalem ex omnibus quibus constat partibus praeparat. Ut enim non alia purgatio ei parti quaereretur, quam vocat **intellectualem** Porphyrius, alia ei, quam vocat **spiritalem,** aliaque ipsi corpori : propterea totum suscepit veracissimus potentissimusque mundator atque salvator. Praeter hanc viam, quae, partim cum haec futura praenuntiantur, partim cum facta nuntiantur, numquam generi humano defuit, nemo liberatus est, nemo liberatur, nemo liberabitur. Quod autem Porphyrius **universalem viam animae liberandae nondum in suam notitiam historiali cognitione** dicit esse **perlatam...**

13 [*Ibid.* X 16, p. 426, 7]. Quibus igitur angelis de beata et sempiterna vita credendum esse censemus? Utrum eis, qui se religionis ritibus coli volunt sibi sacra et sacrificia flagitantes a mortalibus exhiberi, an eis.... [*Ibid.* 426, 16] Cum ergo ad hunc unum quidam angeli, quidam vero ad se ipsos latria colendos signis mirabilibus excitent, et hoc ita, ut illi istos coli prohibeant, isti autem

---

23 ss. : on trouvera réunis ici les plus significatifs des passages où Augustin fait allusion — d'après le *De regressu animae* de Porphyre apparemment — aux sacrifices et aux prestiges pratiqués entre autres dans les mystères des théurges dits « Chaldéens ». Cf. encore *ibid.* 428, 21 ss., et Porphyre, *De abstin.*, II, 40 ss.

illum prohibere non audeant: quibus potius sit credendum, respondeant Platonici, respondeant quicumque philosophi, respondeant **theurgi** vel potius periurgi; hoc enim sunt omnes illae artes vocabulo digniores. [*Ibid.* 427, 34] Haec ergo atque huius modi nequaquam illis, quae in populo Dei facta legimus, virtute ac magnitudine conferenda sunt; quanto minus ea, quae illorum quoque populorum, qui tales deos coluerunt, legibus iudicata sunt prohibenda atque plectenda, magica scilicet vel theurgica! [*Ibid.* X 18, p. 431, 33] Porro autem si multorum deorum cultores (qualescumque deos suos esse arbitrentur) **ab eis facta esse miracula** vel civilium rerum historiae vel **libris** magicis sive, **quod honestius putant, theurgicis credunt** : quid causae est, cur illis litteris nolint credere ista facta esse, quibus tanto maior debetur fides, quanto super omnes est magnus, cui uni soli sacrificandum esse praecipiunt?

III

EXTRAITS

D'EUNAPE, DE SUIDAS ET D'AUTEURS ARABES

SUR

la Vie et les Œuvres de Porphyre

1. Eunape, *Vitae philosophorum ac sophistarum*, p. 6 éd. Boissonade (1822): *Πλωτῖνος ἦν ἐξ Αἰγύπτου φιλόσοφος. Τὸ « ἐξ Αἰγύπτου » νῦν γράφων, καὶ τὴν πατρίδα προσθήσω· Λυκὼ ταύτην ὀνομάζουσιν. Καίτοι γε ὁ θεσπέσιος φιλόσοφος Πορφύριος τοῦτο οὐκ ἀνέγραψε, μαθητής τε αὐτοῦ γεγενῆσθαι λέγων καὶ συνεσχολακέναι τὸν βίον ἅπαντα ἢ τὸν πλεῖστον τούτου. Πλωτίνου θερμοὶ βωμοὶ νῦν, καὶ τὰ βιβλία οὐ μόνον τοῖς πεπαιδευμένοις διὰ χειρὸς ὑπὲρ τοὺς Πλατωνικοὺς λόγους, ἀλλὰ καὶ τὸ πολὺ πλῆθος, ἐάν τι παρακούσῃ δογμάτων, ἐς αὐτὰ κάμπτεται.*

Τὸν βίον αὐτοῦ πάντα Πορφύριος ἐξήνεγκεν, ὡς οὐδένα οἷόν τε ἦν πλέον ‖ εἰσφέρειν· ἀλλὰ καὶ πολλὰ τῶν βιβλίων p. 7 *ἑρμηνεύσας αὐτοῦ φαίνεται. Αὐτοῦ δὲ Πορφυρίου βίον ἀνέγραψεν οὐδὲ εἷς, ὅσα γε καὶ ἡμᾶς εἰδέναι, ἀναλεγομένῳ δὲ ἐκ τῶν δοθέντων κατὰ τὴν ἀνάγνωσιν σημείων τοιαῦτα ὑπῆρχε τὰ περὶ αὐτόν·*

Πορφυρίῳ Τύρος μὲν ἦν πατρίς, ἡ πρώτη τῶν ἀρχαίων Φοινίκων πόλις, καὶ πατέρες δὲ οὐκ ἄσημοι. Τυχὼν δὲ τῆς προσηκούσης παιδείας, ἀνά τε ἔδραμεν τοσοῦτον καὶ ἐπέδωκεν ὡς Λογγίνου μὲν ἦν ἀκροατὴς καὶ ἐκόσμει τὸν διδάσκαλον ἐντὸς ὀλίγου χρόνου. Λογγῖνος δὲ κατὰ τὸν χρόνον ἐκεῖνον βιβλιοθήκη τις ἦν ἔμψυχος καὶ περιπατοῦν μουσεῖον, καὶ κρίνειν γε τοὺς παλαιοὺς ἐπετέτακτο, καθάπερ

---

2 ss. cf. Suidas s. v. *Πλωτῖνος* — 5 ss. cf. Porphyre, *De vita Plotini*, 4 ss. — 17 cf. *ibid.*, 7 fin — 22 ss. cf. *ibid.*, 20 début et 21 fin

---

14 *καὶ* Wyttenbach *εἰσ* L | 15 *δοθέντων*] *τεθέντων* Cobet, *Mnemosyne*, 1878, p. 324 | 23 *ἐπετέτραπτο* Cobet, *ibid.*, p. 326

πρὸ ἐκείνου πολλοί τινες ἕτεροι καὶ ὁ ἐκ Καρίας Διονύσιος πάντων ἀριδηλότερος.

Μάλχος δὲ κατὰ τὴν Σύρων πόλιν ὁ Πορφύριος ἐκαλεῖτο τὰ πρῶτα (τοῦτο δὲ δύναται βασιλέα λέγειν), Πορφύριον δὲ αὐτὸν ὠνόμασε Λογγῖνος, ἐς τὸ βασιλικὸν τῆς ἐσθῆτος παράσημον τὴν προσηγορίαν ἀποτρέψας.

Παρ' ἐκείνῳ δὴ τὴν ἄκραν ἐπαιδεύετο παιδείαν, γραμματικῆς τε εἰς ἄκρον ἁπάσης ὥσπερ ἐκεῖνος ἀφικόμενος καὶ ῥητορικῆς (πλὴν ὅσον οὐκ ἐπ' ἐκεί||νην ἔνευσεν) φιλοσοφίας p. 8
τε πᾶν εἶδος ἐκματτόμενος. Ἦν γὰρ ὁ Λογγῖνος μακρῷ τῶν τότε ἀνδρῶν τὰ πάντα ἄριστος, καὶ τῶν βιβλίων τε αὐτοῦ πολὺ πλῆθος φέρεται καὶ τὸ φερόμενον θαυμάζεται· καὶ εἴ τις κατέγνω τινὸς τῶν παλαιῶν, οὐ τὸ δοξασθὲν ἐκράτει πρότερον, ἀλλ' ἡ Λογγίνου πάντως ἐκράτει κρίσις.

Οὕτω δὲ ἀχθεὶς τὴν πρώτην παιδείαν καὶ ὑπὸ πάντων ἀποβλεπόμενος, τὴν μεγίστην Ῥώμην ἰδεῖν ἐπιθυμήσας ἵνα κατάσχῃ διὰ σοφίας τὴν πόλιν, ἐπειδὴ τάχιστα εἰς αὐτὴν ἀφίκετο καὶ τῷ μεγίστῳ Πλωτίνῳ συνῆλθεν εἰς ὁμιλίαν, πάντων ἐπελάθετο τῶν ἄλλων καὶ προσέθετο φέρων ἑαυτὸν ἐκείνῳ. Ἀκορέστως δὲ τῆς παιδείας ἐμφορούμενος καὶ τῶν πηγαίων ἐκείνων καὶ τεθειασμένων λόγων, χρόνον μέν τινα εἰς τὴν ἀκρόασιν ἤρκεσεν, ὡς αὐτός φησιν, εἶτα ὑπὸ τοῦ μεγέθους τῶν λόγων νικώμενος, τό τε σῶμα καὶ τὸ ἄνθρωπος εἶναι ἐμίσησε, καὶ διαπλεύσας εἰς Σικελίαν τὸν πορθμὸν τὴν Χάρυβδιν, ᾗπερ Ὀδυσσεὺς ἀναπλεῦσαι λέγεται, πόλιν μὲν οὔτε ἰδεῖν ὑπέμεινεν οὔτε ἀνθρώπων ἀκοῦσαι φωνῆς (οὕτω τὸ λυπούμενον αὐτῷ καὶ ἡδόμενον ἀπέθετο), συντείνας δὲ ἐπὶ Λιλύβαιον ἑαυτὸν (τὸ δέ ἐστι τῶν τριῶν ἀκρωτηρίων τῆς Σικελίας τὸ πρὸς Λιβύην ἀνατεῖνον καὶ ὁρῶν), ἔκειτο καταστένων καὶ ἀποκαρτερῶν,

---

3 ss. cf. *ibid.*, 17 — 12 ss. cf. *ibid.*, 20 début et 21 fin — 16 ss. cf. *ibid.*, 4 ss. — 23 ss. cf. *ibid.*, 11 et 6

---

25 *τὸν πορθμὸν τὴν Χάρυβδιν* etc. : cf. Thucydide IV 24, 4 | 27 *αὐτῷ* (*sic* L) fautif peut-être | 28 *λύβαιον* L *λι* superscrit L²

τροφήν τε οὐ προσιέμενος καὶ ἀνθρώ‖πων ἀλεεινῶν πάτον. p. 9 *Οὐδ' ἀλαοσκοπίην ὁ μέγας εἶχε Πλωτῖνος ἐπὶ τούτοις, ἀλλὰ κατὰ πόδας ἑπόμενος . . . . ἢ τὸν πεφευγότα νεανίσκον ἀναζητῶν, ἐπιτυγχάνει κειμένῳ, καὶ λόγων τε πρὸς αὐτὸν ηὐπόρησε τὴν ψυχὴν ἀνακαλουμένων ἄρτι διΐπτασθαι τοῦ σώματος μέλλουσαν καὶ τὸ σῶμα ἔρρωσεν ἐς κατοχὴν τῆς ψυχῆς. Καὶ ὁ μὲν ἔμπνους τε ἦν καὶ διανίστατο, ὁ δὲ τοὺς ῥηθέντας λόγους εἰς βιβλίον κατέθετο τῶν γεγραμμένων· τῶν δὲ φιλοσόφων τὰ ἀπόρρητα καλυπτόντων ἀσαφείᾳ καθάπερ τῶν ποιητῶν τοῖς μύθοις, ὁ Πορφύριος, τὸ φάρμακον τῆς σαφηνείας ἐπαινέσας καὶ διὰ πείρας γευσάμενος, ὑπόμνημα γράψας εἰς φῶς ἤγαγεν.*

Αὐτὸς μὲν οὖν ἐπὶ τὴν Ῥώμην ἐπανῆλθε καὶ τῆς περὶ λόγους εἴχετο σπουδῆς, ὥστε παρῆει καὶ εἰς τὸ δημόσιον κατ' ἐπίδειξιν· τὸ δὲ Πορφυρίου κλέος εἰς Πλωτῖνον πᾶσα μὲν ἀγορά, πᾶσα δὲ πληθὺς ἀνέφερεν. Ὁ μὲν γὰρ Πλωτῖνος τῷ τε τῆς ψυχῆς οὐρανίῳ καὶ τῷ λοξῷ καὶ αἰνιγματώδει τῶν λόγων βαρὺς ἐδόκει καὶ δυσήκοος· ὁ δὲ Πορφύριος, ὥσπερ Ἑρμαϊκή τις σειρὰ καὶ πρὸς ἀνθρώπους ἐπινεύουσα, διὰ ποικίλης παιδείας πάντα εἰς τὸ εὔγνωστον καὶ καθαρὸν ἐξήγγελλεν.

Αὐτὸς μὲν οὖν φησι (νέος δὲ ὢν ἴσως ταῦτα ἔγραφεν, ὡς ἔοικεν) ἐπιτυχεῖν χρηστηρίῳ μηδενὶ τῶν δημοσίων, ἐν δὲ αὐτῷ τῷ βιβλίῳ καταγράφει· καὶ μετὰ ταῦτα ἄλλα ‖ πραγματεύεται πολλά, ὅπως χρὴ τούτων ποιεῖσθαι τὴν ἐπιμέλειαν. p. 10 *Φησὶ δὲ καὶ δαιμόνιόν τινα φύσιν ἀπὸ λουτροῦ τινος διῶξαι καὶ ἐκβαλεῖν· Καυσάθαν τοῦτον ἔλεγον οἱ ἐπιχώριοι.*

---

1 Homère, Z 202. — 2 *ibid.*, K 515 etc. — 20 cf. Proclus. *In Tim.*, II 294, 32; Marinus, *Vita Procli*, 28 fin — 23 ss. Porphyre, *De or. philos.*, 152 Wolff

---

3 après *ἑπόμενος* L laisse en blanc l'espace qu'occuperaient 12 ou 13 lettres environ | 16 *Πορφυρίου — Πλωτῖνον*] *Πλωτίνου — Πορφύριον* Wyttenbach et Boissonade, correction fort plausible

*Συμφοιτηταὶ μὲν οὖν, ὡς αὐτὸς ἀναγράφει, κράτιστοί τινες ὑπῆρχον Ὠριγένης τε καὶ Ἀμέριος καὶ Ἀκυλῖνος · καὶ συγγράμματά γε αὐτῶν περισώζεται, λόγος δὲ αὐτῶν οὐδὲ εἷς. Πολὺ γὰρ τὸ ἀκύθηρον, εἰ καὶ τὰ δόγματα ἔχει καλῶς, καὶ ἐπιτρέχει τοῖς λόγοις. Ἀλλ' ὅ γε Πορφύριος ἐπαινεῖ τοὺς ἄνδρας τῆς δεινότητος, πᾶσαν μὲν αὐτὸς ἀνατρέχων χάριν, μόνος δὲ ἀναδεικνὺς καὶ ἀνακηρύττων τὸν διδάσκαλον, οὐδὲν δὲ παιδείας εἶδος παραλελοιπώς. Ἔστι γοῦν ἀπορῆσαι καθ' ἑαυτὸν καὶ θαυμάσαι τί πλεῖόν ἐστι τῶν ἐσπουδασμένων · πότερον τὰ εἰς ὕλην ῥητορικὴν τείνοντα, ἢ τὰ εἰς γραμματικὴν ἀκρίβειαν φέροντα, ἢ ὅσα τῶν ἀριθμῶν ἤρτηται, ἢ ὅσα νεύει πρὸς γεωμετρίαν, ἢ ὅσα πρὸς μουσικὴν ῥέπει. Τὰ δὲ εἰς φιλοσοφίαν οὐδὲ τὰ περὶ λόγους καταληπτόν, οὔτε τὸ ἠθικὸν ἐφικτὸν λόγῳ. Τὸ δὲ φυσικὸν καὶ θεουργὸν τελεταῖς ἀφείσθω καὶ μυστηρίοις. Οὕτω παντομιγές τι πρὸς ἅπασαν ἀρετὴν ὁ ἀνὴρ αὐτὸς χρῆμά τι γέγονεν. Καὶ τὸ κάλλος αὐτοῦ τῶν λόγων ἄν τις μᾶλλον ἢ τὰ δόγματα * * * πλέον εἰς αὐτὰ ἀπιδὼν ἢ τὴν δύναμιν τοῦ λόγου.*

Γάμοις τε ὁμιλήσας φαίνεται · καὶ πρὸς Μάρκελλάν γε αὐτοῦ ‖ γυναῖκα γενομένην βιβλίον φέρεται, ἥν φησιν p. 11 *ἀγαγέσθαι, καὶ ταῦτα οὖσαν πέντε μητέρα τέκνων, οὐχ ἵνα παῖδας ἐξ αὐτῆς ποιήσηται, ἀλλ' ἵνα οἱ γεγονότες παιδείας τύχωσιν · ἐκ φίλου γὰρ ἦν αὐτοῦ τῇ γυναικὶ τὰ τέκνα προϋπάρξαντα.*

20 ss. Porphyre, *Ad Marcellam* § 1 — 23 ss. *ibid.*, § 3

2 *Ἀμέριος* cf. Porphyre, *Vita Plotini*, 7 | 5 *καὶ ἐπιτρέχει*] *κατεπιτρέχει*? Cumont | 13 *τὰ*²] *τὸ* Wyttenbach, mieux ? | 14 *τὸ ἠθικὸν ἐφικτὸν λόγῳ* Bidez *τὸν οἶκον* (corrigé en *οἰκεῖον*) *ἐφικτὸν λόγον* L, confirmant la conjecture de Wyttenbach, d'après laquelle les mots *ΤΟΗΘΙΚΟΝ* lus *ΤΟΝΟΙΚΟΝ* ont été le point de départ de l'altération | 17 ss. passage mutilé : *δόγματα < θαυμάσειεν ὁ τοῦτο σπουδάζων, καὶ πάλιν αὖ τὰ δόγματα ὁ> πλέον* Wyttenbach ; *τῶν λόγων <οὐκ> ἂν τις <ἐπαινέσειε> μᾶλλον ἢ τὰ δόγματα, < ἢ τὰ δόγματα > πλέον* Boissonade | 22 *πέντε — τέκνων* cf. Porphyre, *Ad Marc.*, § 1 : *θυγατέρων μὲν πέντε, δυοῖν δὲ ἀρρένων οὖσαν μητέρα* etc.

Φαίνεται δὲ ἀφικόμενος εἰς γῆρας βαθύ· πολλὰς γοῦν τοῖς ἤδη προπεπραγματευμένοις βιβλίοις θεωρίας ἐναντίας κατέλιπε, περὶ ὧν οὐκ ἔστιν ἕτερόν τι δοξάζειν ἢ ὅτι προϊὼν ἕτερα ἐδόξασεν. Ἐν Ῥώμῃ δὲ λέγεται μεταλαχεῖν τὸν βίον.

Κατὰ τούτους ἦσαν τοὺς χρόνους καὶ τῶν ῥητορικῶν οἱ ἐπ' Ἀθήνησι προεστῶτες Παῦλός τε καὶ Ἀνδρόμαχος ἐκ Συρίας· τούς τε χρόνους ἐς Γαλλίηνόν τε καὶ Κλαύδιον εἰκάζειν συνέβαινεν Τάκιτόν τε καὶ Αὐρηλιανὸν καὶ Πρόβον, καθ' οὓς ἦν καὶ Δέξιππος, ὁ τὴν χρονικὴν ἱστορίαν συγγράψας, ἀνὴρ ἁπάσης παιδείας τε καὶ δυνάμεως λογικῆς ἀνάπλεως.

Μετὰ τούτους ὀνομαστότατος ἐπιγίνεται φιλόσοφος Ἰάμβλιχος, ὃς ἦν καὶ κατὰ γένος μὲν ἐπιφανὴς καὶ τῶν ἄβρων καὶ τῶν εὐδαιμόνων, πατρὶς δὲ ἦν αὐτῷ Χαλκίς· κατὰ τὴν Κοίλην προσαγορευομένην ἐστὶν ἡ πόλις. Οὗτος, Ἀνατολίῳ τῷ μετὰ Πορφύριον τὰ δεύτερα φερομένῳ συγγενόμενος, πολύ γε ἐπέδωκε καὶ εἰς ἄκρον φιλο||σοφίας p. 12
ἤκμασεν· εἶτα μετ' Ἀνατόλιον Πορφυρίῳ προσθεὶς ἑαυτόν, οὐκ ἔστιν ὅ τι καὶ Πορφυρίου διήνεγκεν, πλὴν ὅσον κατὰ τὴν συνθήκην καὶ δύναμιν τοῦ λόγου.

---

3 *δοξάζειν*] *εἰκάζειν* Cumont | 4 *μετηλλαχέναι* Wyttenbach, préférable aux conjectures « *μεταλλάσσειν* vel *μεταλλαγεῖν* » de Boissonade | 7 *τε*² Bidez *δὲ* L | 8 *εἰκάζειν*] *ἀκμάζειν* Wyttenbach *βιβάζειν* correction proposée dans la marge de l'Ottobonianus gr. 46 du XVIe siècle; « *εἰκάζειν* glaubt Diels in einer mir zugegangenen Mittheilung halten zu können, in dem Sinne : *die Zeiten gelang es mir vermuthungsweise auf Gallien* etc. *zu bestimmen*; andernfalls schlägt er die Aenderung *εἰκάζω συμβαίνειν* vor. Ich glaube doch, von *βιβάζειν* ausgehen zu müssen und conjicire *<προ>βιβάζειν* » Busse *Hermes* XXIII (1888) p. 402, note 1; mais on vient de voir que la leçon *βιβάζειν* est sans autorité | 16 *τῷ μετὰ — φερομένῳ* Wyttenbach *τῶν κατὰ — φερομένων* L | 17 *γε*] lire *τε*? | 18 *ἤκμασεν*] *ἤλασεν* Cobet, *ibid.*, p. 328 | 19 s. : « rursus in comparatione utriusque et rerum ignorantiam et judicii negligentiam prodit Eunapius : magis enim doctrinae copia et ingenio quam scribendi elegantia Jamblichum superat Porphyrius » Wyttenbach; *ὅ τι < οὐ > καὶ* Boissonade

2. Suidas, s. v. : *Πορφύριος, ὁ κατὰ Χριστιανῶν γράψας, ὃς κυρίως ἐκαλεῖτο Βασιλεύς, Τύριος φιλόσοφος, μαθητὴς Ἀμελίου, τοῦ Πλωτίνου μαθητοῦ, διδάσκαλος δὲ Ἰαμβλίχου, γεγονὼς ἐπὶ τῶν χρόνων Αὐρηλιανοῦ καὶ παρατείνας ἕως Διοκλητιανοῦ τοῦ βασιλέως.*

Ἔγραψε βιβλία πάμπλειστα, φιλόσοφά τε καὶ ῥητορικὰ καὶ γραμματικά· ἦν δὲ καὶ Λογγίνου τοῦ κριτικοῦ ἀκροασάμενος.

Περὶ θείων ὀνομάτων α'.
Περὶ ἀρχῶν β'.
Περὶ ὕλης ς'.
Περὶ ψυχῆς πρὸς Βόηθον ε'.
Περὶ ἀποχῆς ἐμψύχων δ'.
Περὶ τοῦ γνῶθι σαυτὸν δ'.
Περὶ ἀσωμάτων.
Περὶ τοῦ μίαν εἶναι τὴν Πλάτωνος καὶ Ἀριστοτέλους αἵρεσιν ζ'.
Εἰς τὰ Ἰουλιανοῦ τοῖ Χαλδαίου.
Φιλόσοφον ἱστορίαν ἐν βιβλίοις δ'.
Κατὰ Χριστιανῶν λόγους ιε'.
Περὶ τῆς Ὁμήρου φιλοσοφίας.

---

1 s. cf. Suidas s. v. *ἐντελέχεια* fin

Manuscrits collationnés : A V M B E I (TU font défaut); voir mon étude sur *La tradition manuscrite du Lexique de Suidas, Sitzungsberichte der K. Preussischen Akad. der Wissensch.*, 1912, p. 850 ss. | 7 *τοῦ κριτικοῦ* > V | 9 *α'*] *βιβλίον α'* 1 *ἓν* (transposé devant *περὶ*) V | 18 *τὰ* Valois *τὴν* mss., qui ne ponctuent pas après le mot *Χαλδαίου* | 20 *Κατὰ — ιε'* > V

Πρὸς Ἀριστοτέλην, περὶ τοῦ εἶναι τὴν ψυχὴν ἐντελέχειαν.

Φιλολόγου ἱστορίας βιβλία ε'.

Περὶ γένους καὶ εἴδους καὶ διαφορᾶς καὶ ἰδίου καὶ συμβεβηκότος.

Περὶ τῶν κατὰ Πίνδαρον τοῦ Νείλου πηγῶν.

Περὶ τῆς ἐξ Ὁμήρου ὠφελείας τῶν βασιλέων βιβλία ι'.

Συμμίκτων ζητημάτων ζ'.

Εἰς τὸ Θουκυδίδου προοίμιον.

Πρὸς Ἀριστείδην ζ'.

Εἰς τὴν Μινουκιανοῦ τέχνην.

Καὶ ἄλλα πλεῖστα, καὶ μάλιστα ἀστρονομούμενα, ἐν οἷς καὶ Εἰσαγωγὴν ἀστρονομουμένων, ἐν βιβλίοις τρισί, καὶ Γραμματικὰς ἀπορίας.

Οὗτός ἐστιν ὁ Πορφύριος ὁ τὴν κατὰ Χριστιανῶν ἐφύβριστον γλῶσσαν κινήσας.

Πορφύριος, ὁ τῶν Χριστιανῶν πολέμιος, ἀπὸ Φοινίκης πόλεως Τύρου.

---

1 cf. *ibid.*

---

1 περὶ E > AVMBl | 2 βιβλία — 6 βασιλέων > V | 8-9 je me conforme à la ponctuation des manuscrits

3. *Lexicon bibliographicum et encyclopaedicum a Mustafa ben Abdallah Katib Jelebi dicto et nomine Haji Khalfa celebrato compositum ... primum edidit latine vertit et commentario indicibusque instruxit* G. FLUEGEL ... Leipzig ... 1835-1858.

II p. 5 : Bari ermínás (*vox graeca « interpretationem » indicans*). Liber logicus sapientis philosophi Aristotelis... Postea multi eum interpretati sunt, ut ALEXANDER APHRODISIAEUS... PORPHYRIUS...

III p. 95 s. : Primi vero qui ad mentem PORPHYRII TYRII in historia syriaca (*sic*) de philosophia disseruerunt septem sunt numero, quorum primus Thales.

III p. 96 : Ad scripta logica referuntur octo : Categoriae, quae vox praedicamenta significat. Hoc opus HONEIN vertit et PORPYRIUS et FARABI explicuerunt.

III p. 97 : Ad scripta physica et theologica pertinent... Ethicorum liber, quem PORPHYRIUS explicuit.

III p. 619 : Physica auscultatio... Porro plurimi philosophi diversi generis opus interpretati sunt : ita certe invenitur interpretatio libri primi, secundi, tertii et quarti a PORPHYRIO edita...

V p. 36 : Kitáb el-akhlác, ethica, quorum duo libri ad magna moralia, octo ad parva pertinent. Utrumque opus ARISTOTELEM auctorem habet, et totum duodecim libros complectitur. Interpretatus est illud PORPHYRIUS et HONEIN BEN IS'HAC transtulit.

VI p. 97 : Praedicamenta de logica graece categoriae dicta, auctore ARISTOTELE philosopho... Multi Graeci et Arabes ea interpretati sunt, inter illos PORPHYRIUS graecus.

4. Extraits du *Fihrist*, de MUHAMMED IBN ISHÂQ (traduction allemande d'A. MÜLLER, *Die Griechischen Philosophen in der Arabischen Überlieferung*, 1873).

P. 24, 26 MÜLLER [= I 253; cf. II 116 FLÜGEL) : PORPHYRIOS, nach ALEXANDER, aber vor AMMONIOS, aus der Stadt Tyrus. Er lebte nach GALENOS und erläuterte die Schriften des ARISTOTELES, wie wir dies schon an dem Orte erwähnt haben, an welchem wir über ARISTOTELES sprachen. Ausserdem <gehören> ihm von Schriften <an> :

eine Schrift <betitelt> εἰσαγωγή, das heisst Einleitung in die logischen Schriften;

Schrift <bestehend in> einer Einleitung in die kategorischen Schlüsse, übersetzt von Abû 'Otmân ed Dimischqî;

Schrift über den Intellect und das Intelligible, in einer alten Übersetzung;

zwei Schriften an Anebo;

Schrift <enthaltend> eine Widerlegung des . . . . SUS über das Intelligible, sieben Bücher, Syrisch;

Je mets entre < > les mots suppléés par le traducteur.

19 . . . . SUS : quel est ce nom ? Cf. ci-dessous, p. 58* 8, 59* 21 s., 60* 19 s., et 61* 4 ss. J. G. WENRICH, *De auctorum graecorum versionibus ... syriacis, arabicis ... commentarii* (Lips. 1842, p. 281) suit CASIRI. De tous ces textes, il est difficile de tirer quelque chose, surtout que, parfois, les points diacritiques sont omis et que, par suite, le même trait peut se lire de différentes façons (par exemple b, t, ṯ, n, y); d'ailleurs les copistes ne connaissaient guère les noms grecs et on a plus d'un exemple d'étranges transformations dues à cette ignorance et à l'incertitude de l'écriture arabe. Le texte du *Fihrist* peut, à la rigueur, se lire « bamahiyoûs » avec deux a brefs. Les variantes (QIFTÎ, ci-dessous, p. 58* 8) donnent : « Bahiyoûs, Ḥayoûs, Baïmoûs » ou « Bîmoûs ». Tous noms inconnus, semble-t-il [V. CHAUVIN].

Schrift <betitelt> *στοιχεῖα*, ein Buch, Syrisch;

Schrift <enthaltend> die Geschichte der Philosophen, von welcher ich das vierte Buch Syrisch gesehen habe.

Ibid. 5, 5 [= I 245 Flügel] : ... Porphyrios der Tyrier in seinem Buche « die Chronik », das <ich in einem> Syrischen <Exemplar studiert habe>...

Ibid. 13, 17 [= I 248 Flügel] : Abschnitt über ***Κατηγορίαι*** in der Übersetzung des Ḥonein Ibn Isḥâq. Zu denen, welche sie commentiert und erläutert haben, <gehören> Porphyrios...

Ibid. 14, 14 [= I 249 Flügel] : Abschnitt über ***Περὶ ἑρμηνείας*** ... Die Erklärer sind... Porphyrios.

Ibid. 18, 8 [= I 250 et II 115 Flügel] : Abschnitt über die *Auscultatio physica* mit Erklärungen einer Anzal von verschiedenen Philosophen. Es findet sich die Erklärung des Porphyrios zum ersten, zweiten, dritten und vierten Buche, welche Basilius übersetzt hat.

Ibid. 21, 23 [= I 252 Flügel] : Schrift über die Sitten : dieselbe hat erklärt Porphyrios, zwölf Bücher, welche Isḥâq ibn Ḥonein übersetzt hat.

Ibid. 29, 4 [= I 255 Flügel] : Ich habe auf dem Rücken eines Bandes von alter Hand <geschrieben> die Aufzeichnung einer Liste von solchen gefunden, welche uns als Erklärer der Schriften des Philosophen (näml. des Aristoteles) über die Logik und andere philosophische <Gegenstände> genannt werden; und dies sind Eudemos Herminos Iwanios Iamblichos Alexander Themistios Porphyrios Simplikios Syrianos Maximos Arasis Lukios Nikostratos Plotinos.

Ibid. I 316, 24 Flügel [cf. Müller 57, 30] : ***Περὶ ὕπνου καὶ ἐγρηγόρσεως*** (le passage signifie exactement : « Livre du sommeil et de la veille par Porphyre » à ce que me fait savoir M. V. Chauvin).

5. Ibn al-Qifṭī's Ta'riḫ al-Ḥukamā', *auf Grund der Vorarbeiten August Müller's herausgegeben von* Prof. Dr Julius Lippert, Leipzig, 1903.

P. 256-257 : Porphyre le Tyrien, de la ville de Tyr sur les côtes de la Syrie. On a dit que son nom était Ammonious et qu'on le changea. Il vivait après le temps de Galien. Subtil dans la science de la philosophie et supérieur dans la connaissance du système d'Aristote, il a commenté ceux de ses livres que nous avons mentionnés à l'article Aristote, où nous avons rappelé ses écrits.

Les gens de son temps, éprouvant de la difficulté à connaître le système d'Aristote, s'en plaignirent à lui, <même> dans des pays lointains, et rappelèrent la cause de leur insuffisance. Il ne s'y trompa point et dit que le système du sage a besoin d'une introduction que sont incapables de comprendre les savants de notre temps à cause de la faiblesse de leur intelligence. Il se mit <donc> à composer le livre de l'*Isagoge*, qu'on lui

---

9 ss. : voir ci-dessous p. 58* les extraits des p. 35-42 | 12-16 Bien que les manuscrits connus ne donnent pas de variantes et que l'éditeur ne fasse aucune remarque dans ses corrections, le texte demande visiblement à être émendé. Moyennant quelques simples conjectures, on aurait un sens plausible : (l. 12) en lisant « sabab*an* » au lieu de « sabab*a* », on obtient : « et rappelèrent, *comme* cause, leur insuffisance » ; ensuite (l. 14) en ajoutant iḏ — et en lisant « fahmi*hi* » au lieu de « fahmi*hā* », on a : « *puisque* les savants de notre temps sont incapables de comprendre *le système* » ; il paraît être assez inutile, en effet, d'écrire, pour élucider un système, une introduction qu'on ne comprendra pas [V. Chauvin].

emprunta pour le joindre aux livres d'Aristote en le mettant en tête; ce fut, jusqu'à nos jours, la marche du soleil. Du nombre de ses compositions sont :

le livre de l'*Isagoge*;

le livre de l'introduction aux syllogismes catégoriques; Abou Oṯmân de Damas l'a traduit;

deux livres de lui à Anāboū;

Le livre de la réponse à Baẖiyoûs sur la raison et l'intelligible, comprenant neuf livres; on le trouve en syriaque;

le livre des histoires des philosophes; j'en ai trouvé le quatrième livre en syriaque;

le livre des *στοιχεῖα*; un livre; on le trouve en syriaque.

P. 35, 3 : *Les catégories*... Plusieurs Grecs ou Arabes les ont expliquées; dont Porphyre le Grec...

P. 35, 19 : *Περὶ ἑρμηνείας*. Ceux qui se sont chargés de l'expliquer sont ... Porphyre.

P. 39, 6 : *Physique*. Quant à ceux qui ont expliqué ce livre, ce sont différents philosophes. On a le commentaire de Porphyre sur le premier livre, le deuxième, le troisième, le quatrième. Traduction de Basile.

P. 42, 8 : *Éthique* d'Aristote. Porphyre l'a commentée; il y a douze livres.

P. 274, 11-12 : (Œuvres de Ibn Zakariyyâ) Livre du commentaire du livre d'Anāboū à Porphyre pour expliquer le système théologique d'Aristote.

6. Casiri, *Bibliotheca arabico-hispana escurialensis*, I (1760).

P. 185-186 : Porphyrius Syrus, ex urbe maritima Tyri, qui et antea Ammonius dictus esse traditur, philosophiae peritia excellens et in libris Aristotelis intelligendis versatissimus, quorum aliquot explanavit notisque adornavit, videlicet *Librum Cathegoriarum*, *Librum Ethicorum* et *Librum Perihermenias*. Cum autem quidam eius aetatis viri Aristotelis sensum assequi minime valerent idque aegre ferrent, Porphyrium consuluere, propositis difficultatibus quae sibi in libris Aristotelis legendis passim occurrebant. Quibus auditis : " Verba ", inquit, " philosophi prooemio indigent et ad ea intelligenda nostri temporis studiosi, ingenio hebetes, vix sunt idonei ". Quamobrem *Isagoges* libro manum admovit, eumque tanquam prologum Aristotelis operibus praefixit.

Ex libris autem, quos composuit, sunt :

liber Isagoges;

liber syllogismorum topicorum;

duo libri ad Libanium;

liber responsionis ad Pammachium;

de intellectu et intelligibili, novem tractatibus comprehensus, qui syriace extat;

philosophorum historia, cuius tractatus quartus syriace legitur;

et liber elementorum, qui et syriace extat.

---

7. *Historia compendiosa dynastiarum, authore* GREGORIO ABUL-PHARAJIO ... *arabice edita et latine versa* ab EDUARDO POCOCKIO ... Oxford ... 1663.

P. 84 : Sub imperio Diocletiani istius celebris fuit scientia philosophiae PORPHYRIUS Syrus, cuius <peritia> eminuit et praecelluit : cumque difficilis esset amico cuidam ipsius, nomine Chrysaorio, intellectus verborum Aristotelis, eaque de re apud ipsum questus esset : « Verba », <inquit>, « philosophi prooemio opus habent, quibus intelligendis impares sunt nostri temporis studiosi pro ingeniorum suorum hebetudine ». Orsus est ergo compositionem libri *Isagoges*, quae introductionem significat, qui ab ipso acceptus coniunctus est cum libris ARISTOTELIS, et pro eorum exordio habitus, et cursum solis aequavit usque in hunc diem.

Ex iis autem quæ composuit, est hic liber, nec non :

liber introductionis ad syllogismos topicos;

duoque libri ad quendam nomine Libanium;

et liber responsionis ad Lemachium de intellectu et intelligibili, novem tractatibus constans, qui syriace extat;

et liber historiæ philosophorum, cuius tractatus quartus extat syriace;

et liber elementorum, uno tractatu, qui etiam syriace extat.

---

18 " Libanium " : d'après les indications fournies par Pococke, un manuscrit donne " Abâtoû " qu'il est facile de corriger en " Anâboû " | 19 " Lemachium " : Pococke lit dans les errata " machium " (= maḥiyoûs); " le " est la préposition; variante : " [Le] ḥayoûs " (Ad Caium. Poc.)

8. Ibn Sînâ. *Le livre des théorèmes et des avertissements*, publié ... par J. Forget. 1° partie : texte arabe. Leyde, E. J. Brill, 1892.

P. 180 : Einer von ihnen, Namens Porphyrius, verfasste ein von den Peripatetikern viel gerühmtes Buch über *νοῦς καὶ νοητά*, das aber durchaus dürr und dürftig ist. Sie wissen recht gut, dass sie es nicht verstehen, ja Porphyrius selbst nicht einmal. Ein Zeitgenosse hat es widerlegt und die Replik des Verfassers ist noch hinfälliger als sein Buch.

---

4 ss. : Je reproduis la traduction allemande publiée par S. Landauer, *Deutsche Litteraturzeitung*, 1893, col. 1190 | 8 « Ein Zeitgenosse » : il s'agit peut-être d'Amélius; cf. ci-dessus p. 42 et Porphyre, *Vita Plotini*, 18.

9. *Die sogenannte Theologie des Aristoteles aus dem Arabischen übersetzt und mit Anmerkungen versehen von* Fr. Dieterici; Leipzig, Hinrichs, 1883.

P. 1, 1 : Das Buch des Philosophen Aristoteles, welches im griechischen *Theologia* heisst, behandelt die Lehre von der Gottherrschaft und ist vom Tyrer Porphyrius erklärt. Dasselbe wurde vom Christen Ibn ʿAbdallah Nā ʿima aus Emessa ins Arabische übertragen...

P. 170, 1 : Verzeichniss der Hauptfragen, welche der Weise im Buche der Theologie, d. h. der Lehre von der Gottherrschaft, zu lösen verspricht. Die Erklärung gehört dem Porphyrius an, und die Übersetzung ist vom Christen an-Nā ʿimi aus Emessa.

---

1 ss. Cette prétendue « Théologie d'Aristote » n'est en réalité qu'une sorte de paraphrase d'extraits de Plotin. La liste des emprunts aux *Ennéades* qui en forment la base, a été dressée par V. Rose, *Deutsche Litteraturzeitung*, 1883, col. 843 ss., et cet écrit doit être l'œuvre d'un néoplatonicien tardif. — Cf. sur cette question, H. F. Müller, *Philologus*, t. 46, 1887, p. 364 ss.; Volkmann, t. II, p. III ss. de son édition des *Ennéades*; Zeller, *Philosophie der Griechen*, III 2, p. 525, note 4 fin; A. Baumstark, *Die christlichen Literaturen des Orients*, 1 (1911), p. 75, etc.

IV

LISTE DES ÉCRITS

de Porphyre

A. — ΦΙΛΟΣΟΦΑ

COMMENTAIRES

α) d'ARISTOTE

1. **Πορφυρίου εἰσαγωγὴ τοῦ Φοίνικος, τοῦ μαθήτου Πλωτίνου τοῦ Λυκοπολίτου* [intitulé parfois *Περὶ πέντε φωνῶν*, ce traité sert d'introduction aux commentaires suivants].

Éd. A. BUSSE, Berlin, Reimer, 1887 (CAG, IV 1, p. 1-22). Cf. ci-dessus, p. 58 ss., t 53* 3 s.

2. **Πορφυρίου εἰς τὰς Ἀριστοτέλους Κατηγορίας κατὰ πεῦσιν καὶ ἀπόκρισιν.*

Éd. A. BUSSE, *ibid.*, p. 55-142, édition qu'il y aura lieu de compléter — et j'espère pouvoir le faire bientôt — au moyen de BOÈCE, *In categorias Aristotelis*. — Cf. ci-dessus, p. 61.

3. *In Aristotelis Categorias* " *ἐν ἑπτὰ βιβλίοις ... τοῖς Γεδαλείῳ προσφωνηθεῖσι* " [SIMPLICIUS, *In categorias*, éd. K. KALBFLEISCH, Berlin, Reimer, 1907, CAG, VIII, p. 2, 7].

Fragments chez DEXIPPE, SIMPLICIUS, AMMONIUS et divers autres commentateurs des *Catégories* d'ARISTOTE. Cf. ci-dessus, p. 61.

4. *In librum Aristotelis de interpretatione* [" *ὁ Πορφύριος πολύστιχον γράψας ὑπόμνημα εἰς τὸ ... σύγγραμμα* " STEPHANUS, *In librum de interpretatione*, éd. M. HAYDUCK, Berlin, Reimer, 1885, CAG, XVIII, 3, p. 63, 9].

Fragments chez les divers commentateurs du *De interpretatione*, surtout chez BOÈCE.

5. *Introductio in categoricos syllogismos* [cf. ci-dessus, p. 55* 12 s., 58* 5, et 60* 17].

Fragments surtout chez Boèce, *Introductio ad syllogismos categoricos.*

6. *Commentaire de la Physique.*

Cf. ci-dessus, p. 54* 18 ss, 56* 13 ss., 58* 18 ss.; fragments chez Simplicius, *In Aristot. physicorum libros* (voir l'index de l'éd. H. Diels, CAG, X, p. 1453).

7. *Commentaire du livre Λ de la Métaphysique.*

Cf. Simplicius. *In Aristot. de caelo* 293a 4, éd. I. L. Heiberg, Berlin, Reimer, 1894 (CAG, VII), p. 503, 34 s.

8. *Commentaire de l'Éthique.*

Cf. ci-dessus p. 54* 17 et 25, 56* 18 ss., 58* 22 s.

9. [Explication de la « Théologie d'Aristote »].

Cf. ci-dessus, p. 62*.

β) de Théophraste

10. ? *Commentaire du Περὶ καταφάσεως καὶ ἀποφάσεως.*

Cf. Boèce, *In librum Aristotelis Περὶ ἑρμηνείας*, éd. Meiser, Teubner, t. II, 1880, p. 17, 24 ss.

γ) de Platon

11. *Commentaire du Cratyle.*

Cf. *Bekkeri anecdota graeca*, Berlin, 1821; t. III, p. 1374, *s. v.* ἐπιστήμη.

12. *Commentaire du Sophiste.*

Cf. Boèce, *De divisione*, Migne PL, t. 64, col. 876 D.

13. ? *Commentaire du Parménide.*

Cf. Damascius, *De primis principiis*, § 238, t. II, p. 112, 14 éd. Ruelle; — Zeller, *Philos. der Griechen*, III 2, p. 697 note.

14. *Commentaire du Timée.*

Fragments nombreux, surtout chez Proclus, *In Platonis Timaeum commentaria*, éd. E. Diehl, Teubner, 3 vol., 1903-1906; cf. ci-dessus p. 46, note 1, et 109.

15. *Commentaire du Philèbe.*

Fragments chez Olympiodore, *Scholia in Platonis Philebum*, éd. Stallbaum, en appendice à son édition du *Philèbe*, Leipzig, 1828, p. 239 et 261 s.

16. *Περὶ ἔρωτος τοῦ ἐν Συμποσίῳ.*

Cité dans l'*Etymologicum magnum*, au mot Ὠκεανός. Cf. ci-dessus, p. 45, note 4, et PORPHYRE, *Vita Plotini*, 15.

17. *Commentaire du Phédon.*

Fragments chez OLYMPIODORE, *Scholia in Platonis Phaedonem*, éd. C. E. FINCKH, Heilbronnae, 1847 (cf. l'index I, p. 218).

18. *Commentaire de la République.*

Fragments surtout chez PROCLUS, *In Platonis rempublicam commentarii*, éd. G. KROLL, Teubner, 2 vol., 1899 et 1901.

19. Étude sur un écrit d'EUBULE *ὑπέρ τινων Πλατωνικῶν ζητημάτων.*

Cf. PORPHYRE, *Vita Plotini*, 15 et ci-dessus, p. 43, note 1.

δ) de PLOTIN

20. *Commentaire des Ennéades.*

Cf. ci-dessus, p. 53, note 1, 54, note 1, 119 s., 47* 12 s., 49* 12 s. et PORPHYRE, *Vita Plotini*, 26.

HISTOIRE et BIOGRAPHIE

21. *Φιλόσοφος ἱστορία ἐν βιβλίοις δ'.*

Fragments réunis par A. NAUCK, *Pophyrii ... opuscula selecta*, Teubner, 1886, p. 1-16. Cf. ci-dessus, p. 34.

22. **Μάλχου ἢ βασιλέως Πυθαγόρου βίος* [extrait du premier livre de la *Φιλόσοφος ἱστορία*].

Rec. A. NAUCK, *Porphyrii ... opuscula selecta*, Teubner, 1886, p. 17-52. Cf. NAUCK, *ibid*, p. VI s., et 7.

23. **Πορφυρίου περὶ Πλωτίνου βίου καὶ τῆς τάξεως τῶν βιβλίων αὐτοῦ.*

Destiné à servir d'introduction à l'édition des *Ennéades*, cet opuscule figure en tête de la plupart des réimpressions modernes de l'œuvre de Plotin. Aucune de ces réimpressions n'est satisfaisante. Cf. ci-dessus, p. 3 et 119 ss.

MÉTAPHYSIQUE

24. *Οτι ἔξω τοῦ νοῦ ὑφέστηκε τὰ νοητά* et réponse à la réfutation de cette thèse par Amélius.

Cf. ci-dessus, p. 55* 16 s. et 19 s. avec la note, et 61* 4 ss.; Porphyre, *Vita Plotini*, 18; C. Schmidt, *Texte und Untersuchungen*, XX, 4, p. 29.

25. *Πορφύριος ἐν τῷ " Πρὸς τοὺς ἀπὸ τοῦ νοῦ χωρίζοντας τὸ νοητόν ".*

Cité chez Timée, *Lexicon vocum Platonicarum*, s. v. *οὐχ ἥκιστα* (l'extrait a été collationné avec le *Coislinianus* 345, f. 154); Porphyre, *Vita Plotini*, 18 fin et Longin chez Porphyre, *ibid.*, 20, p. 28, 9 ss. éd. Volkmann.

26. **Πορφυρίου ἀφορμαὶ πρὸς τὰ νοητά (ἔφοδοσ εἰσ τὰ νοητά* cod. V).

Rec. B. Mommert, Teubner, 1907. Cf. ci-dessus, p. 106 s.

27. *Περὶ ἀρχῶν β'.*

Cf. ci-dessus, p. 52* 10, et Proclus, *In Platonis theologiam*, p. 27, 33 éd. Portus, Hambourg, 1618.

28. Schrift betitelt *Στοιχεῖα*, ein Buch.

Cf. ci-dessus, p. 56* 1, 58* 13, 59* 26 et 60* 23 s.

29. *Περὶ ἀσωμάτων.*

Cf. ci-dessus, p. 52* 15.

30. *Περὶ ὕλης ς'.*

Cf. ci-dessus, p. 52* 11; Simplicius, *In Aristot. physic.*, CAG, IX, p. 231, 6 ss. éd. Diels; G. Pasquali, *Doxographica aus Basiliusscholien*, *Nachr. der K. Gesellsch. der Wiss. zu Göttingen, philol.-histor. Klasse*, 1910, p. 200.

31. *Περὶ διαστάσεως Πλάτωνος καὶ Ἀριστοτέλους <πρὸς Χρυσαόριον>.*

Cf. Élie, *In Porphyrii Isagogen* (CAG, XVIII, 1), p. 39, 6 ss. éd. A. Busse.

32. *Περὶ τοῦ μίαν εἶναι τὴν Πλάτωνος καὶ Ἀριστοτέλους αἵρεσιν ζ'.*

Cf. ci-dessus, p. 52* 16 s.; certains croient que cet ouvrage ne fait qu'un avec le précédent; cf. A. Busse, *Hermes*, t. 28, 1893, p. 268, note 1, et O. Immisch, *Philologus*, t. 65, 1906, p. 3.

PSYCHOLOGIE

33. *Πρὸς Ἀριστοτέλην, περὶ τοῦ εἶναι τὴν ψυχὴν ἐντελέχειαν.*

Cf. ci-dessus, p. 53* 1.

34. *Περὶ ψυχῆς πρὸς Βόηθον ε'.*

Cf. ci-dessus p. 52* 12; fragments chez Eusèbe, *Praepar. evangel.*

35. *Περὶ τῶν τῆς ψυχῆς δυνάμεων.*

Fragments chez Stobée.

36. ? *Περὶ ὕπνου καὶ ἐγρηγόρσεως.*

Cf. ci-dessus, p. 56* 30 ss.

37. *Περὶ αἰσθήσεως.*

Cité chez Némésius, *De natura hominis*, 7 (Migne PG 40, col. 641 B).

38. **Πρὸς Γαῦρον περὶ τοῦ πῶς ἐμψυχοῦται τὰ ἔμβρυα.*

Éd. K. Kalbfleisch (*Anhang zu den Abhandl. der K. Preuss. Akad. der Wiss. zu Berlin*, 1895), Berlin, Reimer, 1895.

MORALE

39. *Περὶ τοῦ ἐφ' ἡμῖν* <*πρὸς Χρυσαόριον*>.

Fragments chez Stobée, *Ecl.*, II, 8, 39 ss. Cf. ci dessus, p. 110.

40. *Περὶ τοῦ « γνῶθι σαυτὸν »* <*πρὸς Ἰάμβλιχον*> *δ'.*

Fragments chez Stobée, *Ecl.*, III 21, 26 ss. Cf. ci-dessus, p. 109 s., et 52* 14.

41. **Περὶ ἀποχῆς ἐμψύχων δ'.*

Rec. A. Nauck, *Porphyrii ... opuscula selecta*, Teubner, 1886, p. 83-270. Cf. ci-dessus, p. 98 ss.

42 **Πρὸς Μαρκέλλαν.*

Rec. A. Nauck, *ibid.*, p. 271-297. Cf. ci-dessus, p. 111 ss.

43. *Ὁ πρὸς Νημέρτιον λόγος.*

Fragments chez Cyrille, *Contra Julianum*, III, p. 79 ss., et V, p. 166 s.

44. *De regressu animae.*

Fragments réunis ci-dessus p. 24*-41*; cf. également p. 88 ss.

45. *Περὶ της ἐξ Ὁμήρου ὠφελείας τῶν βασιλέων βιβλία ι'.*

Cf. ci-dessus, p. 53* 6.

INTERPRÉTATION PHILOSOPHIQUE DES MYTHES ET DES CULTES. TRAITÉS DIVERS DE PHILOSOPHIE RELIGIEUSE

46. *Περὶ τῆς ἐκ λογίων φιλοσοφίας.*
Porphyrii de philosophia ex oraculis haurienda librorum rel., éd. G. Wolff, Berlin, Springer, 1866. Cf. ci-dessus, p. 14 ss.

47. *Περὶ ἀγαλμάτων.*
Fragments réunis ci-dessus p. 1*-23*. Cf. également p. 21 ss.

48. *Περὶ θείων ὀνομάτων α'.*
Cf. ci-dessus, p. 149, note 5, et 52* 9.

49. *Πορφυρίου πρὸς Ἀνεβὼ ἐπιστολή.*
Fragments réunis par Th. Gale : voir *Jamblichi de mysteriis liber*, rec. G. Parthey, Berlin, Nicolai, 1857, p. XXIX ss., et ci-dessus, p. 80 ss., 55* 17 et 58* 7.

50. *Εἰς τὰ Ἰουλιανοῦ τοῦ Χαλδαίου.*
Cf. ci-dessus p. 52* 18; Lydus, *De mensibus*, IV, 53, p. 110, 18 ss. éd. Wünsch; Marinus, *Vita Procli*, 26; etc.

51. *Περὶ τῆς Ὁμήρου φιλοσοφίας.*
Cf. ci-dessus, p. 52* 21.

52. **Περὶ τοῦ ἐν Ὀδυσσείᾳ τῶν νυμφῶν ἄντρου.*
Rec. A. Nauck, *Porphyrii ... opuscula selecta*, Teubner, 1886, p. 53-81. Cf. ci-dessus, p. 109.

53. *Περὶ Στυγός.*
Fragments chez Stobée.

54. *Κατὰ Χριστιανῶν λόγοι ιε'.*
Cf. ci-dessus, p. 52* 20 et p. 73 ss. — Fragments nombreux chez Eusèbe, Jérôme, etc.

55. Contre un prétendu livre de Zoroastre.
Cf. Porphyre, *Vita Plotini*, 16, et ci-dessus, p. 45.

B. — *ΡΗΤΟΡΙΚΑ ΚΑΙ ΓΡΑΜΜΑΤΙΚΑ*

[Cf. ci-dessus p. 30 ss., SUIDAS, p. 52* 6 s. et EUNAPE, p. 50* 10 s.]

56. *Φιλολόγου ἱστορίας βιβλία ε'.*
Cf. ci-dessus, p. 53* 2.

57. *Φιλόλογος ἀκρόασις.*
Fragment chez EUSÈBE, *Praepar. evangel.*, X, 3.

58. *Ὁμηρικὰ ζητήματα.*
Porphyrii quaestionum homericarum ad Iliadem pertinentium reliquias coll. H. SCHRADER, Teubner, 1880-1882. *Porphyrii quaest. hom. ad Odysseam pertin. rel. coll.* H. SCHRADER, Teubner, 1890. Cf. ci-dessus, p. 31 ss.

59. *Περὶ τῶν παραλελειμμένων τῷ ποιητῇ ὀνομάτων.*
Cf. H. SCHRADER, *Hermes*, t. 14, 1879, p. 231 ss., et ci-dessus, p. 33.

60. *Γραμματικαὶ ἀπορίαι.*
Cf. ci-dessus, p. 53* 13.

61. *Περὶ τῶν κατὰ Πίνδαρον τοῦ Νείλου πηγῶν.*
Cf. ci-dessus, p. 53* 5.

62. *Εἰς τὸ Θουκυδίδου προοίμιον.*
Cf. ci-dessus, p. 53* 8.

63. *Πρὸς Ἀριστείδην ζ'.*
Cf. ci-dessus p. 53* 9 avec la note. La plupart des modernes réunissent ce titre avec le précédent [cf. ci-dessus nos 33 s., 38 etc.].

64. *Εἰς τὴν Μινουκιανοῦ τέχνην.*
Cf. ci-dessus, p. 30, p. 53* 10 et *Rhein. Mus.*, t. 64, 1909, p. 555, 26 : *τὴν Πορφυρίου ἀπολογίαν ὑπὲρ Μινουκιανοῦ*; ST. GLÖCKNER, *Quaestiones rhetoricae* (*Breslauer philol. Abhandl.* VIII 2), Breslau, 1901, p. 76 s.

65. *Ἡ περὶ τῶν στάσεων τέχνη.*
Cf. SYRIANUS, *In Hermogenem commentaria*, éd. H. RABE, Teubner, II, p. 14, 9 s. et I, p. 93, 9 [*ὁ φιλόσοφος Πορφύριος*].

66. *Συναγωγὴ τῶν ῥητορικῶν ζητημάτων.*
Cf. H. RABE, *Rhein. Mus.*, t. 62, 1907, p. 561, note 2 (extrait de scolies sur le *Περὶ στάσεων* d'Hermogène) : *ὁ Πορφύριος ἐν τῇ Συναγωγῇ τῶν ῥητορικῶν ζητημάτων.*

67. [*Πορφυρίου περὶ προσῳδίας].

Rec. A. Hilgard, *Scholia in Dionysii Thracis artem grammaticam* [*Grammatici graeci partis primae vol.* III] Teubner, 1901, p. 128-150. — Hilgard [*ibid.*, p. XXII], Uhlig [*Dionysii Thracis ars grammatica*, éd. G. Uhlig, Teubner, 1883, p. xxxv, note **] etc., attribuent le Περὶ προσῳδίας à un Porphyre différent du philosophe néo-platonicien.

C. — *ÉCRITS SCIENTIFIQUES DIVERS : CHRONOLOGIE, MATHÉMATIQUES, ASTROLOGIE, ETC. POÈMES ET LETTRES.*

68. *Chronica.*

Fragments réunis par C. Müller, *Fragmenta historicorum graecorum*, III, p. 688-727. Cf. ci-dessus, p. 64 et 73, note 1.

69. *Πορφυρίου εἰς τὰ Ἁρμονικὰ Πτολεμαίου ὑπόμνημα.*

Éd. J. Wallis, *Oper. mathematic.*, III, Oxford, 1699, p. 189-355.

70. *Πορφυρίου φιλοσόφου εἰσαγωγὴ εἰς τὴν ἀποτελεσματικὴν τοῦ Πτολεμαίου.*

Édité dans : *In Claudii Ptolemaei quadripartitum enarrator ignoti nominis* ... Bâle, 1559, p. 181 ss.

71. *Εἰσαγωγὴ ἀστρονομουμένων, ἐν βιβλίοις τρισί.*

Cf. ci-dessus, p. 53* 12.

72. Eunape ci-dessus, p. 50* 11 : ὅσα τῶν ἀριθμῶν ἤρτηται.

Cf. Proclus, *In primum Euclidis elementorum librum commentarii* [*Index nominum* de l'éd. Friedlein, au mot Πορφύριος] et F. Susemihl, *Geschichte der griechischen Litteratur in der Alexandrinerzeit*, 1891, t. I, p. 707, note 24.

73. *Συμμίκτων ζητημάτων ζ'.*

Cf. ci-dessus, p. 53* 7 ; fragments chez Proclus, *l. l.* [ci-dessus n° 72], p. 56, 24 ; G. Pasquali, *Doxographica aus Basiliusscholien, Nachr. der K. Gesellsch. der Wiss. zu Göttingen, philol.-histor. Kl.*, 1910, p. 201, 23 : ὁ Πορφύριος ἐν τετάρτῳ τῶν Περὶ συμμίκτων ; cf. *ibid.*, p. 217 ; Proclus, *In Rempublicam*, t. I, p. 233, 29 éd. Kroll : τὸν Πορφύριον ἐν τοῖς συμμίκτοις ... προβλήμασι ; Priscien, *Solutiones ad Chosroem, procemium* : « *Porphyrius ex Commixtis quaestionibus* » ; etc.

74. Ὁ *ἱερὸς γάμος*, poème lu le jour anniversaire de la naissance de Platon.

Cf. Porphyre, *Vita Plotini*, 15, et ci-dessus, p. 47.

75. Une lettre à Longin.

Cf. Longin lui-même, chez Porphyre, *Vita Plotini*, 19, p. 24, 4 éd. Volkmann : *πρὸς ἣν λέγεις τοῦ σώματος ἀσθένειαν*.

76. Servius, *In Bucol.*, V 66 [III 1, p. 62 éd. Thilo-Hagen] : *secundum Porphyrii librum quem Solem appellavit...*

Cf. F. Boll, dans Pauly-Wissowa, RE, VII, col. 1923, 1 ss.

77. Suidas, *s. v.* *Ἀνδροκλείδης, ὁ τοῦ Συνεσίου τοῦ Λυδοῦ τοῦ Φιλαδελφέως υἱός· οὗτος δὲ ἐπὶ Πορφυρίου τοῦ φιλοσόφου ἐδίδασκεν, ἐπειδὴ μέμνηται αὐτοῦ ἐν τῷ περὶ τοῦ ἐμποδὼν τεχνολογῶν.*

Les bons manuscrits de Suidas donnent tous ce texte sans variante. Portus corrige : *ἐν τῷ περὶ τῶν ἐμποδὼν τεχνολόγων*, et il traduit : « *De sui temporis doctoribus* ».

AL VAN DER HACHEN. T COMET

29e Fascicule : *Joseph Mansion.* Les gutturales grecques. 1904. — Prix : 12 francs.
30e Fascicule : *Herm. Smout.* Het Antwerpsch Dialect, met eene schets van de geschiedenis van dit dialect in de 17e en 18e eeuw. 1905. — Prix : 5 fr.
31e Fascicule : *Josué De Decker.* Contribution à l'étude des Vies de Paul de Thèbes. 1905. — Prix : 3 fr. 50.
32e Fascicule : *E. Rolland.* De l'influence de Sénèque le Père et des rhéteurs sur Sénèque le Philosophe. 1906. — Prix : 2 fr. 50.
33e Fascicule : *D. Steyns.* Étude sur les Métaphores et les Comparaisons dans les œuvres en prose de Sénèque le Philosophe. 1907. — Prix : 5 francs.
34e Fascicule : *Henri Obreen.* Floris V, graaf van Holland en Zeeland, heer van Friesland (1256-1296). 1907. — Prix : 5 francs.
35e Fascicule : *Jean Denucé.* Les origines de la cartographie portugaise et les cartes des Reinel. 1908. — Prix : 10 francs.
36e Fascicule : *H. Logeman.* Tenuis en Media. Over de stemverhouding bij konsonanten in moderne talen met een aanhangsel over de fonetiese verklaring der wetten van Verner en Grimm. 1908. — Prix : 8 francs.
37e Fascicule : *Victor Fris.* Essai d'une analyse des « Commentarii sive Annales rerum Flandricarum » de Jacques de Meyere. 1908. — Prix : 9 fr. 50
38e Fascicule : *Em. De Stoop.* Essai sur la diffusion du Manichéisme dans l'Empire Romain. 1909. — Prix : 6 francs.
39e Fascicule : *A. Bley.* Eigla-Studien. 1910. — Prix : 13 francs.
40e Fascicule : *Norbert Hachez.* Essai sur le délit de sacrilège en droit français jusqu'à la fin du XVe siècle. 1910. Prix : 6 francs.
41e Fascicule : *Josué De Decker.* Juvenalis Declamans. Étude sur la rhétorique déclamatoire dans les Satires de Juvénal. 1913. Prix : 9 francs.
42e Fascicule : *L. de la Vallée Poussin.* Bouddhisme. Études et matériaux. Théorie des douze causes. 1913. — Prix : 6 francs.
43e Fascicule : *J. Bidez.* Vie de Porphyre le philosophe néo-platonicien avec les fragments des traités *Περὶ ἀγαλμάτων* et *De regressu animae.* 1913.

www.ingramcontent.com/pod-product-compliance
Ingram Content Group UK Ltd.
Pitfield, Milton Keynes, MK11 3LW, UK
UKHW021051220726
13924UKWH00005B/2074